教育部人文社会科学研究青年基金项目（17YJC810002）

城市街道改造的知识、实践与空间正义

崔庆仙　著

东南大学出版社
SOUTHEAST UNIVERSITY PRESS
南京·2023

内容提要

本书坚持平等之价值取向，系统探讨了城市街道改造的正义/不正义问题。首先，在知识建构之维，对现代主义和新城市主义两种对立的街道改造理念以及中国街道改造知识的建构和制度化进行了批判性研究；其次，在社会实践之维，结合中外案例，分析承载着不同权益配置方式的街道空间在相应的社会权力体系中的生产过程；再次，基于市民态度是决定街道改造合法性这一认识，分析案例城市基于现代主义街道改造理念所造成的不正义之社会后果；最后，结合对于正义之街道的深思熟虑的确信，对指导街道改造实践的各种正义观念的哲学逻辑进行反思和批判，并提出寻求正义之街道的道德准则。

本书适合以下读者：城市规划、建设、管理部门；城市地理、城市规划等领域的工作者、专家、在读学生；关注街道改造和空间正义的社会人士。

图书在版编目（CIP）数据

城市街道改造的知识、实践与空间正义 / 崔庆仙著
.—南京：东南大学出版社，2023.12
ISBN 978-7-5766-0832-8

Ⅰ.①城… Ⅱ.①崔… Ⅲ.①城市道路－旧路改造－研究 Ⅳ.① U418.8

中国国家版本馆 CIP 数据核字（2023）第 143544 号

责任编辑：孙惠玉　　责任校对：张万莹　　封面设计：王玥　　责任印制：周荣虎

城市街道改造的知识、实践与空间正义

Chengshi Jiedao Gaizao De Zhishi、Shijian Yu Kongjian Zhengyi

著　　者：崔庆仙
出版发行：东南大学出版社
出 版 人：白云飞
社　　址：南京四牌楼 2 号　　邮编：210096
网　　址：http://www.seupress.com
经　　销：全国各地新华书店
排　　版：南京凯建文化发展有限公司
印　　刷：南京凯德印刷有限公司
开　　本：787 mm × 1092 mm　1/16
印　　张：13.5
字　　数：340 千
版　　次：2023 年 12 月第 1 版
印　　次：2023 年 12 月第 1 次印刷
书　　号：ISBN 978-7-5766-0832-8
定　　价：59.00 元

本社图书若有印装质量问题，请直接与营销部调换。电话（传真）：025-83791830

罗伯特·摩西（Robert Moses）也许是 20 世纪纽约现代性象征工程的最伟大的创造者，他的建设对我的早年生活产生了毁灭性和灾难性的影响。而今，摩西的幽灵依然在我的城市里游荡。

——马歇尔·伯曼（Marshall Berman）

前言

2013年春，笔者所在城市太原拉开了"城市快速交通体系"建设的序幕。此后数年，太原中心城区街道改造规模之大、投入资金之巨、工程强度之高、后续影响之深，无不令人瞩目。太原道路网络建设一向被认为欠账较多，市民对日常交通的混乱和拥堵也早已深恶痛绝。此番"城市快速交通体系"建设，得到了广大市民的热烈支持。"城市快速交通体系"建成之后，在电视节目中、在网络媒体中、在报纸杂志上、在众多市民和游客的口中，充满了对太原街道巨变的肯定乃至赞扬。然而，当行走在被改造后的街道中，与日常生活在那里的市民交谈时，笔者却发现了一些不同的评价。"城市快速交通体系"建设并未让所有人同等受益，甚至于一些需要被关怀的社会个体因此而陷入更艰难之处境。

城市街道是市民日常生活中最为重要的公共空间，其价值不仅在于其作为公共空间资源本身，还因其作为获得城市社会资源的路径而发挥着重要的作用。甚至于街道物质形态和使用规则中一个在旁观者看来似乎微不足道的改变，都将会对生活于街道中的每一位居民的日常生活产生复杂而深远的影响——日复一日！年复一年！在街头所听闻的对街道改造大相径庭的态度，促使笔者从一个不同的视角来重新审视太原等城市以机动车为主导的街道改造实践，探讨一个被裹挟在城市现代化进程中但却并非无关紧要的问题：街道改造的空间正义问题。

本书将政治哲学之正义理论应用于指导街道改造实践，希望能够缓解当前空间正义研究中近乎全凭直觉判断而产生的争执，并有望在具有不同身体状况、不同社会特征和不同出行偏好的市民间就街道改造的道德原则达成基本共识。本书致力于寻求这样一种论证：在某一正义理论所提供的原则与我们关于正义街道的深思熟虑的确信之间保持融贯。对不同正义理论进行比较之后，将罗尔斯的公平的正义理论应用于城市街道改造。罗尔斯所建构的正义理论的优势在于其体现了一种平等待人的原则。当我们应用罗尔斯所建构的正义原则帮助我们阐述、调节和确认我们关于正义之街道的深思熟虑的判断时，身处其中的每个人都会感到他的基本而重要的权益得到了平等满足，因而能够就道德原则达成广泛的共识，这正是街道改造的正当性根基之所在。

本书从知识建构和社会实践两个维度，探讨街道公共空间的生产过程。在知识建构之维度，反思不同城市街道改造知识生产的特定社会文化背景，探究知识生产者在特定的历史语境中欲将其建构的街道改造知识应用于实践的目的和手段。重点分析了现代主义和新城市主义这两种对立的街道设计理念产生于特定社会环境的过程，探讨了中国学术界建构的街道改造知识的内容、方式和目的,研究了以现代主义理念为指导的街道改造知识在中国的制度化,并基于空间正义视角对上述各类知识建构的道德逻辑进行批判性研究。在社会实践之维度,分析承载着不同权益配置方式的街道空间是如何在相应的社会权力关系中被生产的。其中,以国际上若干具有广泛知名度和影响力的城市为案例,梳理其街道空间生产的社会历史条件和社会权力在街道的空间化;而后结合具体案例,分析了当下中国街道改造中社会权力的空间化过程。

市民的态度是决定城市街道改造合法性的基础。本书从城市居民个体视角,系统阐述了案例城市基于现代主义街道改造理念所造成的社会后果。首先,考察了街道改造对不同城市居民日常生活的影响。重点分析了街道改造对步行和骑行等非机动化出行方式以及老年人、残障者[①]等特殊社会个体出行之便捷性和安全性的影响,考察了街道对于非交通性公共生活的包容性及其空间正义意义,并探讨了街道改造对社区集体权益的影响及补偿问题。其次,探讨了街道改造与社会身份的建构关系。人们通常认为,不同出行方式在某种程度上表达了一个人的社会身份。本书主要研究了街道改造如何影响出行方式所关联的身份认同,以及街道改造对老年人、残障者等个体社会身份的建构过程。最后,梳理了不同群体之间围绕街道公共空间权益而展开的竞争,并从空间正义视角分析诱发和加剧空间冲突的街道改造根源。

不可否认对街道改造之应然性的评价应当包含不同的价值维度,但正义作为公共政策的首要德性,应将其作为评判街道改造知识建构和社会实践的首要价值维度。本书在对技术中性主义、直觉主义和功利主义等对街道改造实践具有重要影响力的思潮进行批判性研究之后,借助于罗尔斯的公平的正义理论以及哈贝马斯的话语伦理学,建构起在知识建构和社会实践两个方面寻求正义之街道的道德原则。罗尔斯的公平的正义理论所提出的原则能够得到最为广泛的认同,进而为实现一种最低限度的街道正义提供了保障,而哈贝马斯的话语伦理学所提供的程序性正义原则有助于促进正义之街道原则的实现。

本书的主要理论贡献在于为街道改造的基本道德准则提供了公共证明。这既不是一本检验或发展正义理论的政治哲学著作,也不是一册关于街道改造的工程学指南。如果从政治哲学的研究传统视之,讨论的主题显得颇为琐碎;如果从城市规划的研究领域视之,所提出的建议又显得不够具体,而且这些原则性的结论对于城市规划专业人士而言可能亦无太多新意可谈。本书的价值在于为街道改造的道德原则提供了公共证明。这些原则是理性的公民通过反思平衡之后所普遍认可的道德准则,因体现了一种没有偏倚性的平等待人的理念而能够成为广泛的共识。

本书的实践价值在于通过批判性的研究唤起人们认识和改变不正义之街道现状的意识。对何为正义与不正义的阐述能够为人们追求正义之街道提供知识和道德力量，进而积极介入城市街道改造的社会实践。本书主要基于规划师的视角就如何重建城市街道改造的知识体系和参与社会实践提出建议，希望这些建议可以为那些能够影响城市公共政策的人士提供参考，能够启发和引导更多市民对城市街道改造空间正义问题的认识。绝对正义的街道也许从来都无法实现，追寻空间正义的事业也将受到现实权力的左右，但作者对未来抱有乐观之期待。

前言注释

① 本书行文表述中用"残障者"，相关规范或引文中保留原文表述。

目录

前言

1 为何寻求正义的街道 001
1.1 研究缘起 001
1.2 问题的提出 003
1.3 本书的立场 004
1.4 研究计划 006

2 正义的街道：理论基础与分析框架 009
2.1 关于正义的政治哲学理论 009
2.1.1 柏拉图《理想国》中的正义观 009
2.1.2 功利主义 011
2.1.3 自由主义——以罗尔斯的"公平的正义"为例 014
2.1.4 社群主义 016
2.1.5 纳斯鲍姆的"正义的能力理论" 018
2.2 城市权利与空间正义观 020
2.2.1 戴维·哈维：城市权利与社会正义 021
2.2.2 爱德华·苏贾："社会—空间辩证法"与空间正义 023
2.2.3 苏珊·费恩斯坦：正义之城 024
2.3 关于街道空间的移动政治探讨 026
2.4 本章小结 027

3 街道改造的知识与空间正义 030
3.1 现代主义、新城市主义与空间正义 031
3.1.1 柯布西耶：街道的挽歌 032
3.1.2 吉迪恩：城市为林园大道让路 034
3.1.3 雅各布斯：街道上的呐喊 036
3.1.4 《全球街道设计指南》：从汽车到其他 038
3.1.5 《新城市议程》：共享的街道 041
3.2 作为科学的知识与空间正义 042
3.2.1 城市规划学科专业教材《城市规划原理》 042
3.2.2 土建学科专业教材《城市道路与交通规划》 045

　　　　3.2.3　全国注册城乡规划师职业资格考试参考用书 048
　　3.3　知识的制度化与空间正义 050
　　　　3.3.1　《城市道路交通规划设计规范》 051
　　　　3.3.2　《城市道路工程设计规范》 055
　　　　3.3.3　《上海市街道设计导则》 056
　　3.4　现代主义街道改造理念评述 059
　　　　3.4.1　街道现代化改造的自反性 060
　　　　3.4.2　对机动车优先原则的反思 061
　　　　3.4.3　对现代主义知识建构的批判 062
　　3.5　本章小结 064

4　街道改造的实践与空间正义 067
　　4.1　城市领导人主导的街道改造实践 068
　　　　4.1.1　巴黎：豪斯曼和林园大道 068
　　　　4.1.2　纽约：摩西与现代化象征的高速公路 072
　　　　4.1.3　波哥大：佩纳罗萨和巴士民主实践 076
　　4.2　市民广泛参与的街道改造实践 078
　　　　4.2.1　洛杉矶：郊区生活与高速公路之城 078
　　　　4.2.2　哥本哈根：人性化的街道 081
　　　　4.2.3　阿姆斯特丹：自行车之都 083
　　　　4.2.4　纽约：街道重生之路 087
　　　　4.2.5　全球行动：促进公平和可持续的街道空间生产 091
　　4.3　中国街道改造实践 093
　　　　4.3.1　城市政府的主导权 094
　　　　4.3.2　专业人士的话语权 098
　　　　4.3.3　普通民众的多元态度 101
　　　　4.3.4　中央政府的有限干预 104
　　4.4　本章小结 106

5　街道改造的后果与空间正义 110
　　5.1　街道改造与日常生活 111
　　　　5.1.1　街道的便捷性 112
　　　　5.1.2　街道的安全性 119
　　　　5.1.3　街道的包容性 124
　　　　5.1.4　社区集体权益 131

5.2 街道改造与身份建构.. 134
5.2.1 街道改造与出行方式的社会隐喻 135
5.2.2 街道改造与老年人身份建构 138
5.2.3 街道改造与残障者社会建构 141
5.3 街道改造与空间竞争 144
5.3.1 作为交通空间：不同方式出行者之间的路权冲突 145
5.3.2 作为生活空间：不同功能使用者之间的空间冲突 154
5.4 本章小结 161

6 寻求正义街道的道德准则 163
6.1 街道改造若干主流正义理论批判 163
6.1.1 技术中性主义 164
6.1.2 直觉主义 167
6.1.3 功利主义 172
6.2 知识建构准则：正义街道的内涵 176
6.2.1 应用公平之正义理论的说明 177
6.2.2 街道改造的几个道德共识 180
6.2.3 作为补充的多数决策程序的应用 184
6.3 社会实践准则：规划师何为 186
6.3.1 以平等价值尊重市民主体 186
6.3.2 以公共理性作为道德视角 188
6.3.3 以专业知识引领正义实践 190
6.4 本章小结 192

参考文献 195
图片来源 202

1 为何寻求正义的街道

1.1 研究缘起

2013年2月,耿彦波出任太原市代理市长。2013年4月10日,在其入职两个月后的太原市第十三届人民代表大会第三次会议上,耿彦波市长代表市政府向大会做了报告,提出建设"城市快速交通体系"的目标,由此拉开了太原市街道快速化改造的序幕。此后数年,耿彦波市长用他的勤勉和务实强有力地推动着太原快速交通体系的建设。太原城市街道改造规模之大、投入资金之巨、时间强度之高、后续影响之深,无不令人瞩目。

2013年初,耿彦波(2013)在政府工作报告中要求:"开工建设东中环、西中环、南中环、北中环,形成总长46 km的环状快速交通体系。建立网状干道体系,实现包括胜利街、府东街、南内环街、迎泽西大街、新建路、解放路、并州路、建设路、滨河东西路在内的城市主干道与中环、外环的全互通连接。对府东街、府西街、并州路进行改造,实现平面立体化,取消左转向位。逐步对迎泽大街、长风大街、南内环街进行平面立体化改造,畅通主干微循环。"2013年,太原市犹如一个巨大的工地:全年新建改造城市主次干道105条,中环快速交通主线全长48.46 km,全程架设高架桥20.29 km,下穿通道16座,上跨道路、河道桥梁17座,大型互通立交8座,跨汾河特大异型桥1座,总计建设里程104.61 km。

2014年初,耿彦波(2014)提出继续加强城市道路改造和建设的要求:"改造建设路、解放南路、长治路、南沙河路等23项道桥工程,总计建设里程110 km,总投资170亿元。继续优化提升中环快速道路交通体系,配套完善周边路网,放大环路快速效应。"是年,太原市"继中环建成后,实施建设路、长风街、南沙河路快速化改造建设;改造长治路、太榆路等25条道路,改造小街小巷27条",总计建设里程139 km。

2015年初,耿彦波(2015)指出,"道路畅通是现代城市的基本条件",并要求年内"改造南内环、学府街、兴华西街,续建南沙河快速路、龙城大街东延等主次干道,尽快启动滨河东路南延工程,改造小街小巷30条,完善中环路、建设路、长风街、滨河东西路等快速路重要节点,构建快速高效、级次匹配、路网完整的道路交通体系"。是年,太原市新改建主次干道 31 项，改造背街小巷 32 条，总计建设里程 113.23 km；太榆路、学府街、南内环街、南沙河路等相继改造完工。

2016 年初，耿彦波（2016）对城市路网改造工作提出以下要求："加快完善快速路、主次干路和支路级配合理的路网体系，提高道路通达性和出行便利性。新建滨河西路南延、卧虎山路，续建太行路南延、龙城大街东延、南内环西街、南沙河路东段等城市快速路；新改续建五一路、太茅路、东峰路、新旧晋祠路、马练营路、迎泽大街东延、摄乐汾河大桥等道桥项目；改造提升 50 余条背街小巷。完成解放路快速化改造"。

在 2017 年政府工作报告中，耿彦波（2017）对过去五年城市街道改造工作进行了总结："城市基础设施建设成效明显。新建改建府东府西街、五一路、并州路、南内环街、长风街、学府街、东峰路等城市主次干道 160 余条，改造支路近 400 条，建设总里程超 750 km；建成中环路、卧虎山路、建设路、阳兴大道、滨河西路、南沙河路、马练营路等快速路 213 km，快速交通体系初步形成……"在该报告中，耿彦波市长认为太原市快速交通体系仅为"初步形成"，显然他并没有准备停下太原市街道大规模改造的步伐，并要求在 2017 年"新建改造东中环北延、西中环南路、学府街东延等 50 条 300 km 城市快速路和主次干道，45 条 60 km 支路"。是年，太原市在实施东中环北延等道路快速化建设的同时，将街道改造的重点放在了北沙河、南沙河等八条河流两侧快速化改造上来，涉及超 110 条、超 200 km 的城市道路改造建设。

2018 年初，耿彦波（2018）部署了太原市政府街道改造年度工作，在进一步完善主城区快速路网的同时，重点推动了快速路向城市周边郊区延伸，要求"高标准完成西中环南延、东中环北延、南中环东延、龙城大街东延、滨河东路南延及 3 座汾河大桥、滨河西路北延、大运路等快速路建设，全面完成八河快速路建设，进一步完善提升城市快速路网。推进迎泽大街东延、学府街东延、马练营路北延、龙城南北街、军民路等城市主次干道和小街小巷改造建设"。

至耿彦波于 2019 年 1 月卸任太原市市长一职之时，太原市"城市快速交通体系"已基本建成，这对太原市发展的诸般影响也逐步显现。对于市政府而言，确实在短期内缓解了机动车交通拥堵现象，具备了利用快速路和城市干道网络以拉大城市框架的有利条件，但也不得不将"增设过街天桥、下穿通道"（李晓波，2020）作为年度重要工作以弥补此前城市路网建设对行人街道空间的过度挤压。耿彦波市长主政太原几年的大规模街道改造，显著地改变了太原的城市街道形态，也深刻地影响了太原居民的日常生活。在电视节目中、在网络媒体中、在报纸杂志中、在诸多太原市民和往来于太原的游客口中，充满了对太原街道形态巨变的肯定乃至褒奖。的确如此，太原道路建设一向被广大市民认为欠账较多，太原市民也早已对日常交通的混乱和拥堵深恶痛绝。在调研中，尽管有些市民持有异议，可是又有谁会忍心去批评一位勤勉能干的市长呢！又有谁会拒绝将太原建成现代化大都市的宏伟蓝图呢！太原晚报采访了在外地生活多年后返回太原的赵某，通过赵某的感慨表达了对太原市快速交通体系建设的赞美。报道称：

> 太原的朋友接上他后，开车沿建设路一路往北，说话间就到了北中环街，再转入滨河东路，两脚油的功夫就到了尖草坪区的摄乐桥……现在实现了快速化，路况变得这么舒坦，全程没有一个红绿灯，很有气势……真有范儿。（李涛，2017）

然而，当行走在太原的街头，与生活在那里的形形色色的城市居民交谈时却会发现一些不同的评价。城市街道是市民日常生活中最为重要的公共空间，大规模的街道空间形态重建对他们日常生活的影响竟是如此复杂而深远，甚至让一些市民的日常生活陷入困境之中。太原街道形态的巨变，改变了包括笔者本人在内的每一位市民的日常生活，也激发了笔者对街道改造社会价值研究的热情。作为一名生活在太原的普通市民和工作在高校的城市研究者，笔者希望能够从不同视角来重新审视太原等城市的街道改造实践，探讨一个被裹挟在城市道路"现代化"改造中却并非无关紧要的问题——街道改造的空间正义问题。

1.2 问题的提出

城市街道不仅是交通的技术空间，更是不同群体行使各种权利的社会空间。街道的物质形态和使用规则，不仅决定了街道这一公共空间权益的分配，更进一步影响着不同居民对于社会资源的空间可达性。因此，街道改造的重大现实意义，不仅在于街道作为公共空间资源本身，还因其作为获得城市社会资源的路径而发挥着重要的作用。近年来，笔者本人所在城市太原市政府以构建"城市快速交通体系"之名对街道进行了大规模改造，对城市街道形态改变之巨，有人欢欣，亦有人忧虑。顾名思义，太原市建设"城市快速交通体系"最为直接的目标导向，就是提高机动车在城市中的行驶速度，让机动车可以在更完善的道路体系中快速地通达城市的各个部分。以机动车交通为主导而兴建的城市快速道路系统，不仅改变了街道的物质形态，还改变了城市的肌理，对包括笔者本人在内的不同城市居民的日常生活产生了差异化的深远影响，也进一步激发了笔者对以下空间正义相关问题的思考：

首先，探讨城市街道改造的知识建构与空间正义问题。街道改造的"科学知识"为以城市政府为主导的城市权力体系在街道这一微观地理领域的空间化提供了正当性。在中国快速的城镇化背景下，街道本身既是城市更新的直接对象，也作为服务于城市整体发展战略的重要工具而被支配。基于空间正义的批判视角，本书考察城市规划相关学科在街道改造领域知识的建构过程和扩散机制，特别关注这种知识是如何在将城市街道改造为"交通机器"的现代主义理念与将街道视为生活空间的新城市主义之间纠结的,并基于空间正义视角对不同街道改造理念进行批判性研究。

其次,研究城市街道改造的社会实践与空间正义问题。多年来,当诸多国家城市——不仅包括西欧、北美等一些发达国家城市,也包括相当数量的发展中国家城市——通过街道改造降低街道的机动车容量和速度,并在减少对机动车出行的依赖方面达成基本共识的情况下,我国诸多城市却仍然以容纳数量更多、速度更快的机动车为主要目标而大规模拓宽改造街道。街道物质形态与使用规则共同限定了城市街道使用的方式,进而限定了不同市民的空间权益。那么,在当下中国街道拓宽改造实践过程中:谁在实施权力?基于何种利益考虑?通过何种手段?本书将重点关注城市政府在街道改造中的立场和价值观——随着权力通过街道这一载体得以空间化,城市政府希望实现怎样的街道生活规范?这一规则的建立与城市政府的空间发展战略又存在怎样的内在关联?

再次,分析城市街道改造的后果与空间正义问题。尽管城市街道通常被城市规划相关学科视为城市研究的微观领域,但其对城市居民日常生活的重要性却绝非无关紧要——城市街道改造将改变每一位居民在街道这一重要公共空间的权益配置状况及城市社会资源的可达性,并进而在很大程度上决定着其可获得的社会资源和其可选择的生活状态。在城市中仍有很多人依靠步行和非机动车出行的情况下,城市快速交通体系建设对此类群体的出行环境造成了怎样的影响?特别是街道改造对于行动不便的老年人、残障者、青少年儿童、低收入者、游商小贩等个体的日常生活究竟产生了怎样的影响?本书基于空间正义的准则,对街道改造于不同市民差异化的影响进行评估。

最后,建构正义街道的道德准则。尽管人们不会否认寻求正义街道的必要性,但却因不同的正义观念而纷争不已。城市街道改造是一项公共政策,关乎街道这一公共空间权利和责任的分担。本书将政治哲学引入正义街道的理论建构,通过对街道改造具有一定影响力的正义理论的比较,并比照我们对于正义街道之深思熟虑的判断,进一步明确基于技术中性主义、功利主义和直觉主义等正义理论指导街道改造方面的不足和缺陷,并借鉴罗尔斯的"公平的正义"理论建构正义街道的道德准则。由于罗尔斯的正义理论是在"原初状态"的弱约束背景下形成的,其道德原则不仅能够得到最为广泛的认同,在其基础上建立的指导性的实践准则也能够适用于不同环境下正义街道的特殊性。

1.3 本书的立场

空间从来都是政治性的。就当下中国城市规划实践而言,街道改造是一个以规划师和工程师为主体建构的城市形态知识和以政府决策者为主导的社会权力结构的空间化过程。街道物质形态和使用规则体现了在相应社会权力体系下街道的"空间纪律技术"。这种从使用功能和使用方式两方面对不同市民进行差别限制的纪律调节技术,绝非技术中性,而是一个涉及权利和义务分配的公共政治领域。要理解街道空间的政治性,在对城市街道改造知识的解读中就不应当将其预设为客观的真理,在对支配城市街道改造权力的剖析中也不应该将城市政府预设为不偏不倚的理性人,而是应当将城市街道改造的知识建构和权力运作视为具有特定道德观念的相关主体权力的空间化过程。

本书将政治哲学正义理论引入城市街道改造领域,从空间正义的视角对应当建设何种街道进行规范性讨论。在本书中,通过对相关正义理论的比照,以罗尔斯的"公平的正义"理论为主要分析框架和工具,并以纳斯鲍姆的"正义的能力理论"和哈贝马斯的道德商谈理论为补充,重点围绕城市居民公平使用街道空间的基本权利(特别是移动权)的保障情况、向所有人开放的平等性和对最不利社会成员基本诉求的满足程度计三个方面,对城市街道改造实践进行批判性研究。在空间正义的理论建构层面,笔者将进入罗尔斯的"原初状态"探讨街道空间权益的配置,以期提供一种能够得到广泛一致性认同的道德评判准则。诚然,笔者已意识到街道改造实践对研究者自身日常生活产生的深刻影响,并认为这必然会影响研究者的道德观念。作为一名普通市民,研究者自身生活视角的日常体验和价值判断当然是评判街道改造正当性基础的一部分,但作为一种批判性研究,应当尽可能从罗尔斯的"原初状态"进行逻辑推理,并尽可能减少研究者本人之特殊性(主要是作为居住在老城区、偶尔打车但主要依靠非机动车出行的市民这一角色)对街道改造道德原则之公共性的扭曲。

正义是街道改造的首要德性但并非唯一德性。街道规划设计是一个应当通过权衡各种价值维度对其应然性进行综合评判的领域,日常生活例行化特征存在广泛差异的城市居民也会根据自身需求和偏好对街道规划设计的应然性做出不同的权衡。但毋庸置疑的是,合理的道路网络保障的有序的人流和物流是城市能够正常运转的前提。本书认可交通作为城市街道的主要功能之一,并认为对于街道改造实践应当从不同的价值维度展开,如交通效率、公共安全、环境保护、美学设计等。但笔者认为,城市街道空间是如此重要,倘若没有正视空间正义这一价值维度,那么对城市街道改造的研究一定是残缺的,街道改造实践的合法性也会受到质疑。正如罗尔斯(2009)[3]所言:"正义是社会制度的首要德性。"如果街道的空间生产是不正义的,那么就应当对其加以改造。而且在进一步的研究中发现,街道安全、公共卫生、城市活力等维度在若干重要方面的思考还可以纳入空间正义的框架之中,关于环境保护、经济发展等维度的街道设计理念与正义的街道之间也并不存在通常所认为的价值冲突,反而可以将其一并统筹考虑。

对街道空间正义的讨论,既可以从街道本身这一较为狭窄的视角去观察，也可以从城市相关制度体系这一较为宽广的视角去认识。可能存在的情况是，也许街道空间的生产在某些方面是不正义的，但考虑到城市整体的制度安排，这种街道空间的不正义得到了抵消或者在一定程度上显得不是那么严重。特别是在判定何者为城市社会最不利成员并对其给予何种补偿时，仅仅关注街道这一空间的局限性就更为明显。本书聚焦于街道这一领域，难免有以偏概全之可能。但无论如何，由于街道空间在城市居民日常生活中是如此重要，仅仅主要基于街道空间生产这一较为狭窄的视角进行详细的讨论不仅是值得的，而且对进一步从城市整体视角讨论空间正义问题也具有积极的价值。

1.4 研究计划

这是一项批判性研究，旨在将政治哲学理论运用于街道改造这一城市规划之微观领域，以正义作为街道改造应当遵循的首要德性，对当下指导街道改造实践的技术中性主义、直觉主义和功利主义等道德观的正当性进行评价。本书以街道的正义问题为中心，重点围绕街道改造的设计规范和使用规则两个方面，从以下五个具有逻辑关联的部分渐次展开：

第一，构建一个"正义的街道"理论框架，用以评估当下中国街道改造实践中权利和责任的分配及空间正义问题。这一理论的构建主要通过梳理和整合以下几个方面的知识来实现：（1）柏拉图、杰里米·边沁（Jeremy Bentham）、约翰·穆勒（John Mill）、约翰·罗尔斯（John Rawls）、玛莎·纳斯鲍姆（Martha Nussbaum）等人关于正义的政治哲学观点。尽管抽象的政治哲学正义理论没有指涉街道改造这一具体实例，但其清晰的道德逻辑对于评价街道改造的正义问题是必不可少的理论基础。（2）地理学者戴维·哈维（David Harvey）、爱德华·苏贾（Edward Soja）等人关于空间正义的学术思想。虽然这些学者的空间正义观点更多地诉诸经验直觉，但对于探讨"社会—空间"之辩证关系具有重要的启发。（3）城市规划领域诸多学者从不同视角对街道层面移动政治的探讨，特别是对街道形态、交通法规与步行者、老年人、残障者、儿童等群体日常生活地理关系的研究，有助于理解街道改造的实践经验与空间正义问题。

第二，讨论街道改造的知识建构与空间正义问题。规划师和工程师在对街道规划设计方案与城市居民生活的相关性研究的基础上建构了街道规划设计知识，他们是街道改造知识的主要生产者。本书重点关注以下问题：（1）梳理现代主义和新城市主义这两种相互对立的街道改造理念的建构背景，探讨这两种规划理念是如何作为城市规划的"真理"产生于特定社会环境的过程，并从空间正义视角审视其造成的社会后果；（2）以城市规划及城市道路（街道）设计专业人才培养中使用最为广泛的教材为对象,分析中国学术界对街道改造知识进行建构的方式和目的,并探讨其扩散的内容和机制;(3)以国家相关规范和法规为研究对象,研究中国街道改造知识的制度化及其空间正义后果,特别是关注将城市街道改造为"交通机器"的现代主义理念在当代中国成为城市街道"现代化"普适法则的过程。

第三,研究街道改造的社会实践与空间正义问题。结合国内外具体案例,如西欧、北欧、北美等国家关于"共享街道""完整街道""街道瘦身行动""城市生活街道计划"等街道改造实践和中国部分城市街道改造实践,围绕过程和机制两个方面,分析当下中国街道改造中权力的空间过程,重点关注以下问题:(1)谁在实施权力,通过何种手段?特别是城市政府在街道改造中的立场和价值观——随着权力空间化为街道景观,城市政府希望实现怎样的街道生活规范。(2)谁参与其中,谁被排斥在外?谁的利益得到响应,谁的要求遭到漠视?(3)改造方案如何被不同群体所接受?特别是关注街道改造的话语权以及改造方案公示中的信息不对称问题——将现实中复杂的城市街道有选择性地简化为理想形式的简图和数字。

第四,研究街道改造的后果与空间正义研究。基于不同类型个体的移动能力和日常生活地理特征,重点围绕以下问题展开:(1)街道改造对不同群体日常生活移动性的影响。在出行方式上,重点调查街道改造对步行和骑行者出行便利性和安全性的影响;在人群特征上,重点探讨街道改造对老年人、残障者、儿童和低收入者等具有共同社会属性或身体属性特征的个人日常生活的影响,并关注街道改造对于具有共同居住空间的集体权益的影响。这一方面的研究思路与国家相关部委当前倡导的"社区生活圈"规划理念具有某种一致性,但关注的对象更为具体。(2)街道改造与身份建构。分析改造后的街道及出行方式是如何被不同群体概念化、想象和描述的,以及它们是如何与个体的"身体"和日常生活地理紧密联系起来的,在此基础上进一步研究不同出行方式是如何被文化编码的,即街道的形态是否将不同交通工具"地位化",街道空间形态的变化是否参与了"低收入者""老年人""残障"等身份的社会建构。(3)街道改造与权力竞争和冲突。街道并非总是按照规划者的意图被使用,而是充满了竞争与冲突。本书主要关注以下两个方面:一是作为交通空间,不同方式出行者之间围绕路权而产生的冲突,其中重点关注现代主义街道改造实践中处于弱势的行人和骑行者的抗争;二是作为生活空间,不同功能使用者之间为竞争街道空间而产生的竞争与冲突,其中重点关注受到现代主义将街道改造为交通机器理念所排斥的非交通功能使用者对现有秩序的挑战。基于空间正义理念,对发生在街道使用过程中的竞争与冲突进行社会层面的研究而非先入为主的道德谴责,并探讨街道规划设计层面的诱发因素。

第五,探讨"正义的街道"的道德与实践准则。结合我们对于正义之街道的深思熟虑的确信，对指导街道改造实践的各种正义观念的政治哲学逻辑进行反思和批判。阐明将罗尔斯的"公平的正义"理论作为追寻正义街道之理论基础的合理性，并通过进入罗尔斯的"原初状态"，得到平等的和有理性的人们能够一致认同的道德准则用以指导街道改造实践。通过论证这些道德准则和社会实践，罗尔斯的正义理论作为指导街道改造的成功理论将得到审慎的证明。最后，从规划师的视角对如何影响和改变城市街道改造的权力关系提出建议，目的在于将主要以罗尔斯的"公平的正义"理论为指导的城市街道改造道德准则付诸城市规划实践之中。

2 正义的街道：理论基础与分析框架

> 正义是社会制度的首要德性，正像真理是思想体系的首要德性一样。一种理论，无论它多么精致和简洁，只要它不真实，就必须加以拒绝或修正；同样，某些法律和制度，不管它们如何有效率和安排有序，只要它们不正义，就必须加以改造或废除。
>
> ——罗尔斯《正义论》

本章将重点回顾柏拉图、穆勒、罗尔斯等人关于正义的政治哲学理论和哈维、苏贾等人关于空间正义的学术思想，梳理国内外学者关于街道这一公共空间资源公平配置的相关研究，旨在启发我们关于街道之正义性的深入思考，为寻求"正义的街道"提供一定的理论基础和分析框架，用以定义和评价当下中国城市街道这一公共空间权利和责任的分配及空间正义问题。

2.1 关于正义的政治哲学理论

何为正义，始终被认为是哲学思辨的主要问题。早在两千多年前，古希腊先贤们就曾围绕正义进行了热烈的讨论，其中柏拉图《理想国》中的正义观在城市规划领域具有一定的影响力。近代以来，正义理论中具有较大影响力的政治哲学流派有两个：（1）以边沁、穆勒和西季威克等为代表的功利主义；（2）源于洛克和康德，并由罗尔斯进一步完善的契约论。本节将对不同流派代表人物的正义观点进行概要性回顾，通过对不同政治哲学正义理论的比照，为理解城市街道改造的道德立场和政治哲学逻辑提供必要的分析视角和工具。

2.1.1 柏拉图《理想国》中的正义观

柏拉图的《理想国》一书阐述了以一种正义理念为基础构建一个理想化和谐城邦的设想。该书常被城市规划领域的一些知名学者推荐为该专业学生的阅读书目之一。

在《理想国》的第一卷中，苏格拉底和玻勒马霍斯围绕责任、利益、忠诚等方面就何为正义进行了对话。此处的正义讨论主要关注个人品行而非社会制度。苏格拉底通过发问而非直接回答的方式将玻勒马霍斯关于正义的定义逐一击溃。诡辩派哲学家色拉叙马霍斯对苏格拉底式的反语法颇为不满,急于给出自认高明的答案——正义,就是强者的利益。色拉叙马霍斯将其观点阐述为:"每一种统治者都制定对自己有利的法律,平民政府制定民主法律,独裁政府制定独裁法律,依次类推。他们制定了法律明告大家:凡是对政府有利的对百姓就是正义的;谁不遵守,他就有违法之罪,又有不正义之名。因此,我的意思是,在任何国家里,所谓正义就是当时政府的利益。"(柏拉图,1986)[19]经过激烈的辩论,苏格拉底指出:"没有一门科学或技艺是只顾到寻求强者的利益而不顾及它所支配的弱者的利益的。"因此,苏格拉底得出结论:"在任何政府里,一个统治者,当他是统治者的时候,他不能只顾自己的利益而不顾属下老百姓的利益,他的一言一行都是为了老百姓的利益。"色拉叙马霍斯认为苏格拉底不晓得牧羊人与羊的区别,并批评苏格拉底道:"因为在你想象中牧羊或牧牛的人把牛羊喂得又肥又壮是为牛羊的利益,而不是为他们自己或者他们主人的利益……正义也好,正义的人也好,反正谁是强者,谁统治,它就为谁效劳,而不是为那些吃苦受罪的老百姓和受使唤的人效劳。"遗憾的是,色拉叙马霍斯在接下来的辩论中替换了此前自己提出的正义的概念,反而将精明的判断称为不正义,将忠厚单纯称为正义,并进一步补充道:"正义是为强者的利益服务的,而不正义对一个人自己有好处、有利益。"接下来,苏格拉底并没有就"正义就是强者的利益"这一定义给出正面而有力的反驳,而是就"究竟做哪种人最为有利"与色拉叙马霍斯进行了激烈的探讨(柏拉图,1986)[26]。

格劳孔紧接着向苏格拉底发难,提出了三种善,并请苏格拉底回答正义属于第几种:第一种是它本身而不是后果让人希望得到;第二种是它本身和后果都让人希望得到;第三种是赚钱之术,为了报酬和其他种种随之而来的利益(柏拉图,1986)[44]。苏格拉底认为,正义属于最好的一种,"一个人要想快乐,就得爱它——既因为它本身,又因为它的结果。"格劳孔就正义的起源提出了自己的观点,而这种观点无疑是属于契约论的:"大家成立契约:既不要得不正义之惠,也不要吃不正义之亏。"格劳孔进一步指出,正义是两者之折中,它之所以为大家所接受和赞成,"不是因为它本身真正善,而是因为这些人没有力量去干不正义,任何一个真正有力量作恶的人绝不会愿意和别人定什么契约,答应既不害人也不受害"(柏拉图,1986)[46]。在格劳孔看来,那些做正义事的人并不是出于心甘情愿,而仅仅是因为没有本事作恶。

紧接着,格劳孔的弟弟阿得曼托思指出,貌似正义的人比真正义的人要更幸福,并向苏格拉底提出一个严肃的问题:"还有什么理由让我们去选择正义,而舍弃极端的不正义呢?"苏格拉底为了回应阿得曼托思的问题,将正义区分为两个层次:一是城邦的正义,二是个人的正义。此后,苏格拉底暂时撇开关于正义的直接讨论,开始了关于城邦政治的长篇大论。苏格拉底从劳动分工出发，认为正义就是由在自己干得最好的岗位上各司其职的所有人和事物构成的（史蒂芬·B.斯密什，2015）[65]，就城邦而言就是"当生意人、辅助者和护国者这三种人在国家里各做各的事而不互相干扰时，便有了正义，从而也就使国家成为正义的国家了"（史蒂芬·B.斯密什，2015）[158]——而这样做的目的是为了城邦享受最大的幸福。同样，关于个人的正义的核心观点是："我们每一个人如果自身内的各种品质在自身内各起各的作用，那他也就是正义的，即也是做他本分的事情的"（史蒂芬·B.斯密什，2015）[171]。

尽管苏格拉底并没有明确给出什么是正义的定义，但苏格拉底的对话仍然启发我们就城市街道改造问题提出以下追问：（1）如果说"正义就是给每个人恰如其分的报答"（史蒂芬·B.斯密什，2015）[8]，那么在街道改造过程中，与街道利益相关的不同个体应得到怎样的报答呢？以何种标准来判断是否恰如其分？（2）诚如苏格拉底所言，在下棋的时候，受过专业训练的人是如此重要，一个下棋能手相对于正义者是一个更好更有用的伙伴。那么，在城市街道改造中，规划师或工程师比正义者更好更有用吗？进一步而言，一项技艺与正义无涉吗？如果街道改造只是一项技艺，那么讨论正义问题是否还有必要？按照《理想国》中苏格拉底的逻辑，街道改造似乎应当是规划师独享的专业领域，普通民众则不应有发言权。亚里士多德就不赞成这一观点，并提出了有力的反驳：其一，亚里士多德认可专家的判断力，但也同时认为平民集合在一起时，其集体的智慧"就有可能超过专家，至少无论如何也不逊色于他们"，因而可以明智地议事并做出合理的判断；其二，在某些技术行业中，"创作者并不是唯一的，也不是最好的评判者，那些对此领域一无所知的人也能对他们的创作产品加以理解和判别"。亚里士多德（2014）[122-123]以房子为例，认为房子的主人相对于房子的建筑者能够对房子做出更准确的判断①。（3）苏格拉底并未对"正义就是强者的利益"这一观点给出有力的反驳，我们不禁要问：既然街道改造的规则是由强者制定的，那么他们是谁？代表着怎样的生活方式和道德理念？关于街道的正义，我们究竟可以谈些什么有价值的内容？难道正义仅仅只是社会权力进行思考的虚假的面具吗？当我们认为存在不正义的街道，特别是权力体系中的弱者受到了不正当的对待，他们的权益又何以可能实现？

2.1.2 功利主义

功利主义兴起于19世纪的英国，其代表人物为杰里米·边沁（Jeremy Bentham）、约翰·穆勒（John Mill）和亨利·西季威克（Henry Sidgwick）。功利主义者反对公共政策中的精英特权，主张用包括每一位社会成员在内的社会福祉作为正义的评判标准，并认为能够为社会成员创造最大福祉的行为或政策就是道德上正当的。

1）边沁的功利主义原则

边沁在其著作《道德与立法原理导论》一书中提出了功利主义原理，并将其视为评判个人和社会立法的唯一可接受的终极标准。

边沁所谓的功利，是指任何客体的这么一种性质：它倾向于给利益有关者带来快乐或者倾向于防止利益有关者遭受痛苦。边沁认为，快乐和痛苦支配着人的所言所行所思，应当按照"看来势必增大或减小利益有关者之幸福"的倾向，亦即促进或妨碍此种幸福的倾向，来赞成或非难个人行动或政府措施。边沁（2012）[58-64]认为，个人的利益是显而易见、不证自明的，而共同体的利益则是组成共同体的若干成员的利益总和，因此他将用于个人的原则推及整个社会：当一项行动增大共同体幸福的倾向大于它减小这一幸福的倾向时，它就符合功利原理。边沁提出了估算个人和共同体快乐值和痛苦值的方法，并特别指出，一项行动可能对一些人快乐的总值较大而对另一些人痛苦的总值较大，需要将共同体内所有成员的快乐和痛苦加和，并作为判断这一行动是否符合功利主义原则的标准。如果快乐的总值较大，那么差额表示有关当事人全体或他们组成的共同体的、行动的总的良善倾向；如果痛苦的总值较大，那么差额表示有关同一共同体的、行动的总的邪恶倾向（边沁，2012）[89]。

在当时的社会背景下，功利主义反对精英特权的进步意义是值得肯定的。但边沁的功利主义也因存在明显的道德缺陷而受到后世一些学者的批判。首先，要指责的是边沁对个人权利的无视。在边沁看来，人只不过是一个承载功利的容器，倘若一个行动或措施可以增加共同体的福利时，牺牲个人的权利是正当的。其次，边沁将功利原理作为评价对错的普遍原则，但当个人领域的利益与公共利益之间存在冲突的时候，边沁并未解决如何将功利主义同时应用于这两个领域的是非评判的问题。再次，共同体利益的实现问题。边沁认为，人的行为是趋利避害的，但当个体利益与共同体利益存在冲突时，所谓共同体的利益又如何能够实现呢？显然边沁的功利主义理论没有能够回答这一问题。最后，功利计算的可能性和合理性问题。一些政治哲学家质疑功利主义将所有道德善（moral goods）转换为单一价值尺度的可能性，并认为这必将遗漏一些更为重要的内容（Sandel，2009）[41]。

2）穆勒的功利主义理论

穆勒撰写了《功利主义》一书为功利主义辩护，认为功利主义应当是有关正义的唯一的仲裁者。

在穆勒看来，"唯有快乐和免除痛苦是值得欲求的目的，所有值得欲求的东西之所以值得欲求，或者是因为内在于它们之中的快乐，或者是因为它们是增进快乐避免痛苦的手段"，因此，应当"将'功利'或'最大幸福原理'作为道德基础的信条主张，行为的对错，与它们增进幸福或造成不幸的倾向成正比。所谓幸福，是指快乐和免除痛苦；所谓不幸，是指痛苦和丧失快乐"（约翰·穆勒，2014）[8-9]。穆勒指出，功利主义并非只考虑幸福的数量，也考虑幸福的质量，并将快乐区分为低等的快乐和高等的快乐。那如何才能可靠地估算幸福的质量和数量并进行比较呢？穆勒注意到，快乐和痛苦两者是非同质的东西，只有依靠亲身体验者的感受与判断，才能知道一种特定的快乐是否值得以一种特定的痛苦为代价来换取。因此，穆勒指出，"唯有对两者都很熟悉的那些人的裁断，才是终审裁决，而如果他们的意见有分歧，那么唯有其中多数人的裁断，才是终审裁决"（约翰·穆勒，2014）[13]。面对个人和共同体的选择，穆勒给出比边沁更为明确的回答："功利主义的行为标准并不是行为者本人的最大幸福，而是全体相关人员的最大幸福"（约翰·穆勒，2014）[14]。穆勒进一步认识到，个人幸福与共同体幸福会出现冲突。为了解决这一冲突，并实现功利主义道德观，穆勒从制度安排和品行教育两方面提出解决之道：制度安排应当使每一个人的幸福或利益尽可能地与社会整体的利益和谐一致；通过普遍的教育和舆论塑造人的品行，当社会成员具有更好的品行时，这种冲突的可能就更少，"因为一个高尚的人必定会使别人更加幸福"（约翰·穆勒，2014）[14]。穆勒考察了功利与正义的联系，将正义视为建立在功利主义基础之上更具义务性的道德要求。穆勒认为，唯有功利才构成社会应当保护某个人拥有某种权利的理由，也唯有采用功利主义才可能将人们从关于正义的各种观点的分歧和争论之中解脱出来。

与边沁一样，穆勒因秉持功利主义中将全体相关人员的最大幸福作为评价对错的标准而受到质疑，这一准则被认为缺少对个人权利的尊重。除此之外，穆勒并没有合理推论出个人幸福和共同体幸福相冲突时的协调路径，因而也不能很好地回答共同体内各个体如何行动以实现功利主义原则的行为动机。为了解决这一冲突，穆勒寄希望于通过教育和舆论塑造高尚的人，认为人可以具有为了他人的福利而牺牲自己的最大福利的道德力量，这一要求常被功利主义的批评者认为过高而不切实际。此外，穆勒在方法和程序上对如何估算功利进行了阐述，比如他关注快乐的数量和质量两个维度，将快乐分为高等的快乐和低等的快乐，尽管穆勒估算功利之时并没有将人划分为贵贱有别的阶层，但他提出的裁断方式存在一些人将自身对快乐的体验及评判凌驾于他人之上的可能。

3）西季威克的功利主义理论

西季威克在其著作《伦理学方法》中指出了功利主义理论的主要缺陷，并对其进行了完善。首先，亨利·西季威克（2020）[429]认为已有的功利主义理论在度量人的幸福和痛苦方面是粗糙的，要完善功利主义就应当使用严格的计算方法，将所有的相关因素都以数学的精确性进行估价。其次，西季威克认为功利主义忽略了对幸福的分配问题，应当用某种公正（或对这种幸福的正确分配）原则来补充追求最大整体幸福的原则。显然，按照西季威克的功利主义原则，对幸福的分配也应当是那种以能够产生最大满足净余额为前提的分配。所谓的"某种公正"只具有次要的作用，以避免功利主义原则指导下可能出现的极端不公正现象。

因此，西季威克的功利主义作为目的论原则仍然具有优先性。最后，亨利·西季威克（2020）^{第6版序言}认识到穆勒观点中的两个因素——西季威克将之区别为"每个人都追求他自身幸福的心理的快乐主义和每个人都应追求普遍幸福的伦理的快乐主义"——之间的不一致性。西季威克认为，不能从每个人实际上在追求一己幸福这一事实中得出他应当追求他人的幸福的结论，追求普遍幸福的原则需要某种证明。为了协调心理的快乐主义与伦理的快乐主义，西季威克诉诸一种带有一定强制性质的策略，即认为功利主义所能够做的就是通过向利己主义者说明从普遍的原则中引出的规则的制裁力，即向他指出遵守和违反这些规则会分别令他产生哪些快乐和痛苦。通过这一方式，西季威克所主张的功利主义希望利己主义者，即每个人，能够将最大多数人的最大幸福原则视为获得自身幸福的必要手段。

西季威克通常被认为是功利主义理论最清晰的阐述者。相较于直觉主义或宗教关于正义的观念，功利主义在一定程度上为人类对财富和幸福的追求正名，并提供了一种理论上容易被理解和诉诸数学计算的道德评价方法。功利主义具有利己主义方法和直觉方法所不具备的明晰性，这是功利主义能够成为实践中解决道德准则冲突更高准则的吸引力之一。

受益于西方经济学等强势学科的广泛应用和学术研究中对实证主义的推崇，功利主义对城市规划相关学科也产生了深远影响。在城市规划、土地利用规划、生态环境规划等相关课程教材中，普遍存在着对公共政策评价的功利主义计算。具体到城市街道改造领域，一些持功利主义正义观的规划师或政府官员主张，街道改造应当服务于作为整体之城市的更好发展，"舍小家为大家"之类的经典标语就是功利主义思想的表达。本书的首要工作并非按照已有的抽象理论先验地否定功利主义，而是理解秉持功利主义的决策者和规划师是如何将城市作为一个社会整体并建构起以功利主义指导城市街道改造的进路，并讨论这种城市街道改造实践所造成的主要后果及其正当性。

2.1.3 自由主义——以罗尔斯的"公平的正义"为例

罗尔斯在洛克、康德、卢梭等人的传统契约论的基础上，提出了更为概括和抽象的正义理论，对当代政治哲学产生了巨大影响。他被誉为当代契约论学派最为杰出的代表人物，其著作《正义论》也被认为是近百年来最为重要的政治哲学著作之一。

罗尔斯的主要目的之一就是寻找一种能够替代当时颇具影响力的功利主义，因此在《正义论》的开篇罗尔斯就否定了功利主义理论将社会共同体幸福作为对错标准的观点。罗尔斯指出："每个人都拥有一种基于正义的不可侵犯性，这种不可侵犯性即使以整个社会的福利之名也不能逾越。因此，正义否认了为了一些人分享更大利益而剥夺另一些人的自

由是正当的,不承认许多人享受的较大利益能绰绰有余地补偿另一些人的自由是正当的。"(罗尔斯,2009)[1]

罗尔斯使用原初状态(original position)这一纯粹假设状态来推论其正义观,在这一处境中,没有一个人知道他在社会中的地位——无论是阶级地位还是社会出身,也没有人知道他在先天的资质、能力、智力、体力等方面的运气(即罗尔斯所称的"无知之幕"),这样可以确保任何人在原则的选择中都不会因自然的机遇或社会环境中的偶然因素得益或受害。基于此,罗尔斯(2009)[10-11]提出了"公平的正义"——亦即正义原则是在一种公平的原初状态中被一致同意的,这一原则支配着对制度的所有随后的批评和改造。

作为对传统政治哲学正义观点的替代,罗尔斯(2009)[12]"公平的正义"包括处在原初状态中的人们将选择的两个原则:第一个原则要求平等地分配基本的权利和义务;第二个原则认为社会和经济的不平等只有在其结果能给每个人,尤其是那些最少受惠的社会成员带来补偿利益时,它们才是正义的。其中第一个原则优先于第二个原则。相应地,罗尔斯的正义原则将社会结构分为两个部分加以区别对待,关于权利与义务分配的第一个原则用于保障公民平等的基本自由;关于调节社会和经济利益分配的第二个原则用于规定与确立社会及经济不平等的方面。

罗尔斯从广泛接受的弱前提——纯粹假设的"原初状态"——开始论证,致力于得到能够具有一定共识的正义原则。虽然这一原初状态是纯粹想象的存在,但仍然能够为我们评价城市街道改造的正义提供一个非常有益的视角,正如罗尔斯(2009)[15]所言:"……只要我们根据这些限制条件来论证正义原则,我们在任何时候都能进入原初状态。"尽管作为一种政治哲学理论,罗尔斯的正义理论没有论及城市公共空间的权利和义务的分配,但在城市日常生活中,罗尔斯所提出的一些基本善(primary goods),诸如权利、自由、机会、自尊、收入和财富等均与街道这一公共空间的物质形态和使用规则密切相关。就罗尔斯正义理论适用的范围而言,城市街道改造作为一项重要的公共政策,完全可以归于罗尔斯所指涉的社会结构的重要方面。而对这些由社会结构所直接控制的基本善的分配正是罗尔斯的正义理论所探讨的主题。街道对于城市居民的日常生活是如此重要,以至于任何人都无法忽视街道这一公共空间权利和义务的分配。基于此,我们认为城市中每一位居民基本的出行权利以及基于此获取各种城市公共资源的权利是毋庸置疑的,城市街道改造中对最不利社会成员尤其是那些移动能力低的弱势群体给予合理的补偿也是坚定不移的。

罗尔斯(2009)[45]指出单独一种制度与作为一个整体的社会体系的基本结构之间的区别,认为在评价制度时,既可以从一个较宽广的角度,也可以从一个较狭窄的角度去观察它们。显而易见,对城市街道空间的正义研究,不可能亦不应当将其从城市这一整体环境中剥离出来,作为一个独立的空间研究主题。因此，对街道改造这一微观领域的正当性进行评价，还需要结合城市居民日常生活这一更宽广的宏观角度来审视。

罗尔斯的正义原则是在一个被精心设计的原初状态这一弱前提中被选择的，由于其原则及其论证的抽象性，保证了其作为公共的正义原则能够形成最为广泛的共识，在这一点上体现了其作为首要原则对社会制度进行批评和改造的正当性。因此，罗尔斯的"公平的正义"理论可以为评价城市街道改造的正义问题提供分析框架：一方面结合罗尔斯的论证对城市街道改造所持的功利主义进行讨论和批判，另一方面运用罗尔斯的正义理论构建"正义的街道"的道德与实践准则。然而，在将其运用于实践层面时，仍需注意以下问题：（1）罗尔斯构建的"公平的正义"理论是在假设的原初状态之中自由的人在平等的基础之上达成的，而城市街道改造的现实中充满了在社会和生理方面的不平等，其决策过程也总是在现有的不平等的社会权力体系中完成的，因此，这一探讨街道改造应然性的研究必然与街道改造的实然性保持着一定的距离。（2）罗尔斯构建的"公平的正义"是建立在合作的基础之上的，认为人们为了更好的生活而自愿加入合作体系中来，但是在城市街道这一有限公共空间的使用中还体现出一种竞争关系，因而在某些方面不存在罗尔斯所说的形成契约的现实基础，因此，对街道改造空间正义的研究将不得不更多地基于理论层面的规范性探讨。（3）罗尔斯基于自由平等的人的假设和互利互惠合作的前提进行的正义理论讨论，没有对残障者等特殊群体给予充分的考虑，因此，在具体的讨论中有必要对罗尔斯的理论做进一步的阐释，并可将纳斯保姆的"正义的能力理论"作为补充。

2.1.4 社群主义

社群主义的兴起主要源于20世纪80年代迈克尔·桑德尔（Michael Sandel）、阿拉斯戴尔·麦金太尔（Alasdair MacIntyre）和查尔斯·泰勒（Charles Taylor）等政治哲学家对自由主义的批判。社群主义者反对自由主义所采取的脱离具体历史情境的、个人主义的正义理论。社群主义者认为，作为道德主体的个人必然置身于具体的历史常规和社会关系之中，政治哲学必须对每个社会内部的常规和共识给予更多的关注，社会共同体内共同的社会习俗、文化传统以及社会共识等需要被尊重和保护。

社群主义提出的最重要的论题是：个人依赖于社会，也就是说个人的自由和福祉只有在共同体中才有可能得以实现，因此个体有义务把社会的共同利益置于与个人自由权利同等的地位。在社群主义者的社会里，"共同利益被想象成一种关于优良生活的实质观念"（威尔·金里卡，2015）[282]，这种实质观念也就是一种特殊善的观念，由此来界定共同体的生活方式。社群主义同时认为，这一认识也是对自由主义"权利优先于善"观念的驳斥。在社群主义看来，罗尔斯等人的政治自由主义理论将指导我们生活各方面的具体道德判断存而不论,反而抽象地寻求一种"重叠共识"的观念不合情理。因为只有以特殊善的观念为先决条件,才能证明人们对权利的认同和正当合理性(迈克尔·桑德尔,2011)[211]。在社群主义的政治中,国家是一种完善论国家,即需要对不同生活方式的价值进行公共排序,并据此鼓励人们采纳与此相吻合的善的观点。

社群主义将正义界定为共同体共识的观点,被一些学者认为是一种文化相对主义。对社群主义最为有力的批判包括以下两点:首先,社群主义将道德观念在一种文化中占有的分量作为是非标准,因存在违背深层次道德原则共识的情况而造成自相矛盾。现实中,对于大多数人而言,从正义的视角考虑是否赞成一项政策,是基于是非对错的判断而不是社群主义主张的共识。按照社群主义这种文化相对主义,如果我们的社会普遍地认为,不应当占用公共资源为盲人和依赖轮椅出行的残障者提供街道使用条件,那么我们就可以判定:不在街道上设置盲道和无障碍设施是正义的。但是,这显然并非我们道德直觉所能够赞同的正义要求。其次,共同体内部通常并不存在足够的共识,为了解决分歧,从社会正义的视角,我们"需要根据更具一般性的正义观去评价这些相互冲突的理解"(威尔·金里卡,2015)[268-269]。如果按照社群主义主张的以共同体价值作为评价个人偏好的最高标准,必然会存在强制的现象。如果因为其他某些人的同意而不得不赞同,那么就是对个体道德能力的贬低,这种道德逻辑从理论上来讲是难以让人接受的。

社群主义对个体是被嵌入或置于社会常规之中的认识是正确的。的确如此,在现实生活中,个体通常需要将某些社会角色和社会关系当作个人慎思的给定前提。但社群主义将共同体内部的常规和共识作为个体设定目标的权威视域,在一定程度上混淆了"现实性"与"合理性"之间的差别,因此也就降低了政治哲学的批判功能。不仅如此,社群主义把正义界定为共同体共识的企图,作为一种文化相对主义,也存在拒斥道德判断的危险。与社群主义不同,尽管功利主义和自由主义之间存在着重要的分歧,但都认为应该并可以用一种非历史的外在标准用于指导每一个社会共同体。德沃金等自由主义者甚至声称,与社会特有的信念存在潜在冲突这个事实,正是探讨正义的意义所在——"正义应该成为我们的批判者,而不应该成为我们的反映者"(威尔·金里卡,2015)[268]。

在城市规划领域,尽管少有规划师声称在价值观上自己是社群主义者,但在某些领域的主张却与社群主义正义观不谋而合。在街道改造层面,现代主义将街道打造为"交通机器"的理念中对于机动车的态度便可视为一种典型的社群主义正义观。城市规划领域的一些专家声称,机动化就是现代化应有之义,以机动车交通为主导的交通模式因其更为符合历史和文化的方向而值得推广。不仅如此,他们还可以通过统计数据来说明现代城市中大多数居民偏爱机动车出行。以此为正当性证据,很多城市纷纷通过重塑街道物理空间并改变街道使用规则来配置街道空间权益，以此响应一种更多依赖小汽车的所谓现代化的交通模式。但是，无论小汽车作为日常通勤是否就是现代化应有之义，在考虑到尚有很多人依赖于或偏好于骑行或步行的前提下，一些城市政府通过拓宽机动车道等方式对步行和骑行空间的过度挤压，就是基于不同出行方式对不同群体的不公平对待，导致了对一些居民出行方式和生活方式自我决定的不正当限制。在过度依赖小汽车交通而造成了诸多城市问题的今天，我们更有充分的理由质疑和批评曾经一度为一些现代主义城市规划者和城市政府所推崇的以机动车为主导的交通模式。但现实却是，经过一些城市政府和专家学者在新闻媒体的大力宣传，机动车交通作为一种现代化的象征在很多城市已被大多数居民所接受，但这种共同体价值不过是被操纵的意识形态结果而已。

2.1.5 纳斯鲍姆的"正义的能力理论"

纳斯鲍姆在阿玛蒂亚·森的能力理论基础上提出了正义的能力理论，并在其著作《寻求有尊严的生活——正义的能力理论》和《正义的前沿》中进行了系统的阐述。

在《寻求有尊严的生活——正义的能力理论》一书的开头，纳斯鲍姆就质疑传统的发展经济学主导理论的价值，认为这些理论只关注人均GDP的增长，而每一个国家内民众所真正追求的是一种体面的生活品质。因此，发展政策应当关注影响人类生活品质的多种因素，其中应优先考虑的是纳斯鲍姆所称的核心能力，因为在她看来这种核心能力体现了一种基本的生活要求并具有发展其他能力的孵化功能。

纳斯鲍姆正义的能力理论的关键问题是：每一个人可以做些什么，又能够成为什么？纳斯鲍姆将其理论称为"多元能力理论"，其所指的"能力"是一种联合能力（combined capabilities），即一个人在特定的政治、社会和经济境况内所具有的选择和行动的机会总和。这种联合能力包括内在能力和自由实践能力两个方面：所谓内在能力，并非自然禀赋，而是指个人在品性特点、智商情商、身体健全与健康状况、内在学识、感知和运动的技巧等方面的状态；自由实践能力是指个人选择环境的能力。纳斯鲍姆认为，一国之内面向所有人的政治目标应是相同的，即所有人都应当获得超出一定最低线水平的联合能力。之所以强调"多元"，是因为个体对资源的需求以及他们把资源转化为实际操作的能力存在差异。因此，这种联合能力对于不同个体的获得而言是多元的、因人而异的。

纳斯鲍姆强调的联合能力并不要求强制性地运作，而是包括选择和行动的实质自由。纳斯鲍姆通过对能力和运作两个不同概念的辨析，提出了"选择自由"的意义和重要性。所谓运作，是指一种或多种能力的积极实现。能力之所以重要，一定意义上是因为他们可以以种种方式转换成运作。在这一意义上，能力的培育是为了能力的运作。但纳斯鲍姆强调，能力作为自由和选择的领域，其本身便具有价值。因此，政府的恰当目标在于能力而非运作，这样就可以为人类自由的行使留下空间。

纳斯鲍姆认为，其正义理论的吸引力之一，就是直面最重要的能力，并以相关的规范性论证来处理这一问题。纳斯鲍姆认为，在规范性的法律和公共政策意义上运用能力的概念，就必须对能力的重要性和好坏进行区分，而最低限度的公正的社会努力培养和支持的能力应当实现人类真正有价值的活动。其理论正当性的基础在于一种公民资格理论：如果民众被视为公民，那么所有公民都应得到来自法律和制度的平等尊重。为了实现人性尊严所要求的生活，社会制度就必须对核心自由领域进行保护（玛莎·C.纳斯鲍姆，2016a）[22-23]。据此，玛莎·C.纳斯鲍姆（2016b）[53-55]提出了十种核心能力：（1）生命；（2）身体健康；（3）身体完整性（body integrity）；（4）感觉、思考和想象；（5）情感；（6）实践理性；（7）依存；（8）其他物种；（9）玩耍；（10）对外在政治环境和物质环境的控制。

关于正义的能力理论如何实施这一问题，纳斯鲍姆认为，关于实施的进一步建议应当取决于具体语境。带领民众跨越核心能力的底线的方法很可能是无用的，除非它们根源于一种关于民众选择的文化、政治和历史语境的详细知识。纳斯鲍姆还认为，在各种能力之间存在着复杂的关系，其中一些能力因其可以为其他能力的获得创造机会而应受到特别重视。在纳斯鲍姆列出的十种核心能力中，有以下几种能力与街道规划设计直接相关，在此结合纳斯鲍姆对这些能力的界定具体说明：第一，"生命。能活到正常人类生命长度的尽头；不会过早死亡，或者由于不值得活而过早地减短生命"（玛莎·C.纳斯鲍姆，2016b）[53-55]。显然，因为不正义的街道空间而在一定程度上引发交通事故并造成居民伤亡的情况应在讨论之列。第二，"身体完整。能够自由地从一个地方移动到另一个地方……"（玛莎·C.纳斯鲍姆，2016b）[53-55]。一个阻碍了老年人、残障者通行的街道改造计划显然是不正义的。第三，"依存。A.能够与别人生活……从事各种形式的社会交往……B.具有自尊和不被羞辱的社会基础；能够被当作和其他人具有平等价值的、有尊严的个体来对待……"（玛莎·C.纳斯鲍姆，2016b）[53-55]。如果街道生产阻碍了人们正常的社会交往，且不是有尊严地对待每个人，那么这种街道就是不正义的。

纳斯鲍姆对功利主义进行了批判，认为其存在以下缺陷：第一，功利主义对社会总体满足水平的关注忽视了下层阶级的苦难和不平等；第二，功利主义将"满足"作为一种全能的尺度对生活的方方面面进行测量统计，但真实生活的方方面面对个人的意义是多元的且不可通约的；第三，偏好和满足具有社会可塑性，功利主义根据现存偏好的满足来定义社会目标，经常强化了可能非常不公正的现状；第四，功利主义低估了自由的价值，选择和行动的自由不仅是一种手段，还是一种目的，而功利主义关注的却仅仅是作为一种目标的满足。

纳斯鲍姆同样批判了"只要国家在其全体公民间平等（或尽可能平

等)地分配资源"的正义观。纳斯鲍姆认为,合理的政策目标在于赋予人们运作的能力。人与人之间存在诸多差异性,有些差异性是身体性的,有些差异性是由持续的社会不平等所造成的。对财富的分配并不能保证民众"可以做些什么,又能够成为什么"。纳斯鲍姆认为残障人士在公共场所的移动能力不如"正常人"的原因在于社会过去的不公正运作,因为社会没有在公共场所提供轮椅通道而使得这些民众被边缘化了。因此,纳斯鲍姆认为,如果我们希望身体残障的人士可以像"正常人"一样在社会中自由行动,那么就必须将更多的资金投放到这些人身上,如在建筑物内修建斜坡通道,为公交车安装升降梯等。

纳斯鲍姆肯定了罗尔斯的正义理论的伟大贡献。但同时认为,罗尔斯的正义理论并没有具体探讨残障人士的相关正义议题。结合其正义的能力理论,纳斯鲍姆发表了一些关于残障和老龄化等领域社会正义的观点,对城市街道改造的正义问题研究具有重要的启发。纳斯鲍姆认为,"正常人"的生活与终生残障者的生活之间存在很大的连续性,特别是随着人们的预期寿命越来越长,每一个国家都将面临一种迅速发展的失能问题。残障者终生难以摆脱的认知或身体障碍,在性质和程度上都接近"正常人"在年老体衰时所经历的失能力(disabilities)。因此,失能力是一个值得世界各共同体重视的大问题,它影响着或终将影响到每一个社会的每一个家庭。

纳斯鲍姆的正义的能力理论更强调一些紧迫的社会正义问题在实践层面的改变,这对于研究城市街道改造的正义问题具有重要的启示意义:(1)在城市居民应享有的各种城市权利中,居民在城市中的移动能力极大地决定了对社会资源的可达性及获取能力,因此城市居民的移动权应被视为一种孵化性能力而得到更多重视。考虑到每一位城市居民的日常生活都受到时空约束,保障这种能力就具有更多的必要性和紧迫性。(2)探讨一些城市街道改造是如何将残障者、老年人等群体边缘化的。在现代主义街道改造理念指引下,这是显而易见的逻辑结论,但仍需要大量的案例来佐证。(3)在移动权的讨论中,应重视居民的选择能力。通常而言,拥有私家车的居民具有更多的选择能力,缺少私家车等交通工具或缺少相应使用技能的居民具有最少的选择能力,因此街道改造应更多关注选择能力最弱的群体的出行要求。(4)街道作为城市生活的极为重要的公共空间,对应于具有不同需求的居民的多元能力。因此可以通过规范性的列举,如街道安全性、居住环境质量、自由移动能力、居民参与的机会和能力等,探讨城市居民个体在街道这一公共空间应获得的多元能力,并由此建立一个最低限度的正义空间。

2.2 城市权利与空间正义观

20世纪60年代的发达国家城市危机,催生了一个有关城市空间正义研究的思想流派。这一思想流派的渊源，可追溯至法国学者米歇尔·福柯（Michel Foucault）和亨利·列斐伏尔（Henri Lefebvre）。福柯多次探讨了空间、知识和权力之间的关系，如《规训与惩罚》一书通过对圆形监狱的研究分析了知识如何通过空间来规训人的身体，认为知识系统赋予空间以功能并反映特定的权力关系，并认为即便是生活环境小策略导致的地理也充满了不公平和压迫。列斐伏尔提出了空间生产理论和城市权的概念。在空间生产理论方面，列斐伏尔认为，那些表面上最无关紧要的活动，如日常生活、休闲娱乐、空间利用、居住与住宅等，即是处于中心地位的生产关系再生产的过程。列斐伏尔主张，城市居民单凭居住在城市这一事实，便拥有明确的空间权利，即公开公正地参与城市空间生产的过程，得到和享用城市尤其是宝贵的城市中心生活的优势，不受强加的各种形式的空间隔离和限制，享受满足基本需求的健康、教育和福利等公共服务。

此后，戴维·哈维（David Harvey）、爱德华·苏贾（Edward Soja）和苏珊·费恩斯坦（Susan Fainstein）等人对空间正义进行了开创性研究。哈维对空间正义关注的焦点并不在结果，而在于不公正地理的进程，寻求包括政府干预和城市规划等方面的各种歧视性做法中不正义的根源。苏贾以"空间、实践和社会"三重辩证法为理论基点，开启了批判性的空间研究视角，其《寻求空间正义》（*Seeking Spatial Justice*）一书更是直面空间正义问题，讨论了正义/非正义的全球化和城市化以及不同地理范围内追求空间正义的社会运动经验，进一步探讨了"城市权"理念。费恩斯坦建构了一个关于正义的城市理论，并用来分析相关的制度与项目。

2.2.1 戴维·哈维：城市权利与社会正义

地理学者哈维被誉为将马克思学说引入现代地理学的先锋，其关于城市权利与社会正义的相关研究在理论界具有重要影响力。1973年，戴维·哈维的著作《社会正义与城市》（*Social Justice and the City*）出版，在学界引起巨大反响。后现代地理学代表人物苏贾认为此书是利用地理方法研究社会正义的起点；政治理论和城市规划学者费恩斯坦誉之为具有卓越影响力的巨著。此后，哈维陆续出版了多部关于城市权利的学术著作，形成其鲜明的社会正义观。

尽管哈维在不同的著作中都论及了"正义"这一主题，但却没有像政治哲学家那样给出具有普遍性的正义原则。在哈维看来，不可能抽象地界定正义的概念，而是必须从普遍性和特殊性的辩证关系中理解正义的概念——普遍性与特殊性互相定义对方，以便使得关于正义的普遍性标准能够在不同的独特性的对话中保持开放。因此，哈维认为，正义这一概念应依不同的社会、地理和历史背景而具有不同的内涵。与此同时，哈维也承认"正义"作为一种动员理念，因承载着共同的理解而拥有重要作用。所以,哈维仍然致力于寻求一些人们可以认同的准则。为实现社会正义,哈维借鉴了政治哲学学者艾丽斯·杨(Iris Young)的6个主张,包括对劳动力的去剥削化、消除对社会群体的边缘化、保障被压迫群体的政治权利和自我表达的权利、消除文化帝国主义、施以社会控制的人性形式和减缓社会项目对生态环境的负面影响,希望以此作为支配正义规划和政策实践的准则。

哈维将城市权利(the right to the city)置于时代中心议题的高度。在哈维看来,无论是在政治层面还是在道德层面,人权都处于时代舞台的中央,但关于人权的已有研究并没有从根本上对自由主义和新自由主义市场逻辑或政府行为及合法性的主导形式构成挑战。哈维认为,有必要展开对另一种人权形式的探讨——城市权利。在哈维(Harvey,2009)[315]看来,要回答城市居民"究竟要做什么样的人"和"希望以何种方式来生活"等问题,就不能忽视期望改变和改造城市的权利问题。哈维认为,城市居民改造城市,也通过改造城市改造自身,因此其所讨论的城市权利就是一种通过改变城市以改变我们自身的权利。哈维认为他所探讨的城市权利不是一种个体人权,而是一种共同权(common right),这种权利超越了主张城市资源权利的个体自由,因为这不可避免地有赖于重塑城市化进程的集体力量(collective power)。可以说,戴维·哈维(2014)[5]所探讨的城市权利,是指建设改造自己和自己城市的自由,主张城市权利就是"一种对城市化过程拥有某种控制权的诉求"。

哈维对于城市权利相关理论的研究视角和话语是马克思主义的。哈维认为,城市化是一种阶级现象,并指出了资本主义与其城市之间的内在关联:一方面,城市的发展动力来自资本主义对剩余价值(利润)的无休止追逐,资本主义持续生产着城市所需要的剩余产品;另一方面,资本主义也需要城市化来吸收无休止生产出来的剩余产品,城市化还凭借不断创造和生产出来的空间场所来推动积累。在哈维的相关著作中,19世纪的巴黎和20世纪的纽约往往是剖析的重点案例,他在这两个案例城市中论及街道改造问题。哈维认为,1848年巴黎的危机是一个剩余资本和剩余劳动力被闲置的危机。豪斯曼对巴黎的大规模改造和基础设施建设,有利于解决资本过剩和失业问题。在这一层面上,豪斯曼的改造计划符合独裁政府压制巴黎工人运动的愿望,因此得到中央政府的支持。对巴黎的改造也同时改变了巴黎的生活方式——将巴黎的城市生活转变为一种以低俗消费来吸收庞大盈余的方式,但却将工人阶层排除在外。哈维认为,尽管摩西对纽约的改造同样是为了解决剩余资本的吸收问题,但不同之处在于,摩西彻底改变了城市发展的思维尺度。摩西通过高速公路系统和机动车促进了郊区化,并塑造了一种新型的郊区化生活方式——"从住宅到冰箱、空调以及两辆小汽车在内的全套新产品,大规模增加石油消费等等"(戴维·哈维,2014)[10],这种生活方式在吸收资本主义剩余上发挥了重要作用。哈维认为,城市改造吸收剩余资本具有更阴暗的一面——通过这种反反复复的"建设性破坏",穷人、弱势群体和在政治权利上被边缘化的城市居民受到最为严重的负面影响。

哈维认为,要改变空间不平等状况就必须建立城市权利。在戴维·哈维(2014)[18-19]看来,尽管当前美国等资本主义国家对政府征地进行了成功的阻止和约束,却形成更隐蔽和更恶劣的转变过程,诸如民主政府在"最高产出和最好使用"的旗号下,按照能产生最高经济回报率的方式对土地进行分类。城市中,政治精英和经济精英的权力得以复原和强化,他们能够按照自己的意愿改造城市,而弱势群体和边缘化群体被更深更重地禁锢在资本的流通和积累的链条上痛苦挣扎。其主要后果是,造成城市中财富和权力的极化,并深刻地改变了城市的空间形式。哈维认为,要改变这一不平等状况,应当加大对生产和剩余资本的民主管理,建立起城市权利。

在哈维关于城市权利的著述中,对城市街道这一公共空间也有所讨论。哈维认为,城市街道等共享资源虽然不会因使用而被摧毁,但却会因过度滥用而退化庸俗化。在汽车出现之前,街道确曾作为城市共享资源而供城市居民使用。随着机动车被越来越多地使用,交通愈加拥堵,通过缴纳拥堵费和使用费等方式尽管可以缓解交通拥堵以提高效率,但这种公共空间却逐渐资本化、被机动车所支配,这种共享资源也被摧毁了(戴维·哈维,2014)[75]。作为马克思主义地理学家,哈维的思想启发我们将街道规划设计理念与资本主义生产关系联系起来。伴随着大量传统街道被改造为交通机器,在通过排斥行人和非机动车进而为机动车交通提供更为便捷和体面的出行条件的同时,也源源不断地吸收资本无休止地生产出来的剩余产品。这种公共空间的供给,当然是有选择性的财富逻辑,这种选择性就是将不能够消费汽车和汽油等产品的城市居民边缘化,甚至排斥在街道空间之外。此外还有一点值得关注的是,为了保证城市居民的身体和时间作为资本主义生产关系中的劳动力和劳动时间,城市街道不断以通勤时段的机动车出行要求为标准被拓宽改造,其后果往往是以城市公共资源的极大浪费为代价——在早晚上下班高峰过后,城市街道冷冷清清,以机动车为中心而规划设计的街道已经无法作为交通之外的其他功能被使用。

2.2.2 爱德华·苏贾:"社会—空间辩证法"与空间正义

在列斐伏尔和哈维等地理学家关于社会正义、城市权利等相关理论的基础上,苏贾提出了"社会—空间辩证法"概念和以"空间—时间—存在"三元辩证法为基础的分析模式。在其著作《后现代地理学——重申批判社会理论中的空间》一书中,苏贾对"社会—空间辩证法"进行了全面的阐述。爱德华·W.苏贾(2004)[119]认为,通常意义上讲的社会关系和空间关系不仅都来源于生产方式,"而且还是辩证地不可分离的",

这种不可分离的关系可以概括为：社会构成了空间，社会也为空间所建构（爱德华·W.苏贾，2016）[5]，因此，社会理论应当将历史的重建与社会空间的生产结合起来。在此后出版的《寻求空间正义》一书中，苏贾对其"社会—空间辩证法"进行了重申，在此基础上进一步展开了对空间正义的思考与总结，并以洛杉矶为例对寻求空间正义的社会实践进行了分析。爱德华·W.苏贾（2016）[69]重申："人类生来就是空间的存在，我们生来就占有空间"，因此必须以"社会—时间—空间"三位一体的本体论来建构理论。

爱德华·W.苏贾（2016）[70]的空间正义理论从一种批判性的空间视角关注"非正义的生产以及其逐步深入社会秩序中的过程"。在苏贾看来，完全的正义是注定无法实现的，最为重要的议题是关注非正义的生产及社会过程。因此，与其说苏贾在寻求空间正义，不如说他在探讨城市非正义问题并寻求解决之道。苏贾还特别指出了不均衡与非正义的区别：社会进程在空间上的不平衡是一种普遍的事实而非社会问题，对空间非正义问题的探讨应关注那些会产生剥削和压迫的不平衡。因此，苏贾认为关于空间正义的理论和实践需要对不平衡地理的权力和特权进行具体的调查，以确定需要改变的空间非正义形式。与穆勒、罗尔斯等政治哲学家努力建构一种抽象且具有普适性的正义理论以支配对社会制度的评判不同，苏贾的空间正义分析更注重实践的应用性，聚焦于空间非正义的表现形式及深层次的结构过程，这种观念延续了马克思主义地理学者戴维·哈维及政治哲学家艾丽斯·杨等人对"非正义"问题的关注。

2.2.3　苏珊·费恩斯坦：正义之城

费恩斯坦指出，在去工业化（deindustrialization）和全球化的进程中，欧美城市的领导人为吸引私人投资而展开激烈竞争——这些城市过于狭隘地追求经济目标，并声称经济增长将提升城市竞争力，进而能够为更多的人创造更多的福祉。费恩斯坦认为，新自由主义政策为提升城市竞争力进行辩护，支持新自由主义政策的专家学者通过相应的知识建构主导了城市规划的话语，甚至影响了城市公共空间和公共服务的供给政策，而社会公平却鲜有人关注。一些学者批评城市政策制定者进一步恶化了低收入者、女性、同性恋者和少数族裔居住者的状况。费恩斯坦认可这些学者对现实问题的把握，认为他们的批评意见形成了一个关于正义之城的模式，即认为一个城市的公共投资和管制应当产生公平的结果而不是让那些境况良好的人进一步获益。但在费恩斯坦看来，虽然这些学者产出了大量的相关文献著作，但其关于正义内涵的认识却近乎全凭直觉，因此很难清楚地阐述在城市背景中何种政策更为正义[①]。

费恩斯坦在其著作《正义之城》（*The Just City*）中发展了城市正义理论并将其作为评估制度及项目的工具。费恩斯坦（Fainstein，2010）[16]

设定了以下四个问题作为全书讨论的基础：（1）在富裕的西方世界中，正义城市应具备的品质是什么？（2）以纽约、伦敦和阿姆斯特丹为代表，近代西方城市的这些品质实现到何种程度？（3）建构这种历史进程的经济和社会力量、政治、规划和政策是什么？（4）在国家层面应当遵循哪些策略以促进社会正义？哪些制度和社会运动将实现这些目标？在该书中，费恩斯坦将其理论建构在富裕、民主的欧美城市的社会实践及反思基础之上，以纽约、伦敦和阿姆斯特丹3个都市区为案例，围绕公平、民主和多元三个维度，运用演绎和归纳的方法，对如何推进正义城市建设，特别是在城市更新的制度和政策方面，建立了寻求正义之城的规范性框架。

费恩斯坦认为，平等、民主和多元化是构成正义城市的三个首要品质。费恩斯坦指出，虽然不同的情境中对这三个品质会产生不同的理解，但仍然可以运用一些一般原则。费恩斯坦论证的特别之处在于，她并不寻求为这三个品质规定一个最低标准，而是通过设定一组指导和评定政策的标准以实现这三个品质的最大化。在如何实现正义城市的讨论上，费恩斯坦认为并不需要哈维所建议的革命性变革（revolutionary change），政治动员支持的改革就能够带来显著的改变。费恩斯坦借鉴了纳斯鲍姆的表达方式，在全书的结论部分提供了一份更详细的清单，为地方决策者提供了一系列可以促进正义的政策依据。这些政策旨在详细说明一些项目，以增进社会弱势群体的福祉并呼吁决策者在选择政策时形成一种具有正义影响的报告。

尽管费恩斯坦关注的是西方发达国家城市的正义问题，但对探讨中国城市正义问题仍具有借鉴意义。费恩斯坦所提出的诸多明确而具体的政策建议，因能在不同政治社会背景中形成共识从而具有一定普遍价值。首先，在促进平等方面，费恩斯坦认为应当为低收入群体提供体面的住房并为每一个人提供宜居的环境；除非特殊情况，不能以促进经济发展或社区平衡（community balance）等原因强制强拆，如因基础设施建设等原因确需重新选址，应当给予足够的补偿以确保住户或商业能够重获同等条件的居住地或经营地点；经济发展项目应当给予雇员和小企业优先权，因为他们比大企业具有更强的根植性；大型工程应当仔细审查，应当通过提供就业岗位、公共设施、最低生活工资等方式为低收入群体提供直接好处；市内交通费用应当保持在非常低的水平，因为低收入群体更依赖公共交通；在协商环境中，规划者应当积极致力于促进平等主义的解决方案，防止让富人不成比例地获得更多收益。其次，在多元化方面，不应为促进多元化而迁移，但新住区建设不应增进隔离；分区制应有助于包容而不是造成歧视性的后果；区界应当具有渗透性；应提供足够的公共空间，且这些公共空间应具有广泛的可达性及多样性；在受影响群体的实践和期望层面上，实现土地的混合使用；公共权力机关应帮助那些长期受到歧视伤害的群体获得住房、教育和就业机会。再次，在促进民主方面,没有能力直接参与决策的群体应通过支持者代表参与决策;在已开发的区域,规划应当与目标人群协商形成,已有人口不应当是某区域未来的唯一决定者,同时应在全市范围统筹考虑(Fainstein,2010)[172-175]。

2.3 关于街道空间的移动政治探讨

诸多学者关于城市权利的研究为理解和阐述城市公共空间正义问题提供了参考。相较于公园、广场等公共空间,街道还因其特殊性而受到很多学者的特别关注。街道本身不仅是城市中最为重要的公共场所被人们日常使用,而且还是人们移动其中并实现城市日常生活的基本通道。可以说,街道是城市中最为重要的公共空间,其物质形态和使用规则在很大程度上决定了城市居民的出行状况,进而在很大程度上影响了城市居民获取各种社会资源的可达性。因此,在对街道这一微观空间的权益进行研究时,学界对城市居民在街道的移动权给予了更多的关注,甚至一些地理学者和其他社会科学工作者提出了"移动的政治"(politics of mobility)或移动转向(mobility turn),重点关注分配移动性的不平等权力关系。

街道研究的"移动转向"专注于街道形态、交通法规与居民日常生活的不平衡地理学研究(Cresswell,2010),并从不同层面涉及公平与正义问题。哈特曼和普莱瑟奇(Hartman et al.,2015)发表了《生活的街道:正义、空间和共享道路》一文,探讨了街道的正义问题。该文指出,在汽车时代,交通法规和设计规范使得步行和骑行在街道上既不安全又不愉快,老人和儿童等最易受伤害群体和步行、骑行等可持续的出行方式成为强有力者和不可持续出行方式的牺牲品。该文围绕以下三个问题对正义的街道进行了讨论:(1)在何种意义上街道空间是正义或非正义的?(2)传统的街道使用规则和设计是如何体现道德优先权的?(3)在理论和实践层面,一个更正义的街道应是什么样子?作者应用地理、哲学和宗教道德等分析工具,借鉴犹太教和基督教的舍拉姆(shalom)②原则,从法律法规、案例法判决先例、道路设计工程师与街道使用者权力关系的建构等方面,对街道的社会和环境正义进行了定义和评价。这一宗教道德原则旨在帮助我们实现基本公平的安全和可达性,特别关注易受伤害和穷困(worse-off)群体,实现人类繁荣和每个人健全的关系(relational wholeness)等目标。作者认为,行人的体验更具普遍性,而且行人还是街道上最易受伤害的群体,因此应当对行人的权益给予更多的关注。作者认为,运用正义街道的原则——舍拉姆原则,不仅可以对传统街道的设计及规则进行批判性评价,着眼于所有使用者的尊严及其包容性的远见,还可以为展望一个更正义、更具可持续性的建成环境提供框架。作者通过批判性评价完整街道(complete street)③概念,总结了一系列正义街道的设计准则。作者认为，促进贯彻舍拉姆原则的街道建设需要对支配街道这一社会空间的权力——技术官僚持批判性态度。

此外，还有诸多学者从不同视角对街道权益配置进行了研究，如普莱瑟奇（Prytherch，2014）以俄亥俄州为例，研究了美国街道法定权利和责任在不同交通方式间的配置，认为在法律理论和司法判决方面存在权力不公平现象；埃伦费希特等人（Ehrenfeuch et al.，2007）以19世纪末至20世纪初的洛杉矶为例，研究了人行道作为公共空间的社会生产；谢波斯等人（Schepers et al.，2014）为骑行安全提出了一个道路安全和移动性的概念性框架。卡帕利亚斯等人（Kaparias et al.，2012）探讨了共享空间理念，这种共享空间规划更多考虑行人尺度并让驾驶员认为优先权已经被降低或去除。克尔等人（Curl et al.，2015）基于老年人活动水平和生活质量对居住性街道的共享空间理念进行了研究。罗森博格等人（Rosenberg et al.，2012）研究了影响中老年及行动障碍人士活动的户外建成环境；纳沙尔等人（Nasar et al.，2015）研究了鼓励儿童步行的街道特征。杰夫·斯佩克（2016）[14]所著《适宜步行的城市——营造充满活力的市中心拯救美国》一书中，讨论了适宜步行的城市在经济方面的优势：一是传统城市的生活对某些特定年龄段的人群，主要是年轻的"创意阶层"而言更有吸引力；二是能够适应人口结构变化而产生的需求；三是步行更节约，并可扩大当地消费。

在上述相关研究中，学者们通常基于城市社会弱势群体的视角，对街道规划和设计的技术层面进行了反思，为深入探讨街道空间正义问题提供了经验支持。尽管上述研究多在西方发达国家城市情境之中展开，但其视角和方法对进一步系统地研究中国街道改造的空间正义问题具有重要的参考价值。但整体而言，在街道空间正义研究方面仍然存在一些亟待完善的方面：一是没有从权力维度思考不正义街道生产的社会权力基础；二是没有将政治哲学丰富的研究成果引入街道权益研究，尽管提出的建议表达了对社会弱势群体的关注，但其规范性建议仍缺少令人满意的合法性论证。

2.4 本章小结

在长期的学科分工中，街道改造似乎被认为只是规划师和工程师掌握的一项专业技术，与社会正义之价值无涉。但近些年关于城市居民移动权研究的兴起以及人文地理学研究的道德转向，反映了城市规划相关研究领域对街道等城市公共空间社会正义问题的深刻认识与反思。本书将政治哲学引入街道改造领域，以此作为探讨空间正义这一规范性研究的理论基础。尽管政治哲学家们并未对城市街道改造项目发表任何具体见解，但其建构的政治哲学理论能够为探讨当下中国城市街道的空间正义问题提供恰当的分析框架，其理论的普适性有助于在某些重要的方面促进共识的达成。

具体而言，本书将从以下方面分析城市街道改造的政治哲学逻辑：首先，在街道改造知识建构层面，考察不同学者持有何种正义观以及如何在这一正义观基础上逐步形成具体的街道改造方案，其原初所持有的正义理念是否得以实现，对其合法性应如何评价？其次，在街道改造的社会实践层面，城市政府主导的街道改造服务于何种城市发展战略，又意欲实现何种街道空间秩序？从空间正义视角应对其作何评价？特别是作为一项公共政策，应如何评价其决策中的程序正义问题？再次，基于不同理念的街道改造实践在不同群体之间实现了街道空间权益的重新配置并造成差异化的后果，如何结合政治哲学理论及居民的日常生活评价其正义或不正义性？最后，在对不同街道改造政治哲学逻辑及其造成的后果进行系统批判的基础上，提出正义街道的道德准则。所提出的道德准则既应能够经得起政治哲学逻辑的理性审视，还应符合我们日常生活中经验层面经过深思熟虑的观点。尽管生产街道空间的是现实的社会权力而非正义理论本身，但街道改造不正义问题也有知识建构方面的根源，通过一种恰当的正义原则指导下的街道改造知识重构，有望在一定程度上缩短应然性与实然性之间的距离。

本书将政治哲学之正义理论作为探讨街道改造正义问题的理论基础和分析框架，但研究的重点仍然在于评判城市街道改造实践，而非用对这一领域的实践研究来完善某一种正义理论。在各种正义理论中，罗尔斯的公平的正义理论在本书中占有更为重要的地位，这种倚重并非基于罗尔斯在政治哲学领域的巨大声望，而是在研究中发现：功利主义、直觉主义等正义理论以及技术中性主义均与我们对于街道空间正义的一些直觉相互抵触，而罗尔斯的正义理论则能够更好地与我们关于街道正义的一些确信观点在逻辑上相互融贯——这些确信的产生既能够得到罗尔斯正义理论的启发，还能够得到罗尔斯正义理论的进一步阐明和辩护。一种正义理论与我们对于正义的深思熟虑的确信相融通，这不仅是检验正义理论的重要标准，还应成为指导街道改造实践的重要参照。罗尔斯的正义理论旨在寻求一种最低限度的正义，能够帮助我们于街道改造的多元观点中建立一种评价城市街道改造正义问题的公共道德原则。这些具有普适性的原则并非事无巨细的街道改造技术手册，而只是规定了街道基本权益和不平等空间资源分配的政策导向，可被视为一种最低限度的街道正义观，因而同时能够适用于不同城市街道改造实践的特殊性。

第2章注释

① 为了说明这种凭直觉的定义为何难以清晰地说明何种政策更正义时，费恩斯坦曾举例道："当纽约市长爱德华·科赫（Edward Koch）被指控歧视穷人的时候，他辩解道：'我为中产阶级代言。你们知道为什么吗？因为他们缴税；他们为穷人提供就业岗位。'"参见：FAINSTEIN S, 2010. The just city[M]. Ithaca: Cornell

University Press: 3。

② 在该文中，shalom 是一个希伯来语，根据研究者理解，它不是指简单的平安等意，而是指全人类的正义和福祉。

③ 完整街道（Complete Street）运动是美国国家完整街道联盟（National Complete Streets Coalition, NCSC）自 2004 年起发起的旨在促进行人和骑行者权利的运动，该运动在北美具有重要影响力，并在诸多城市得到推广。完整街道应当让每一位使用者能够使用，包括不同年龄和能力的行人、骑行者、驾车者和公交乘客（transit riders）。完整街道应当让穿越街道、购物、骑行上班更加容易，能够让公交车准时运行，并且让人们往返于地铁站间更加安全。资料来源：美国精明增长联盟（Smart Growth America）官网。

3 街道改造的知识与空间正义

> 知识和权力是一个问题的两个方面：谁决定知识是什么？谁知道应该决定什么？在信息时代，知识的问题比过去任何时候都更是统治的问题。
> ——让-弗朗索瓦·利奥塔尔（2011）[14]

> （城市）规划设计……是一个过滤器，对内容进行筛选，将某些"真实"去除，并用自己的方式来填补文本的空白……它有抹去社会要求的危险。
> ——亨利·列斐伏尔（2008）[8]

知识通常被分为两种主要类型，一种属于真理标准范畴的指示性陈述，一种属于正义标准范畴的规定性陈述。毋庸置疑的是，街道改造的知识提供了指导使用街道这一公共空间的权利和义务分配的方式，为不同群体的利益和负担的适当分配提供了正当性依据。因此，规定性知识是城市街道改造知识的重要维度，对街道改造知识的探讨必然应当接受正义原则的审视。基于以上认识，本书将重新评估城市街道改造的目标与价值，对已建构的知识进行批判性研究。在这种研究中，必须认识到这样一个事实，即城市（或城市社会）并不是一个具有感知能力的有机体，我们必须将城市街道改造知识的建构和城市千千万万居民个体的日常生活联系起来。生活在城市中的居民也并非无差别的个体——恰恰相反，城市居民自有其不同的个体特征与日常生活地理范围。因此，城市街道改造的知识建构绝非一个将毫无异议的共识应用于实践的过程，其知识的建构必然充满争议并饱受不同个体利益的纠缠。

福柯启发我们，尼采的问题"谁在说话"对于文本研究具有重要意义，必须关注"是谁——从哪个历史位置、出于何种利益考虑——在主张被人聆听的权威"（加里·古廷，2016）[16]。本章反思城市街道改造知识生产的特定社会文化条件，探究知识生产者在特定的历史语境中将之用于实践的目的和手段。在本章中，首先回顾了现代主义和新城市主义对城市街道改造知识的建构理念，探讨这两种相互对立的规划理念作为城市规划的"真理"产生于特定社会环境的过程，并基于空间正义视角对这种知识可能造成的社会后果进行评判；其次，以城市规划及街道（城市道路）设计专业人才培养中被广泛使用的教材为研究对象，分析中国学术界建构的街道改造知识的内容、方式和目的，并探讨其扩散的机制及产生的空间正义问题；最后，以国家街道改造的相关规范和标准为研究对象，分析城市街道改造知识的制度化及其空间正义后果，其中特别关注将城市街道改造为"交通机器"的现代主义理念成为城市现代化应有之义的过程。

3.1 现代主义、新城市主义与空间正义

20世纪以来，在不同历史时期的不同国家的城市中，可能同时存在着各不相同甚至相互冲突的街道改造理念。不同的理念可以彼此共存，但最终只能有一种方案被用于街道改造实践。因此在特定的历史地理环境中，某一种理念通常会成为指导城市街道改造实践的主导观念，并对城市居民的日常生活产生实质性的影响。如果要用一条主线对街道改造学术史进行简单勾勒的话，那么街道形态设计的知识建构可概括为现代主义与新城市主义之间的学术论争。

20世纪早期，对汽车文明和速度的向往，催生了将街道改造为"交通机器"的现代主义理念。勒·柯布西耶（Le Corbusier）和希格弗莱德·吉迪恩（Sigfried Giedion）等城市规划现代主义先驱者，出于对轮式交通工具的向往，带着对现代化的许诺，将街道作为城市规划学科知识建构的主要对象，形成以机动车为中心的现代主义街道规划理念及知识体系，并为城市街道改造实践提供了正当性论证。其代表人物柯布西耶认为，传统街道应当被一种新型街道所取代，这种新型街道应当排他性地为快速移动的交通工具服务，并免受行人和建筑立面的干扰。吉迪恩的著作《空间·时间·建筑：一个新传统的成长》确立了现代城市的设计准则。该书为纽约市长摩西（Moses）将街道改造为高速公路的行为高唱赞歌，并声称："我们这个时期的时空感受，只有在驾驶时才能深切感受到"（马歇尔·伯曼，2003）[402]。英国学者布坎南（Buchanan）提出了将运动和交通通道分类布置的思想，从此技术主义街道设计成为城市街道设计的主流范式（钟虹滨等，2009），并对美国等国家街道改造实践产生了深远影响。时至今日，将街道改造为"交通机器"的现代主义规划理念仍然在一些国家的很多城市大行其道，在此理念下建成的城市道路体系也深刻地影响了几乎所有现代化进程中城市居民的日常生活。

将街道改造为"交通机器"的现代主义规划理念，为城市居民利用机动车出行创造更好条件的同时，也带来了一些前所未有的问题，如交通拥堵、不可再生能源消耗、环境污染、城市活力下降等，一些学者和社会团体开始寻求城市街道改造知识建构的另一种可能。在美国，纽约、洛杉矶等作为依赖小汽车交通之先行者的现代化大都市，也成为反思现代主义理念的主阵地。自20世纪60年代开始，美国记者雅各布斯以居住在纽约的女性市民的视角，对将街道改造为"交通机器"的现代主义

理念进行了严厉批判，唤起了学术界对城市活力、多样性和完整性的关注，并催生了新城市主义。新城市主义认为街道空间应成为一种富有活力的生活空间，街道的设计应当鼓励人们在街道上行走和停留，以促进功能单一的道路向功能丰富的街道公共空间的回归。此后，美国的诸多规划师和社会工作者参与交通替代（transportation alternative）和完整街道（complete street）等社会运动，在北美乃至全球均产生了重要影响。这些运动的主要目的就是寻求更平等、可持续的街道公共空间，减少市民日常生活对小汽车的依赖。近年来，一些国际组织出版了一些具有国际影响力的著作，这些著作提出了街道改造的原则或具体指南，其主要思想就是改变此前以机动车为中心的街道规划设计实践，为步行、骑行等可持续的交通方式创造更舒适的环境，为老年人、儿童和残障者等弱势群体提供更安全、可达的街道公共空间。

本章将回顾不同城市街道规划理念代表人物的观点。必须指出的是，不同街道改造理念的形成并非个别规划师或建筑师独立于时代背景的自我创造。这种知识的建构，既表达了规划师或建筑师作为知识建构主体的个人偏好，也体现了当时复杂的政治和社会权力背景。因此，对代表人物的回顾，不仅要关注其建构知识的内容，还应进一步关注其在当时社会权力关系中所处的位置和立场以及深层次的发展背景。

3.1.1 柯布西耶：街道的挽歌

柯布西耶是现代主义的代表人物，至今在建筑学和城市规划学界拥有重要学术地位和众多信徒。金秋野和王又佳在其翻译的柯布西耶（2011）[勒口]经典著作《光辉城市》一书的勒口写道："以机器时代之名，柯布怀慈悲之心，对当时的城市化模式和居住制度发出全面的征讨。以建筑设计的时代语言载永恒之道，柯布是现代世界中当之无愧的第一人。"

柯布西耶所追求的，是建立在机器时代的速度和效率。在柯布西耶看来，机器时代的新发明将颠覆所有的祖传律令，已有的城市文明已经陈旧和不合时宜，对其存在的问题进行治理是一项既费时费力又毫无意义的工作，因此，唯一的、理性的解决之道就是与传统彻底决裂，将之打碎，使其分崩离析，重新建立起机器时代的新秩序，为20世纪建立一套崭新的文明体系。柯布西耶的新秩序，就是要通过"理性"的规划实现空间的有序化和标准化。这种文明体系，就是要"从效率到效率，从理性到理性，这种文明必须如此提升自己以达到完全的效率与完全的理性……建筑学则是这一切的基础之一，这不仅仅是指再造，而是我们所处的时代要求我们必须进行的知识与社会的建构"（柯布西耶，2011）[23]。

在柯布西耶（2011）[23]看来，要实现这一"进步"，建筑师无疑是最具资格的人选，因为"建筑学的最高目标就是让一切按部就班"。作为建筑师的柯布西耶对于建筑师在城市规划中的能力和作为表现出一种复杂的态度——一种掩饰在谦卑之下的自负。一方面，柯布西耶声称，建筑师和城市规划师不应当涉及政治社会学领域的复杂现象，认为他们还不具备讨论如此错综复杂问题的能力；另一方面，柯布西耶却认为，在机器时代，城市问题的解决必须以技术人员拟定的规划为前提。柯布西耶相信，在某种意义上，工程技术人员是唯一最有资格和智慧来定义现代城市并给城市居民带来自由和幸福的人。让－弗朗索瓦·利奥塔尔（2011）[93]曾言："技术在这里出现了……它们服从一个原则，即性能优化原则：为了获得性能而增加输出，减少输入。因此……相关的不是真善美，而是高效：当一个技术'招数'获得更多、消耗更少时，它就是'好的'。"柯布西耶不仅建构了城市规划的技术知识，而且坚信建筑师可以通过技术研究来寻找一种合适的社会聚居模式，重新安排大城市中社会生活的准则，为城市居民重建自由。事实上，柯布西耶关于"光辉城市"的宏大蓝图源于其作为建筑师对于现代住宅的设想。柯布西耶认为："一间住宅的正常运转有赖于按着特定秩序组织起来的精确功能。这些功能的特定顺序就形成了流线。准确、经济且便捷的流线组织是当代建筑学的关键。"（柯布西耶，2011）[26]柯布西耶将这一建筑思想从住宅设计领域推广至城市整体的规划设计，其所谓的新城市结构的基本要素就是明确的功能分区和依赖小汽车而建立起来的快速、便捷的流线组织交通体系。

柯布西耶认为，城市问题中最为重要的是交通。柯布西耶（2011）[121]将自己设计的"光辉城市"主干路网结构与旧巴黎的道路网格体系进行了比较，认为旧巴黎那些"细小的、数不清的、彼此纵横交错的毛细道路网"，不仅不合时宜，甚至是"巴黎车辆和行人的地狱"。在其描绘的"光辉城市"蓝图中，柯布西耶用醒目的标题写道："街道的挽歌——为了更好地组织交通，那种只考虑速度较慢的步行道和马车道的城市街道已经过世、必须死亡。"柯布西耶（2011）[115]毫不掩饰地表达了改变传统街道形态以适应汽车时代的愿景："汽车，越来越多的汽车！而古老的城市依然故我，没有任何改变的意思……有些伟大的变革已经箭在弦上，而我们必须促成它们的发生，不能再有丝毫的迟疑。"

在《光辉城市》一书中，柯布西耶为新城市道路建设提出如下准则：一是对速度进行分级，步行和马车等普通生物学意义上的速度不能与现代机动车混行；二是创造单向交通，避免高速行驶的机动车与逆向行驶或交会行驶的物体相遇，铲除交叉路口代之以直角正交的立交桥以确保车流的畅通；三是为了特定的目的，必须使用高速机动车；四是明确重型机车的用途；五是行人必须可以做到自由通行。柯布西耶建立这一系列准则的首要目的是保障现代机动车的快速移动。

尽管柯布西耶被视为将传统街道改造为"交通机器"这一现代主义理念的代表人物，但柯布西耶的理念与在全球诸多国家广为实践的现代主义街道改造方案存在明显的不同。其最大的区别在于：尽管柯布西耶构建了一个以机动车为日常活动尺度的城市发展愿景，但并未有将行人利用城市公共空间和获得城市社会资源置于不利位置的主观愿望。相反，柯布西耶积极为行人的权利进行辩护，特别反对将行人限制在高架人行道上。在其"光辉城市"的平面图中，人车分行的机动车道路在地面以上5m高的空中，地面可供行人任意使用且无须穿越任何街道。柯布西耶认为，此举既可以保障行人的安全，又可以不限制机动车对速度的追求。因此，柯布西耶虽然提出在城市中建立"交通机器"的蓝图，并对此后现代主义街道改造理念的发展产生了重大影响，但却没有任何理由认为，柯布西耶所设想的城市完全是为机动车而规划设计的。让行人生活在一个不便的城市中，甚至将行人从城市中排除出去并非柯布西耶的初衷。但柯布西耶始料未及的是，以机动车为日常生活尺度的理念与以步行为日常生活尺度的理念存在根本的冲突。在现代化进程中，很多城市选择了柯布西耶将街道改造为"交通机器"的理念，却将柯布西耶为行人的考虑置之不顾——城市快速路和主干道在地面四处蔓延，行人则被"赶到"过街天桥或地下通道。在"光辉城市"中行人可以畅行无阻的地面，在现实中不仅被为机动车设计的道路网络所隔断，而且还时常被漫无边际的停车场所占据。

当西方一些城市在工业革命和快速城市化进程中深陷诸多城市问题之中时，现代主义与传统决裂并建设一个全新城市的设想令人振奋，因此也得到了一些国家城市政府和民众的大力支持。然而，对城市大刀阔斧的改革在市场化和土地私有制之下困难重重。因此，柯布西耶寄希望于政治强人和集权体制。柯布西耶对路易十四仰慕之极，认为路易十四大刀阔斧地对巴黎的街道进行了全盘式的改造，将弯弯曲曲的街道拉直，并基于全新的尺度设计了整个城市的形态。因此，柯布西耶的著作并不是写给在他看来无知的大众的，而是有能力帮助实现其宏伟蓝图的权威人士，因此，柯布西耶（2011）^{扉页}在《光辉城市》的扉页中写道："谨将本书献给权威人士……作为我们机器时代文明基石的城市规划信条之要义。"

3.1.2 吉迪恩：城市为林园大道让路

希格弗莱德·吉迪恩曾担任过国际现代建筑协会（CIAM）的秘书长，是现代建筑的重要推动者。吉迪恩的《空间·时间·建筑：一个新传统的成长》一书堪称确立现代建筑和规划准则的权威之作。该书是吉迪恩根据1940年其在哈佛大学担任客座教授时的上课讲义及讨论内容整理而成的，对现代主义建筑及现代主义城市规划理念进行了诠释。

吉迪恩对于正义城市的理念是柏拉图式的。《理想国》中苏格拉底指出，在下棋的时候，受过专业训练的人是如此重要，一个下棋能手比正义者是一个更好更有用的伙伴。相应地，吉迪恩认为在城市规划中，城市规划人员是一个比正义者更好更有用的伙伴，因而城市规划人员建构的城市便具有正当性。在吉迪恩看来，大众是平庸而目光短浅的，城市规划人员才是最有能力洞悉城市未来的专业人士。循此逻辑，吉迪恩主张城市规划人员具有在城市道路规划设计领域被人聆听的权威，认为城市规划人员应根据对未来状况的预测提出重组城市躯体的计划，其掌握的规划设计才干能够为城市发展做出最好的安排。因此，吉迪恩认为，如果规划师与城市居民的观念在实践中发生冲突，城市规划人员不仅不应当考虑城市居民的现实需求，而且还应当为了实现自己的理念不惜任何代价。吉迪恩以豪斯曼为例来支持自己的观点，在盛赞了豪斯曼对未来的预测能力之后，吉迪恩为豪斯曼"因提出超乎大众所能预期的各种先见方案而遭受排斥"而抱不平，因为豪斯曼"大刀阔斧地斩入城市之体内。在拥挤的地区开辟了一条笔直的大路，干脆利落地大胆一击解决了交通问题"（吉迪恩，2014）[565]。基于这样的判断，吉迪恩（2014）[534]认为："每一个伟大的城市规划人员均力图达成——不惜任何代价来完成——唯有将来才能证实其正当性的工作。"在吉迪恩看来，城市中复杂的政治社会问题不仅不应该过多讨论，反而是实现现代化的阻碍。吉迪恩（2014）[566]甚至还认为工程人员比城市规划人员在建设新城市方面更有前瞻性，因为"工程人员往往只关心城市躯体本身的重新组织，而不会迷失于复杂的城市政治社会诸问题中"。在吉迪恩建构的现代化城市中，回避了所有的政治社会问题，也就回避了对正义和公平等道德伦理的讨论，在现代知识分工体系之下培养的工程技术人员被吉迪恩视为最有资格引领城市现代化进程的权威人士。

吉迪恩对现代主义的热情追逐建立在彻底抛弃传统的基础之上，因此对传统城市提出了大刀阔斧的改造计划。吉迪恩（2014）[570]认为，纽约等城市是美国林园大道（parkway）实践的先驱者，但这种实践及其成效是远远不够的——林园大道只是布局在城市的外围，终止于"正开始成为城市的巨大躯干之时"。由于林园大道未能贯穿城市，也就没有改变城市的实际结构，从而无助于改善进出城市的交通状况。不难看出，吉迪恩欲将林园大道建于中心城区的设想主要出于快速进出城市的需求，对林园大道两侧居民日常生活及社区完整性并没有认真考虑。吉迪恩对当局不能迅速而完整地采纳其建设方案，特别是对林园大道不能贯穿城市，而深感失望。因此，在歌颂了豪斯曼的伟绩之后，吉迪恩（2014）[565]呼吁："我们这一时期，甚至需要更多此类英雄的作为"，以表达对能够推进城市大规模拆迁改造的强权人物的赞许和期待。此类英雄人物"首先必须废弃沿固定建筑而设人车交通和房屋混杂之通廊街，继之，恢复现代城市的基本组成之车辆交通、行人、居住地区和工业地区的自由。唯有将这三者分开才能达成"（吉迪恩，2014）[565]。吉迪恩认为任何地方不应该允许一排排的房屋中间有繁杂的街道存在，取通廊街而代之的是吉迪恩设计的林园大道。

吉迪恩进一步提出了林园大道的基本设计法则：移动自由不受阻碍，各个地点的交通均保持平等而无隔断或干扰；为确保稳定的交通流量，不准交叉行驶；邻接土地地主无直接设道路进出口的权利；路线会合交叉处相反路线上分别使用天桥或立体交叉道路来处理。吉迪恩认为，林园大道应视为新城市形态的构成要素之一，因为林园大道合乎一定时期城市的基本法则：（1）使车辆与行人间交通机能的混杂得以分隔；（2）林园大道控制沿线边界的所有构筑物，所有住宅、营业房屋和工厂均不得沿线构筑，甚至加油站的数目亦应受限制，而且只准设在支路上。在吉迪恩看来，只要林园大道将机动车交通与行人交通进行了明确的分割，两者的权利便都可以得到保障。吉迪恩认为，基本法则的第二点尤为重要。吉迪恩希望以城市道路取代传统的城市街道，并将之视为城市规划设计的核心，即以林园大道的法则等同于城市规划的法则。

吉迪恩注意到了一种反对意见，即认为林园大道有限的、官方控制的出入口会对沿线地产所有人、住宅和产业等产生负面影响。他为林园大道辩护道："地产所有人了解虽然他们不能直接进出林园大道，但他们的民权仍未受到侵害，而且从大处来看，林园大道对他们以及社会都是有益的。"（吉迪恩，2014）[573]吉迪恩对林园大道如何有益于沿线地产所有人和相关产业所谈不多，但却断然认为秩序井然的交通必然能够让林园大道沿线的每个人乃至整个城市获益。吉迪恩不仅回避了林园大道与机动车交通的共生关系[①]，并且对林园大道如何有利于行人和道路沿线地产所有人的回答也含糊不清、缺少事实依据。相反的是，吉迪恩（2014）[567]对所谓林园大道是如何更好地服务于机动车的解释却相当直白而清晰："唯有坐在汽车上，才能感受这种道路的真实意图——没有突如其来的交通信号灯和交叉交通，自由自在而不受阻扰地一往直前。"面对林园大道会将城市分解的质疑，吉迪恩（2014）[570]认为林园大道和传统街道只有尺度上的区别而无本质上的不同，并辩解道："林园大道并不是与城市有机体毫无关联的孤立车道，只是与城市所存在的通廊街与固定的小街廊（block）有不同的尺度而已。"

3.1.3 雅各布斯：街道上的呐喊

简·雅各布斯所著《美国大城市的死与生》一书于1961年出版。该书以一位城市女性居民街头日常生活的视角，对统治现代城市规划和街道重建正统理论的原则和目标进行了猛烈抨击，反对摩西将快车道建设在城市中的街道改造实践，为新城市主义规划理论发展奠定了基础。

雅各布斯的批判是从城市街道的改造开始的。她反对柯布西耶、吉迪恩等现代主义规划先驱将城市规划的主要问题简单化为交通问题的理念，并对其实践造成的种种问题进行了谴责。在她看来，城市中兴建的快车道抽取了城市的精华，成千上万的小企业被拆毁，城市中再不见漫步的人，这种改造不是对城市的建设而是对城市的洗劫。之所以如此，在雅各布斯看来，是因为一些规划师们只是肤浅地关注了外表而忽视了功能，只对城市"应该"是什么样感兴趣，却对城市实际是如何运转的置若罔闻。雅各布斯批评道："越来越多的规划者和设计者们相信如果他们能解决交通问题，他们就能解决城市的主要问题。城市有着远比车辆交通要错综复杂得多的经济和社会问题。当你还不知道城市是如何运行的、需要为它的街道做些什么之前，你怎么能够知道如何来应付交通问题？你不可能知道。"（雅各布斯，2006）^{导言，5}

与现代主义将城市道路作为"交通机器"的狭隘视角不同，雅各布斯认为街道除了承载交通之外还应有许多别的用途。雅各布斯以女性日常生活视角的观察和体验，对人行道的用途进行了阐述：（1）安全与活力。一条经常被使用的、有活力的街道能够更好地为行人，特别是女人、儿童等群体提供安全。而街道之所以能够被频繁使用，是因为人行道与沿街建筑物具有密切联系，比如人行道边上布置的足够数量的商业点和其他公共场所，尤其是晚上或夜间开放的一些商店和公共场所。（2）交往与和谐。人行道应当成为重要的交往空间，以便于居民之间相互交流、传递信息、互相帮助，并有助于缓解种族隔离和种族歧视等社会问题。（3）儿童的同化。人行道可以为孩子们提供玩耍和学习的机会，而且街道通常比公园和操场更安全、更便利。

雅各布斯特别重视城市街道功能的多样性品质。雅各布斯认为，足够丰富的城市多样性，能够支持城市的安全、公共交往和交叉使用，是支撑城市文明的前提。要想在城市的街道和地区生发丰富的多样性，应当满足以下四个条件：（1）地区以及尽可能多的内部区域的主要功能必须要多于一个，最好是多于两个。（2）大多数的街段必须要短，也就是说，在街道上行人能够很容易拐弯。（3）一个地区的建筑物应该各色各样，年代和状况各不相同，应包括适当比例的老建筑，因为不同质量的建筑可以在经济效用方面发挥不同的作用。（4）人流的密度必须要达到足够高的程度。在雅各布斯关于多样性条件的进一步阐述中，不难发现其对社会公平和正义方面的考虑：充分考虑了步行者的权益；希望为街道周边居民的日常生活创造更便利的条件；呼吁为五金店、杂货店、糖果店和酒吧等小商家提供生存和发展空间；建议为中低产出甚至没有产出的企业保留旧建筑；等等。在现代主义规划理念的知识建构中，相关学者通常将城市视为一个实体甚至有机体，并承诺将通过对城市整体环境的改善以增进城市居民的福祉。这种城市的整体观，实际上消除了城市真正主人——城市居民个体的特殊性。与现代主义规划理念相比，雅各布斯的重要贡献在于她更强调街道功能的多样性与不同群体或个体之间差别化的复杂关系，特别表达了女性、儿童和小企业主等群体对街道的利益诉求，谈及了街道作为城市中最为重要的公共空间的社会意义。

雅各布斯对现代主义理念所主导的街道改造知识进行了严厉批判。雅各布斯（2006）[10]对现代主义规划师们批评道："……他们面对的是他们根本不甚了解的复杂现象，却试图用一种伪科学来加以应付……那些有权有能力之人，那些让人羡慕的管理者们自然而然地囫囵吞枣地吸收了那种伪科学最初的谬误，同时又被提供了诸多手段和公开的信任，其结果是他们顺理成章地走到了具备最大破坏力的极端。"雅各布斯用"街道芭蕾"来形容和赞美传统街道生活的活力、多样性和完整性。被现代主义视为混乱无序和过时的传统街道，在雅各布斯看来是一种美妙的舞蹈和高度复杂的秩序②，其维护着街道的安全和城市的自由，实现着城市的繁荣和对下一代的教化。在雅各布斯看来，现代主义城市规划者对这一切是不能够理解的。

尽管雅各布斯的思想对城市规划学科发展产生了重要影响，但却也因雅各布斯的非专业教育背景和女性角色而备受轻视。《美国大城市的死与生》一书被很多高校城市规划专业教师推介给学生，甚至作为专业必读书目，但其关于城市街道规划设计的相关理念并没有在国内相关的专业教材中得到足够的重现。在雅各布斯所著《美国大城市的死与生》一书中，既没有精致的数学模型，也没有复杂的关于机动车的技术参数，甚至在逻辑推论方面也有诸多不严谨之处——例如街道上行人和商铺的增加并不必然带来安全和秩序。在该书中，读者看到更多的是雅各布斯对于街道上形形色色个体的日常生活的琐碎叙述，其知识建构的路径和模式与现代社会对知识的"合法化"要求大相径庭。在实证主义或科学主义看来，雅各布斯对街道的认知是建立在其自身诸多独特性的基础之上的，这种认知显然因缺少客观性而不能作为城市街道改造的科学知识。著名城市史学家芒福德曾撰文《雅各布斯大妈针对城市癌症的家庭秘方》对雅各布斯进行嘲讽（于洋，2016）。正如这篇文章的题目所示，芒福德从两个方面对雅各布斯进行了抨击：一方面，贬低雅各布斯年长、女性的社会角色，并利用一些人对女性的传统社会观念，给雅各布斯贴上主观、感性等标签，试图将其与传统的"理性"规划师的形象区别开；另一方面，突出雅各布斯的非专业人士的学术背景，认为雅各布斯对城市规划理论经典一无所知——既然芒福德认为雅各布斯的观点只是"家庭秘方"，不符合现代知识生产的资格和准则，那么雅各布斯关于城市规划的相关认识显然就不应当被纳入科学城市规划学科的知识范畴，更不应当具有任何权威性。

3.1.4 《全球街道设计指南》：从汽车到其他

《全球街道设计指南》由美国全球城市设计倡议协会和美国国家城市

交通官员协会撰写，英文版出版于2016年，随即于2018年被翻译为中文在中国出版。该书英文版由纽约市前市长迈克尔·布隆伯格（Michael Bloomberg）和纽约市前交通专员珍妮特·萨迪克-可汗分别作序，前者是2007年"纽约计划"项目的推动者，后者则是前者的得力干将和该项目的具体实施者之一。中文版由国务院参事室参事仇保兴作序推荐。仇保兴曾长期担任住房和城乡建设部副部长一职，且是一位多产的学者，在城市规划领域具有一定影响力。仇保兴曾公开表达过对宽马路的批评和对雅各布斯等新城市主义学者的支持，积极倡导可持续的、公平的街道规划设计理念。需强调的是，该指南并非仅仅基于美国街道改造经验，而是精选了来自全球40个国家的70个典型城市的街道设计案例。

该书对现代主义将街道改造为"交通机器"以迎合和鼓励机动车交通的理念从多个方面进行了批判。该指南指出，"伟大的街道需要巧妙地平衡一天中的诸多活动和需求"（美国全球城市设计倡议协会等，2018）[203]，"以车为本"的现代主义规划理念不仅将街道的职能定义得过于单一化，还造成了一系列的社会和环境问题。该书在《关于本指南》这一介绍性引言中对该书出版目的进行了说明："《全球街道设计指南》为城市街道设计提供了一个新的全球标准。本指南声明，城市属于人民，并引导人们摆脱传统观点的束缚，将城市街道设计参数从汽车的运动和安全转移到其他因素上，包括所有用户的可达性、安全性、机动性、环境质量、经济效益、公共卫生和整体生活质量等"（美国全球城市设计倡议协会等，2018）[7]。《全球街道设计指南》强调，在街道规划设计的理念中，应促进环境的可持续发展和社会公平，致力于将街道变得更安全、更包容、更有活力。这些理念与雅各布斯的《美国大城市的死与生》一书所提诸多观点遥相呼应。如果雅各布斯更强调从理念层面上对现代主义规划进行批判的话，该书则就如何改变现代主义街道规划设计遗产提出了具体的指导意见，是对新城市主义街道规划设计理念的一次集成，也是对新城市主义在不同国家街道规划设计实践的一次全面总结。

该书对城市街道规划设计的理念可以归纳为社会公平和可持续发展两个维度，其中对于社会公平的基本立场主要基于以下判断："世界上的大多数人都生活在城市中，其出行主要选择步行、自行车或公共交通，但大多数的城市公共空间都是为汽车设计的"（美国全球城市设计倡议协会等，2018）[8]，因此，城市街道规划设计应当更多地考虑步行、自行车或公共交通等需求。当然，该指南对于这一规划理念的正当性并不仅限于街道公共空间的均衡分配，还从街道经济、环境可持续发展、街道安全、个人健康和体验等各个方面进行了讨论，其中每一个方面都具有显然的社会公平意义。

在具体的街道规划设计原则方面，该指南认为，评价街道成功与否的标准不应当只是关注其疏解车流的能力，还应当将公共卫生和安全、生活质量、环境可持续发展、经济可持续发展和社会公平等方面考虑在内。第一，在公共卫生和安全方面，该指南认为街道设计必须改善所有用户的安全环境，并促进积极交通（如步行、骑行和使用公共交通工具出行）的健康发展。街道设计应有利于人们选择健康的食品、降低噪声，并提供可改善空气质量和水质量的树木。第二，在生活质量方面，该指南认为打造安全、舒适、高效且充满活力的街道对于建设宜居城市和培养居民的认同感具有积极影响，主张街道设计应当有利于促进社会互动。第三，在环境可持续发展方面，该指南认为街道项目应有助于改善当地的城市环境，促进交通模式的可持续发展，减少碳排放量，并提高空气质量。第四，在街道经济方面，该指南认为街道设计应在促进正规和非正规就业等方面发挥重要作用，并从行程时间、公共交通便捷度、燃料消耗、个人健康等方面考虑街道设计的成本，并结合交通事故、医疗费用、负面环境的影响以及交通拥堵等因素来衡量社会的外部成本。第五，在社会公平方面，该指南认为"城市必须确保最有价值的公共空间能为所有人（不同能力、不同年龄和不同收入）提供安全和公平的使用环境；并赋予弱势群体以安全、可靠的行动选择权"（美国全球城市设计倡议协会等，2018）[23]。

该书以社会公平为立足点，通过对各个方面的综合考虑，提出了街道设计的价值取向，这对于思考街道空间正义具有两个方面的重要启示：其一，以往对街道空间正义的探讨较多关注移动权问题，本书全面而综合的视角能够拓展街道空间正义思考的宽度。其二，现代主义规划理念中对街道改造的功利主义计算更多关注交通效率，对公共卫生和日照通风等因素也有一定考虑。本书通过各个方面的比较，有助于全面地思考基于不同理念而设计的街道的成本与收益问题，从而在经验层面上提供可靠的证据以对街道改造的功利主义正义观进行批判性思考。

与现代主义街道改造理念指导下的街道设计指南不同，该指南没有采用将街道赋予不同功能并据此进行分类设计的现代主义模式，焦点转向基于环境的设计方法。在其设计理念中，从功能上兼顾街道作为前院和客厅、公园或夜生活目的地等多元功能，以提升城市活力和丰富城市功能；从服务对象上公平考虑步行、自行车骑行、公共交通出行、货运等各个层面上人们的需求，特别考虑到了老年人、儿童和残障者等弱势群体在街道使用中的可及性、安全性和舒适性，并将步行和自行车骑行置于比私家车更优先的地位。与现代主义设计理念相比，其最大的区别在于其一反现代主义将行人和机动车交通在空间上严格区分开来的传统，而是"把街道的各个部分理解为连续且可互换的元素……人行道上的通行区、自行车道和行车道必须连续且彼此贯通，以便高效运行"（美国全球城市设计倡议协会等，2018）[20]。

该指南甚至还囊括了一些超出人们思维定式的设计案例，颠覆了我们通常对街道形态的传统认知，在这一点上也恰好说明了现代主义街道规划理念出现的偶然性。在优先考虑自行车交通时，该指南认为机动车道并不一定必须位于街道的中央，并列举了瑞典哥德堡的自行车街道——为自行车骑行者提供了一个平滑的路面，使其在道路中央骑行，而汽车则在两边的鹅卵石上行驶。此设计将自行车骑行者置于街道中心，使其更能被行人和车辆所看见，并要求驾驶员降低速度。在自行车设施几何结构中，该指南将双向自行车道视为最安全、舒适、节约空间和成本相对较低的模式，并建议将双向自行车道设置于街道的侧面或中间，由喷绘的虚线将两个骑行方向分割开来（美国全球城市设计倡议协会等，2018）[115-118]。

3.1.5 《新城市议程》：共享的街道

《新城市议程》是联合国住房和城市可持续发展大会组织研讨和起草的一份政策文件，于2016年10月26日在大会闭幕式上得以通过。该文件声称这是由学者、地方政府官员、社会人士、私营部门等各界人士协商的成果，通常也被城市规划界认为代表了国际城市规划理念的前沿。对其在街道改造方面知识的梳理，能够反映当前国际学术界对于街道改造价值的新取向。

《新城市议程》提出了"人人共享城市"的愿景，更加关注包括街道在内的城市公共空间的公平共享，并就城市公共空间提出安全、包容、便利、绿色和优质六个方面的价值取向。该议程倡导实现城市街道的多重功能，并强调了街道作为公共空间对于市民社会的重要意义。该议程认为，街道等公共空间是促进广大市民和不同文化之间社会互动和包容、经济交流、文化表达和对话的多功能空间，对其进行设计和管理旨在确保人类发展，建设和平、包容和参与型的社会，促进共处、相互联系和社会包容（联合国住房和城市可持续发展大会，2016）。

具体而言，该议程认为城市街道的设计和管理应满足或努力实现以下要求：（1）改善道路交通安全，特别关注所有妇女、儿童和青年、老年人、残障者和弱势群体的需求，采取和执行积极保护和促进行人安全和骑车出行的政策和措施，将保护每名儿童安全和健康地到达学校作为优先事项。（2）考虑到人性尺度，支持有利于将街面尽量用于最佳商业用途的措施，扶持正规和非正规的当地市场和商业以及非营利社区举措，引导人们进入公共空间。（3）支持提供设计安全、便利、绿色和优质的街道，对所有人开放，没有犯罪和暴力，包括性骚扰和性别暴力。（4）大幅增加便利、安全、高效、负担得起和可持续的公共交通基础设施以及步行和骑车等非机动化选择，优先采用这些选择而非私人机动车交通。（5）支持公平的"以公共交通为导向的土地开发"，尽量减少强制迁移，特别是减少贫困者被迫迁移。（6）更好和更协调的交通和土地使用规划，推动减少外出和交通的需求，加强城市、近郊和农村地区之间的连通性。

总体而言，《新城市议程》所提出的关于街道改造的主要举措，如提高步行适宜性、倡导功能丰富的街道生活空间等，可视为是雅各布斯在《美国大城市的死与生》一书中所阐述观念的进一步发展和具体化，主要的不同在于：《新城市议程》补充强调了环境正义视角，提出要改变依赖机动车交通而导致的交通拥堵、空气污染、城市热岛效应和噪声污染等城市问题，进而提出了倡导骑车出行、公共交通优先等政策建议。

3.2 作为科学的知识与空间正义

引用利奥塔尔（2011）[53]的概念，这里所谓科学的知识是指这样的一些陈述——它们进行的辩论和提出的证据已经被认为是足够了，因此它们可以作为无可置疑的真理通过教学原封不动地传递下去。与之相对的是，普通市民关于街道改造的认识通常被认为是琐碎的、未经审查的，因而难以被认定为科学知识。科学知识迅猛发展的表现和后果之一，就是不同学科的高度专业化。城市街道规划设计的知识被建构整合在城市规划、交通规划和建筑学等高等教育相关专业的话语体系中，并以科学的名义得以传播。是否在一定程度上掌握这些科学知识，通常被作为判定是否具有从事相关工作的资格和能力的先决条件。目前，我国街道规划设计的相关知识主要通过两条路径进行传播：一是高等院校的专业教育，主要是由城市规划和交通规划等专业的学生通过学习由本专业权威人士编制的教材进行传播；二是取得执业资格的考试教育，将国家相关部门组织专家编制的相关教材作为载体，并通过考试对知识的传承情况加以检测和保证。

本节将从空间正义的视角，对中国城市规划专业人才培养使用最为广泛的教材和城乡规划师职业资格考试参考书中建构的并不断再生产的城市街道改造"科学"知识进行解读，特别关注街道规划设计中对不同出行方式和能力之个体的权益分配及对弱势群体的关照情况。

3.2.1 城市规划学科专业教材《城市规划原理》

《城市规划原理》(第四版)(以下简称《原理》)一书为同济大学吴志强、李德华主编，是当前中国高等教育城市规划、建筑学等相关专业使用最为广泛的一本教材，也是很多高校相关专业研究生招生考试的参考书。

《原理》一书并没有关于城市街道设计的专篇，只是在第15章"城市交通与道路系统"部分涉及街道设计相关内容。尽管作者提出应当在提高城市交通效率和减少交通对城市生活干扰之间取得平衡，也切实考虑了街道空间权益配置的社会公平问题，但至少就第15章的标题而言，《原理》仍将城市街道的交通功能视为城市街道设计的主要功能，并以此来引领城市街道的规划设计。

在城市街道整体分类布局方面，该书依然体现了现代主义城市规划的核心理念：将城市街道定义为城市道路，并按照机动车设计时速将城市道路进行分类，通过高速的城市干道体系将城市的不同功能分区联系起来。该书提出的城市道路系统设计的基本要求有：第一，在合理的城市用地功能布局基础上，按照绿色交通优先的原则组织完整的道路系统。充分考虑城市交通的要求，并将其与步行、自行车和公共交通等绿色交通体系相结合；为了保障交通均衡，城市道路系统中交通干道应占有一定比例，干道的间距应以600—1000 m为宜。第二，按交通性质区分不同道路的等级和功能。在道路分级方面，除大城市设有快速路外，大部分城市道路分为主干道、次干道和支路三级；在道路功能方面，将城市道路分为交通性道路和生活性道路。作者对这两种道路的功能进行了说明：交通性道路主要用来解决城市中各分区之间的交通联系以及各分区与城市对外交通枢纽之间的联系，其特点是车速高、车辆多、行人少；生活性道路主要用来解决城市中各分区内部之间的联系，其特点是车速较低，以行人、自行车和短距离交通为主，两旁可布置为生活服务的人流较多的公共建筑。

《原理》一书对街道设计的社会公平意义给予了讨论，特别指出了"人们为克服空间距离因素制约实现自由移动能力已经是当今城市中人们的一项'基本权利'"（吴志强等，2010）[364]，因为这种能力会影响到城市居民的日常生活。作者认为，考虑到步行和自行车作为仍然被大量市民使用的、可持续的出行方式，道路设计应当为行人和骑行提供安全、连续的出行环境。提出的具体措施主要有：一条城市主干道穿越中心区的部分在设计中应适当降低车速，以保证行人穿越的安全；在城市中心地区应尽量避免大型展宽交叉口，给行人穿越道路提供方便（吴志强等，2010）[368-369]；对社会弱势群体的移动权利给予考虑，建议道路设计应考虑盲人和残障者无障碍交通的特殊需求。作者进一步指出，步行系统的改善对老年人的日常生活和身体健康具有重要价值，这对于进入深度老龄社会的中国具有重要现实意义。

该书对一些城市依赖拓宽街道以缓解交通拥堵的做法进行了反思，认为"一味通过大量投资提高道路容量来减少交通拥挤，其结果是带来更多的交通量，人们反而越来越丧失了可以自由移动的能力。同时也带来了严重的污染、交通事故等问题。城市被各种交通构筑物割裂，毁坏了作为人们活动场所的环境"（吴志强等，2010）[365]。《原理》还从旧城保护和保护城市肌理的角度，就城市街道改造提出如下意见："特别是在旧城区，我们既要保护旧城的风貌和肌理，又要改善旧城的可达性，以提高旧城居民的机动性，必须从交通运输系统的组织和交通需求管理方面结合道路改善和旧城的规划统一协调。"（吴志强等，2010）[372]

该教材尽管主张在城市道路设计方面应考虑行人、老年人和残障者等群体出行的便利，但在某些方面仍然与将街道设计为"交通机器"的现代主义规划理念纠缠不清，这一点可以通过该教材对巴西首都巴西利亚总体规划的评述来说明。巴西利亚是现代主义城市规划理念的代表之作，现代主义建筑师奥斯卡·尼迈耶（Oscar Niemeyer）的宏伟蓝图之所以能够在巴西利亚得以实现，主要有以下两个方面的便利：一是在一片荒野之上建设一个新城，规划师和建筑师可以不必考虑传统城市更新中存在的种种障碍；二是在极权主义的保护之下，规划师不需要为分散的土地产权市场对实现蓝图的干扰而担忧。严格的功能分区、非人性的建筑布局尺度和穿越城市的高速公路割裂了城市，使得巴西利亚的街道上空空荡荡，以至于当马歇尔·伯曼（2003）[3]身处其中时，感觉"好像到了一个巨大的空无一物的地方，个人处于其中会感到迷失，就像一个人在月亮上那么孤独。那儿有意地缺乏人们能够在其中会面交谈乃至聚在一起彼此看上一眼的公共场所"。人们没有在沉闷无趣的马路上漫步的兴趣和必要，即便是需要穿梭于马路两侧也要冒着生命危险。那些不能开着小汽车应付城市生活的穷人，也不得不花费大量的时间乘坐公交车往返于城市的工作地点和远在郊区的住所之间。也只有在郊区自然成长的社区中，穷人才可以不依赖小汽车而满足一定日常生活所需，并享有底层居民需要的社交生活。但作者在《原理》一书中对巴西利亚城市规划做如是评价："巴西利亚的规划，用地分工明确，功能清楚，布局合理，接近自然，也便于组织居民生活，形成宜人的生活环境，是目前世界上唯一被联合国教科文组织列为世界文化遗产的现代城市。"（吴志强等，2010）[288]

　　整体而言，该教材在城市街道（道路）规划设计知识的建构上更多地体现了现代主义城市规划理念。典型的现代主义城市规划理念之一，就是将城市划分为不同的功能区，并通过快速路或主干道将不同功能区联系起来。当功能单一的分区达到一定规模或彼此之间距离较远时，各功能区之间的联系便往往突破了步行或骑行的日常生活尺度，也只有将更多的街道改造成依赖机动车的"交通机器"才能够满足与之相匹配的机动性需求。这一街道规划理念否认了城市的整体性，至少否认了拟改建为快速路或主干道的街道所在街区的整体性。当城市街道被拓宽改造为城市主干道或快速路后，原先作为组织街区市民之公共生活的街道，摇身一变成为切割城市社区的边界。此时，由于与机动车快速行驶的街道功能不兼容，步行和骑行以及沿街商业在一定程度上会受到机动车交通快速化发展的影响，这必然将破坏社区的整体性，造成街道两侧居民日常生活空间的破碎化和边缘化，并带来一系列的空间不正义问题。

　　将行人和骑行以及沿街传统商业置于不利地位，不仅体现在将城市割裂开来的庞大的快速路和主干道体系，还体现在当不同交通方式发生不可避免的交会时，通过让行人和自行车避让进而保证机动车行驶速度的优先原则。作者建议："人行天桥和地道保证了步行交通系统的安全性与连续性","市中心区……需要设置宽敞的人行道和众多的人行天桥和地道",为了"在城市中车速快、交通量大的快速路和主干道上,行人过街应不干扰机动车流"(吴志强等,2010)[386],应当修建过街天桥和地道。实际上强制行人和骑行者使用人行天桥和地下通道过街的做法,恰恰破坏了步行和骑行交通的连续性和便捷性。至于保障行人安全的说法也非常勉强,因为世界各国经验表明,这并不是保障行人安全过街的唯一可行且必需的有效方式。

3.2.2 土建学科专业教材《城市道路与交通规划》

同济大学徐循初主编的《城市道路与交通规划》一书是高校土建学科专业教材,也是全国高等学校城市规划专业指导委员会推荐教材,在我国高校城市规划、建筑学等相关专业中被广泛使用。该教材于2005年、2007年由中国建筑工业出版社出版,分为上、下两册。上册主要讲解城市道路规划与设计方面的知识,下册主要讲述城市对外交通、居民出行交通调查和特征分析、城市公共交通、城市货运、城市道路网规划等方面的知识。本书以该教材为例,对高校城市规划专业所用的专业教材进行解读,分析高等院校专业人才培养中城市街道相关知识建构及其空间正义相关问题。

尽管这部教材实际上承担着指导城市街道规划设计的职能,且将城市道路按照交通功能和服务的状况不同分为道路(road)和街道(street)。但综观全书,该教材存在以下显著倾向,即将功能丰富的城市街道空间简化为承载"人与物的运输与流通"的城市道路,并体现了一种机动车交通优先的理念。这种机动车优先的地位,最为典型的标志就是将城市道路分为四类:快速路、主干路、次干路和支路,每一种类型的道路均以机动车的设计速度和机动车的车道数作为主要参照指标。按照该教材给出的定义,快速路和主干路主要服务于机动车通行,并对道路两侧的进出口实施严格控制;次干路的主要功能依然是交通集散,"兼有服务功能"。按照该教材观点,设计车速应作为道路几何设计的主要依据,以保证驾驶员在路段上能按照设计车速安全、舒适地行驶;城市道路圆曲线的最小半径与最小长度设计的主要目标,是确保横向力系数的大小以避免在相应速度下行驶的机动车产生横向滑移或倾覆。该教材设计了在城市街道网络中占据中心位置且体量庞大的快速路、主干路和次干路,这些道路主要以机动车快速、安全通过为核心目标。在此类道路上,传统街道丰富的公共生活不再受到欢迎,而是被作者视为对机动车交通的干扰而受到不同程度的排斥。也正是基于以上认识,作者才会认为:"目前国内许多城市的主干路的路幅都做得很宽,既有机动车道、非机动车道、路边停车带,又有吸引大量人流和客流的沿街商店和公交站点,这使道路路段上纵横两个方向的交通都很繁忙,相互干扰严重,最

终驾驶员只能将车降速到 15 km/h 以下，导致主干路的效能低下。"（徐循初，2005）[50]

该教材考虑了步行作为基本出行方式的需求，但对不同年龄阶段和身体状况的行人考虑不足。该教材认为步行是人类最基本的一种交通方式，并在上册第 1 章的开篇对行人的基本知识进行了分析。为了保证行人的舒适性，该教材提出"一般选取 1.4—3.7 m²/ 人的空间值作为确定服务水平界限的临界点"（徐循初，2005）[9]。但当行人与机动车发生冲突时，该教材认为应当通过修建过街天桥或地下通道的方式，让行人避让车辆，这一方案显然没有对不同年龄和身体特征的行人给予充分的考虑。为了论证让行人通过地下通道或天桥过街的正当性，作者进行了调研，并指出，"若行人沿人行横道过街和经天桥（或地下通道）过街的时间大致相同时，约有 80% 的人愿意使用天桥和地下通道[③]。若使用后者的时间大于直接过街，则使用天桥或地下通道的人就大大减少。若超过一倍时间，则几乎无人使用天桥和地下通道"（徐循初，2005）[35]。由于无法再现当时的情景，且这一认识也符合一定的逻辑，因而很难质疑作者所调查数据的真实性。但即便这一调查发现真实地反映了广大市民的意愿，也无法证实让行人通过天桥或地下通道过街的合法性。该教材作者对使用天桥或地下通道的时间与行人过街方案选择之关系的讨论并未充分考虑以下事实：首先，限于技术和成本方面的约束，现实中绝大多数使用天桥或地下通道过街的时间都会超过地面直接过街一倍时间，沿人行横道过街和经天桥（或地下通道）过街的时间相当是非常难以实现的。其次，"80%"这一数据很可能是在采集时受访者没有真实地表达自己的行为习惯的情况下得出的。现实中，影响人们是否实际使用天桥或地下通道的主要因素是在地面横穿马路的安全性（机动车道的宽度和车速是主要考虑因素）、可能性（如护栏的高度）和逃避交通处罚的机会。大量观察发现：在没有交通警察执勤的路口，当行人认为横穿马路比较安全且没有物理障碍的话，绝大多数行人会选择横穿马路而非从天桥或地下通道过街。再次，该教材简单地用一个数字（80%）来替代行人的意愿，没有考虑不同行人的差别。调研发现，多数过街天桥和地下通道并不能够满足老年人、残障者、推婴儿车的人、携带重物者等行人的使用要求。特别是对于那些轮椅使用者、推婴儿车的人等个体而言，天桥或地下通道往往会成为其无法逾越的障碍。即便作者得出的 80% 的调查数据是真实的，就城市中越来越多的过街天桥和地下通道给部分弱势群体造成的极大负面影响而言，我们也很难说这是正义的。

在对不同交通方式的态度上，该教材指出了机动车对城市发展的复杂影响，并在道路规划方面试图采用一种折中的设计理念平衡步行、非机动车与机动车交通，但对机动车的优先考虑在很多方面表露无遗。当论及不同交通方式的发展前景，作者一方面肯定步行和非机动车交通的必要性，认为"步行交通是人们最基本的出行方式，在现代化的社会中依然不可替代"（徐循初，2007）[110]；另一方面却将城市交通工具变迁划分为四个时期，依次是步行－马车时代、有轨电车时代、汽车时代和高速公路时代，并认为"每一种交通工具的技术性能是一定的，只能适用于城市发展的一定时期、一定水平的交通需求。当旧的交通工具不能满足新的需求时，必须要用新的交通工具来代替"（徐循初，2007）[109]，"当城市的规模扩大、社会经济发展水平提高，特别是小汽车的普及程度提高以后，自行车交通在城市客运交通中的地位和作用必然下降"（徐循初，2007）[111]。如果某条道路非机动车交通量过大，作者认为可以增加非机动车道宽度作为权宜之计，以便"有利于远景交通方式发生变化后，改造和拓宽道路，或改做公交专用道或路边停车道用"（徐循初，2005）[95-96]。在改造道路以应对机动车交通上，该教材一方面指出小汽车的大量使用所造成的交通拥堵、环境污染和城市肌理破坏；另一方面又提出"为了保持小汽车交通与道路容量的平衡增长，大规模的道路建设是必须的。必须建设高速、快速道路系统，强化市内交通疏导，减轻城市外围交通压力，满足机动车增长的刚性需求"（徐循初，2005）[225-256]。在行人、非机动车和机动车交通容易发生冲突的交叉口，作者一方面希望缘石半径能够在右转车辆和横过道路的行人之间达到一种平衡，即不因半径过小而给机动车右转带来不便，也不因半径过大而造成行人横过街道距离过长；另一方面在设计交叉口时却更多地考虑机动车在按照设计时速转弯时的舒适性、经济性和安全性，甚至为了不影响机动车交通而为过街行人设置强制绕行的安全岛——"四周围以铁栏杆，开两个错位缺口，连接两侧的人行横道"，以"防止冒失的行人忽视道路交通情况急穿而过"（徐循初，2005）[166]。其结果就是：任何行人要穿过这个安全岛，都不得不在安全岛内绕一个弯。

　　这是一部关于城市道路和交通规划的教材，在这一定位下，该教材更多地将街道视为交通的技术空间，并简单地将技术合理性标准视为街道改造最重要的标准，甚至不再关注城市居民如何在街道生活这样基本的问题。在以机动车交通为主导功能规划设计的道路系统和以实现丰富的街道公共生活而设计的街道之间存在一些不可调和的矛盾，当街道被设计为以机动车为主导的城市道路，就必然会有意或无意地造成排斥街道公共生活的后果。不仅如此，即便是在交通技术空间这样一个狭小的领域内，该教材也没有充分探讨街道规划设计标准是否公平正义这一问题。当然，该教材确实对城市交通的不公平现象进行了批评，特别是在下册第10章专门对城市步行交通进行了专题论述，其中表达了对不同个体状况行人的关怀。教材中认为不同群体出行方式存在显著差异：青少年和老年人在出行方式中更多依赖步行；年龄小的学生在紧急情况下缺乏瞬时判断能力；年老的人步履碎小反应迟钝，尤其害怕高跨步走楼梯；一些残障者行动不便，只能依靠步行或公共交通。作者指出，"遗憾的是，对这些人的出行关怀得太少，对残疾人的无障碍设施考虑得更少,使他们经常性地处于机动车的威胁中"(徐循初,2007)²⁷⁰。但同样遗憾的是,作者并没有基于这一理念对传统街道改造知识进行系统反思,并进而建构一种能够体现对社会弱势群体关怀的城市街道改造知识体系。

3.2.3 全国注册城乡规划师职业资格考试参考用书

在中国,若要获得城乡规划执业资质,须参加并通过由中国城市规划协会组织的全国统一考试。由全国城市规划执业制度管理委员会主编的"全国注册城乡规划师职业资格考试参考用书"丛书④,作为全国统一考试的指定教材被使用多年。通过这一机制,城市街道改造的知识被纳入专属于城市规划科学权威的等级中。该丛书编制人员就城市街道改造的相关知识,以真理的形式通过该套教材进行传播,并对全国参与城市规划实践的规划师们产生重要影响。

在该丛书的第一册《城市规划原理》中并没有关于城市街道设计的专题讨论,仅在该书第五章"城市总体规划"部分对城市街道改造知识进行了阐述。该教材认为,城市综合交通规划的首要目标是通过改善与经济发展直接相关的交通出行来提高城市的经济效率,并提出通过明确区分交通性道路和生活性道路来缓解交通混杂、交通效率低下等问题。

总体而言,该教材主要借鉴了现代主义城市规划的理念——将城市分为若干组团,并由不同等级的道路将之联系起来。"城市各级道路成为划分城市各组团、各片区地段、各类城市用地的分界线"(全国城市规划执业制度管理委员会,2011a)¹⁹⁴,具体而言,就是"一般道路和次干路可成为划分小街坊或小区的分界线;城市次干路和主干道可成为划分大街坊或居住区的分界线;城市交通性主干道和快速路及两旁绿带可成为划分城市片区或组团的分界线"(全国城市规划执业制度管理委员会,2011a)¹⁹⁴。因此,城市各级道路在功能上只是作为"联系城市各组团、各片区地段、各类城市用地的通道",而不是城市居民日常生活的公共空间。不同等级的道路以机动车时速为主要设计标准,如果再考虑到道路的横断面形式,教材中所指宽阔且具有中央隔离设施的城市干道对行人和非机动车交通的负面影响就尤为显著。以机动车为主导交通方式而构建的城市道路体系,将城市切割为不同的部分,只有驾驶或搭乘机动车交通的人,才能够更便利地接近布局在不同功能分区之中的各种社会资源。尽管可以通过发展公交车、地铁等公共交通给予没有私家车的居民一定的补偿,但考虑到现实中公共交通的种种局限性,这种道路规划以及与之相匹配的功能分区原则对于没有私家车的人而言显然不是一种正义的交通模式⑤。在生活性道路与交通性道路衔接处,该教材提出应遵循"低速让高速,次要让主要,生活性让交通性"的原则。在这样的城市路网结构中,只有依靠小汽车才可能享有连续的道路网络,而适宜步行的生活性道路被城市主干路和次干路频繁切割,进而也就削弱了步行空间的连续性和安全性。当机动车密度很大或车速很高,行人横穿街道受到威胁时,该教材提出应设置立体人行过街设施——人行地道或过街天桥(全国城市规划执业制度管理委员会,2011b)[129]。

该教材将"机动化"视为现代城市交通的应有之义,认为随着经济的发展私人小汽车出行比例提高是必然趋势,甚至认为"城市交通拥堵一定程度上是城市经济繁荣和人民生活水平提高的表现"(全国城市规划执业制度管理委员会,2011a)[178]。因此,在该书关于城市交通发展分析部分,作者提出了弹性系数法、趋势外推法、千人拥有法等来预测随着城市经济发展机动车拥有量的增长情况,其欲论证的核心思想是:随着城市经济的增长,机动车数量增加是必然趋势,而城市道路规划则应当积极响应机动车的增加。

将"机动化"视为现代城市交通最重要的表征,显然是不正确的认识。通过对不同国家的横向比较发现,城市居民选择何种出行方式,更多地体现为一种文化现象而不是经济现象。被誉为自行车之都的阿姆斯特丹的人均收入超过了美国,但城市居民依然习惯于骑行;作为丹麦最为现代化都市的哥本哈根,45%的从业者是骑自行车上下班的(美国全球城市设计倡议协会等,2018)[60]。20世纪90年代,时任波哥大市长的恩里克·佩纳罗萨(Enrique Penalosa)认为,城市街道无论如何也无法满足越来越多的机动车对交通空间的需求,如果公共交通不能替代私家车出行,那么越来越多的机动车必然会让城市交通陷入混乱。他坚持这样的理念:一个发达城市并不是穷人开车的城市,而是富人也使用公共交通的城市。在佩纳罗萨主持下,波哥大建设了巴士快速交通系统和自行车专用路,完善了人行道,以此鼓励人们避免使用私家车出行,此举对缓解波哥大交通拥堵做出了重要贡献。由此可见,该教材"随着经济的发展私人小汽车出行比例提高是必然趋势"的判断没有充分依据,建立在这一理念之上的城市街道规划理念不仅抛弃了那些没有能力或没有意愿开汽车的人,也让城市陷入了机动车日益拥堵并无处停放的困境。

交通规划中将机动车增加视为经济发展或者城市现代化必然结果的认识,反映了城市规划学科中最大的知识缺陷——忽视了诱导需求现象。当适宜步行和骑行的传统街道被拓宽改造为以机动车为主导的"交通机器"后,短期内显著降低了机动车驾驶时间成本的同时增加了步行和骑行的时间成本,其长期的结果必然会导致更少的步行和骑行以及更多的机动车交通。但这一认识缺陷却有极大的隐蔽性,街道改造行为所诱致的结果被误认为是对交通行为成功预测的证据:根据机动车交通需求量增加的计算模型,得出了应当拓宽街道的结论,在诱导需求现象下,机动车交通确实增加了,由此证明街道改造之前对于机动车交通需求量必将增加的判断是正确的。

该教材对于道路密度的讨论也存在诸多值得商榷之处。该书认为：道路网密度过小则交通不便，密度过大不但会形成用地和投资浪费，也会由于交叉口间距过小，影响道路的畅通，造成通行能力的下降。实际上，道路网密度只是影响道路用地总量和投资的一个方面，当前一些城市中的传统街道不断被拓宽改造为双向8车道、10车道甚至更多车道的大马路才是造成城市土地资源浪费的原因之一。不仅如此，作者既没有给出何谓密度过大的标准，也没有给出密度过大会造成浪费的测算依据。而此处所谓的交叉口间距过小会影响通行能力，显然是针对机动车而言的。较高的路网密度和较小的交叉口间距对于步行和骑行而言都是有益的。如果为行人和非机动车的便利性考虑，自然会得出与雅各布斯相同的观点：大多数的街段必需要短。此外，该书还提出中心城区和城市边缘区的差别化路网结构理念，认为一般城市中心区的道路网密度较大，边缘区较小。其实，这只是当前我国城市化过程中路网结构规划不合理而造成的结果，并不应当成为分类指导城市发展的准则。但在这一理念指引下，城市边缘区往往比老城区道路更宽、路网密度更低，从而导致步行环境的整体恶化。独立生活的老年人更倾向于居住在路网密度较高、步行骑行环境适宜的中心城区，这已然是不争的事实。这一规划理念的不足在于缺少发展的视角：随着城市化的发展，城市边缘区自然会发展成为中心城区的一部分，但已经形成的以机动车为主导的宽马路、低密度的路网结构却往往难以改变，其对步行和骑行的不友好因素将会被继承下来，并对未来城市居民的日常生活产生持续而深远的影响。

3.3 知识的制度化与空间正义

关于街道规划设计知识的制度化，可以追溯至19世纪中叶的英国工业革命时期。1844年，《大城镇与人口密集地区国家专员的第一次报告》在伦敦出版，该书呼吁对城市街道设计进行全面的反思，并将街道的宽度和走向视为控制城市增长和确保长期规划的根本，提出"对街道的拓宽和整顿应当统一规划，而不是随意地改善某一条街道"（迈克尔·索斯沃斯等，2018）[55]。在西方工业化和快速城市化的初期，由于大量人口短时间的涌入，城市居民的日常生活受到日照不足、空气污浊、卫生欠佳和街道拥挤等问题的困扰。城市居民普遍希望能够通过对城市空间的规划实现更美好的城市生活，这为城市政府以官方身份介入城市规划管理提供了更多的合法性支持，城市政府亦将街道改造视为改善城市整体居住环境的主要手段。在英国，1875年的公共健康行动创立了"拜-诺"［the "Bye-Law"（sic）street］法令，政府当局将宽阔而笔直的街道视为解决城市诸多问题的最佳方案。"拜-诺"街道设计因其在改善日照、促进空气流通、缓解交通拥堵等方面的积极作用而备受推崇。

将关于街道规划设计的知识进行提取和系统化，并将之作为全国的标准进行强制推广，既与不同国家对土地开发实施系统管理的战略有关，也与公路和运输工程学等相关专业的兴起有关，还与现代工业社会追求标准化生产的特征相适应。知识的制度化为一个国家内不同城市的街道设计提供了统一的工程学标准。当然，任何人都不应该无视街道规划设计知识通过制度化的方式得以推广后在改善城市交通秩序、城市卫生状况、住宅通风和日照等方面的积极作用。但不容否认的是，街道设计的知识以绝对真理的方式进行强制推广，在一定程度上容易成为僵化的教条并对地方街道改造实践形成束缚。其中一些缺少价值反思的空间正义问题便被持续不断地生产出来，并因制度的惯性而长期存在。通过法定形式规定的街道模式，在某些方面既不能因地制宜地适应不同城市的具体情况，也难以因时制宜地根据城市发展的时代背景做出灵活的调整。自雅各布斯出版其著作《美国大城市的死与生》一书至今已逾半个世纪，该书在学术界产生了重要影响。但在很多国家，新城市主义对现代主义将街道改造为交通机器的批判以及将城市街道视为生活场所的呼声并没有得到政府主管部门的响应与支持，建立在现代主义规划理念之上的"知识-权力"结构依然发挥着重要影响。珍妮特·萨迪-汗（Janette Sadik-Khan）在纽约街道改造实践中谈到了设计手册对创新的束缚，认为生成于"摩西时代"且已经出版了几十年之久的街道设计手册，如联邦政府颁发的《统一交通监控设施手册》(*Manual on Uniform Traffic Control Device*)和《公路与街道几何设计策略》(*A Policy on Geometric Design of Highways and Streets*)，是造成街道设计理念止步不前的原因。她指出，这些被工程师们广泛使用的手册，将城市街道设计得更像公路而不是社区，"该手册中有800多页的图标，其中最显而易见的一点是人被排斥在所有的街道绘制之外"（珍妮特·萨迪-汗等，2018）[28]。具有创新精神的工程师难以有所作为，因为他们不仅要面对诸多既得利益者的反对，还要承担试验失败的风险和各种社会压力。

近年来，指导我国城市街道改造实践的国家规范主要有两个，一个是1995年发布的《城市道路交通规划设计规范》，另一个是2012年发布的《城市道路工程设计规范》。这两个规范性文件实际上承担着规范城市街道规划设计的职责，但却均把城市街道视为以交通功能特别是机动车功能为主的交通空间，将以现代主义城市规划理念为核心的道路改造知识制度化，以保证其认可的规范在全国范围内得以全面地贯彻执行。

3.3.1 《城市道路交通规划设计规范》

《城市道路交通规划设计规范》（GB 50220—95）由建设部组织编制。该规范将交通视为城市街道的主要功能，并在总则中明确指出，制定本规范的目的是为了"提高城市的运转效能，提供安全、高效、经济、舒适和低公害的交通条件"。在城市街道形态及街道空间权益配置方面，该规范主要有如下相关规定：

（1）关于自行车道路。第4.2.1条规定："自行车道路网规划应由单独设置的自行车专用路、城市干路两侧的自行车道、城市支路和居住区内的道路共同组成一个能保证自行车连续交通的网络。"第4.2.2条规定："大、中城市干路网规划设计时，应使自行车与机动车分道行驶。"第4.3.1条规定："自行车道路路面宽度应按车道数的倍数计算，车道数应按自行车高峰小时交通量确定。自行车道路每条车道宽度宜为1 m，靠路边的和靠分隔带的一条车道侧向净空宽度应加0.25 m。"⑥

（2）关于步行交通。第5.1.1条规定："城市中规划步行交通系统应以步行人流的流量和流向为基本依据，并应因地制宜地采用各种有效措施，满足行人活动的要求，保障行人的交通安全和交通连续性，避免无故中断和任意缩减人行道。"第5.1.2条规定："人行道、人行天桥、人行地道、商业步行街、城市滨河步道或林荫道的规划，应与居住区的步行系统，与城市中车站、码头、集散广场、城市游憩集会广场等的步行系统紧密结合，构成一个完整的城市步行系统。"第5.1.3条规定："步行交通设施应符合无障碍交通的要求。"第5.2.3条规定："人行道宽度应按人行带的倍数计算，最小宽度不得小于1.5 m。"第5.2.4条规定："在城市的主干路和次干路的路段上，人行横道或过街通道的间距宜为250—300 m。"⑦第5.2.5条规定："当道路宽度超过四条机动车道时，人行横道应在车行道的中央分隔带或机动车道与非机动车道之间的分隔带上设置行人安全岛。"第5.2.6条规定，"横过交叉口的一个路口的步行人流量大于5000人次/h，且同时进入该路口的当量小汽车交通量大于1200辆/h时"或"行人横过城市快速路时"，"宜设置人行天桥或地道"。

（3）关于城市道路系统。第7.1.2条规定："城市道路交通规划应符合人与车交通分行，机动车与非机动交通分道的要求。"第7.1.3条规定，"城市道路应分为快速路、主干路、次干路和支路四类"，并按照城市规模对各类道路指标进行了规定，从机动车设计速度、路网密度、道路中机动车车道条数、道路宽度等四个方面提出指标要求。第7.1.4条对城市建设用地面积进行了规定，要求："城市道路用地面积应占城市建设用地面积的8%—15%，对规划人口在200万以上的大城市，宜为15—20%。"第7.2.1条提出了城市道路网布局的总体要求："城市道路网规划应适应城市用地扩展，并有利于向机动化和快速交通的方向发展。"

该规范在不同交通方式的路权配置上体现出以下特点：

（1）将快速路和主干道设计为完整的道路体系并作为城市交通网络的中心，城市功能区间的联系更多地依赖于机动车交通，这实则在一定程度上导致对以步行为尺度的城市日常生活环境的不断切割。尽管该规范提出应构成一个完整的城市步行系统，但在被快速路和主干道不断切割且行人必须避让的城市道路体系中，行人步行系统的安全性、便捷性和舒适性不可能得到保障。若再考虑不同行人的身体特征，为避让机动车而大量兴建的人行天桥、过街地道、稀疏的过街设施对于一些腿脚不便的老年人、婴儿车和轮椅使用者、携带重物的行人而言更是难以使用，步行系统的完整性、便捷性便很难得到保障。

（2）该条例对城市道路用地面积占城市建设用地面积的比例进行了限制，其初衷是希望能够将道路用地保持在一个合理的水平：如果道路用地面积占城市建设用地面积的比例较高，那么可能存在道路用地效率不高或土地资源浪费的情况，并对其他类型建设用地造成挤出效应；如果道路用地面积占城市建设用地面积的比例较低，那么认为存在道路土地供给不足的情况，难以满足城市交通的需求。这一条款要求本身具有一定的合理性，但由于一些城市政府热衷于建设宽马路，城市政府建设的快速路和主干道便占用了较多的道路用地，面对这一条款对道路用地总量的控制，城市政府便无法再增加道路密度——保持高密度的路网正是一些国家城市较好地缓解大都市交通拥堵的重要经验。当下，与城市体系化的快速路和主干道相对应的是大规模的封闭式居住区建设，这类居住区往往以城市干道为边界，其内部的道路用地并不对外开放，而且在城市建设用地指标平衡计算中被列为居住用地而非城市道路用地。经验证明，宽马路、低密度的路网结构不仅整体上加剧了城市拥堵，而且还对步行和非机动车交通不友好。

（3）在快速路和主干道等道路设置隔离带、控制交叉口、避免沿街布设公共建筑等措施，主要出于保障机动车交通效率的考虑。在步行人流量和小汽车交通量都比较大的地段，该规范规定应尽可能地减少行人横过城市快速路的可能，并让行人使用过街天桥或地下通道以避让小汽车。

（4）机动车设计时速这一指标在城市街道形态设计和使用规则中具有重要地位。该规范更多地考虑了不同设计时速下的相关情况，但却没有为服务于不同目的和不同骑行能力的骑行者提供适宜的道路系统[⑧]。

（5）将街道严格划分为主干道、次干道，为了迎合其设计的机动车速度和流量等方面的要求，会导致规划师或工程师忽略非机动车和步行功能，这往往也意味着将交通之外的用户和功能，特别是沿街的小商铺或人行道上的非正规商业形态，一并从街道排除出去了。尽管该规范考虑到了城市快速路和主干道对城市生活的负面影响，认为环路等应设置在城市的外围，但随着城市动态的发展，这种快速路和主干道必然会导致新的分割。

当机动化和快速交通成为城市道路网布局的总体要求，必然会对步行和骑行者权益造成挤压。该规范将快速路和主干道视为城市道路的骨干，并通过以下规定将快速路、主干道设计为主要服务于机动车的道路：（1）规定了快速路上的机动车道应设置中央隔离带（第7.3.1.2条），以此来保障机动车道成为机动车的专属空间。实际上，很多城市在主干道甚至次干道上也为机动车道设置了中央隔离设施。如此一来，即便道路上没有车辆行驶，行人和非机动车也难以穿越。（2）严格控制与快速路交会的道路数量（第7.3.1.3条），尽可能减少行人和非机动车对快速路上高速行驶的机动车的干扰。（3）要求快速路两侧不应设置公共建筑出入口（第7.3.1.4条），在很大程度上限制了快速路两侧的传统商业等复合功能。（4）快速路穿过人流集中的地区，要求设置人行天桥或地道（第7.3.1.4条），让行人为机动车让路。这一条款看似保障行人的安全，但实际还是优先考虑了机动车的行驶速度。如果仅仅考虑行人安全性和便捷性，由于在人流集中的地区机动车驾驶员往往会更谨慎，那么就应该优先考虑让大量行人从地面过街。依照此规定造成的可能后果是：由于人行天桥或地下通道对行人，特别是老年人、残障者和携重物者不友好，因此这些人会选择从地面非法横穿马路。但由于交通规则要求行人从天桥或地下通道过街，因此地面过街人数会相应减少。由于机动车没有观察避让行人的义务，因此更容易导致恶性交通事故的发生。此外，人流集中的地区通常非机动车流也相对集中，但是设置的人行天桥或地下通道却很少考虑非机动车的需求，因而造成非机动车交通权益的削弱，这也是现实中造成骑行者逆行的主要因素。对主干路亦有与快速路相似之规定：（1）主干路上的机动车与非机动车应分道行驶；交叉口之间分隔机动车与非机动车的分隔带宜连续（第7.3.2.1条）。（2）主干路两侧不宜设置公共建筑物出入口（第7.3.2.2条）等。

该规范非常重视行人和骑行者的权益，并据此做出一些规定，但在一些城市中该规范相关条款未能很好地得以落实。未能落实的主要情况有：一是为了保证快速路和主干道等道路上机动车达到设计时速，一些城市在街道改造后取消了与快速路和主干道垂直方向街道的交叉口，过街设施间距远远超过了规范中250—300 m的设置要求，步行和骑行空间被挤压。即便一些路段设置了过街天桥或地下通道，也给行人和骑行者带来诸多不便，特别是一些行动不便的老年人和残障者、使用非机动车搭载重物者等群体难以通行。二是在街道改造过程中，一些路段因特殊原因难以按照规划图纸实施时，机动车道的车道数和车道宽度往往得到优先保障，人行道或非机动车道则出现中断，城市步行系统和骑行系统完整性无从谈起。三是无障碍交通在很多路段缺失，颇为难以理解的是：在很多城市中，一些被设计为以交通功能为主的主干道两侧配置有盲道，反而以生活性功能为主的街道却没有盲道。不仅如此，盲道被机动车等占用且无人管理也是常态。四是自行车车道数极少按照高峰小时交通量来确定，步行交通系统也并未以步行人流的流量和流向为基本依据。此外，1 m的非机动车道宽度标准既没有充分考虑不同类型自行车通勤的可能性，也没有考虑不同的骑行速度对非机动车道的需求。在一些路段的某些时段，冷清的机动车道与拥挤的人行道和非机动车道形成鲜明对比。当然，以上现象并非完全是该规范本身所致，而是城市社会权力空间化的结果。

3.3.2 《城市道路工程设计规范》

住房和城乡建设部于 2016 年发布了《城市道路工程设计规范》（2016 年版）（CJJ 37—2012），后于 2018 年在其基础上进行了修订并发布了新的《城市道路工程技术规范》（GB 51286—2018）。两个版本主要内容基本一致，其对于不同交通方式的路权配置主要有以下规定：

其一，在道路分级方面（第 3.1.1 条和第 3.2.1 条），该规范按照道路在道路网中的地位、交通功能以及对沿线的服务功能等，将城市道路分为快速路、主干路、次干路和支路四个等级，并分别提出要求：① 快速路应中央分隔、全部控制出入、控制出入口间距及形式，应实现交通连续通行，单向设置不应少于两条车道，并应设有配套的交通安全和管理设施。快速路两侧不应设置吸引大量车流、人流的公共建筑物的出入口。快速路设计速度为 60—100 km/h。② 主干路应连接城市各主要分区，应以交通功能为主。主干路两侧不宜设置吸引大量车流、人流的公共建筑物的出入口。主干道设计速度为 40—60 km/h。③ 次干路应与主干路结合组成干路网，应以集散交通的功能为主，兼有服务功能。次干路速度为 30—50 km/h。④ 支路宜与次干路和居住区、工业区、交通设施等内部道路相连接，应解决局部地区交通，以服务功能为主。支路设计速度为 20—40 km/h。

其二，关于非机动车道和人行道设计要求，第 5.3.3 条规定：与机动车道合并设置的非机动车道，车道数单向不应小于 2 条，宽度不应小于 2.5 m。非机动车专用道路面宽度应包括车道宽度及两侧路缘带宽度，单向不宜小于 3.5 m，双向不宜小于 4.5 m。第 5.3.4 条规定：各级道路人行道最小宽度为 2.0 m。

其三，关于行人和非机动车交通，第 9.1.1 条规定：行人及非机动车交通系统应安全、连续、舒适，不宜中断或缩减人行道及非机动车道的有效通行宽度。第 9.2.4 条规定：交叉口处应设置人行横道，路段内人行横道应布设在人流集中、通视良好的地点，并应设醒目标志。人行横道间距宜为 250—300 m。当人行横道长度大于 16 m 时，应在分隔带或道路中心线附近的人行横道处设置行人二次过街安全岛，安全岛宽度不应小于 2.0 m，困难情况下不应小于 1.5 m。人行横道的宽度应根据过街行人数量及信号控制方案确定，主干路的人行横道宽度不宜小于 5 m，其他等级道路的人行横道宽度不宜小于 3 m，宜采用 1 m 为单位增减。关于人行天桥和人行地道的设置应符合下列规定：① 快速路行人过街必须设置人行天桥或人行地道，其他道路应根据机动车交通量和行人过街需求设置人行天桥或人行地道（第 9.2.5 条）。② 当自行车过街交通量不大时，人行天桥和人行地道可设置推行自行车过街的坡道快速路（第 9.2.5 条）。

其四，关于交叉口设计。在该规范中，对于交叉口的设计更多考虑了基于不同设计时速下机动车驾驶的安全性与舒适性，即"圆曲线最小半径是以汽车在曲线部分能安全而又顺适地行驶所需要的条件而确定的，即车辆行驶在道路曲线部分所产生的离心力等横向力不超过轮胎与路面的摩阻力所允许的界限"（第6.2.2条），而这种摩阻力是根据道路的设计速度计算出来的。

该规范是《城市道路交通规划设计规范》在工程设计方面的具体化，对于不同交通方式的路权配置仍延续了其相关规定。该规范提出了对步行和非机动车出行方式的关照，但仍然是围绕机动车交通为中心而制定的，这主要体现在以下方面：（1）将街道丰富的功能单一化为交通，以机动车为主导的道路设计规范没有充分考虑传统街道上丰富的居民日常公共生活，按照机动车设计时速划分的道路等级越高对非交通性公共活动的排斥就越强。（2）城市快速路、主干路和次干路的设计主要参照机动车的性能、速度和舒适度⑨，这一方面将步行、非机动车等交通方式边缘化，另一方面将城市分割为不同的部分，只有靠机动车才能够更好地实现不同部分之间的快速连接。（3）当设计行人、非机动车和机动车发生路权冲突的交叉口时，该规范对横向摩阻系数与机动车乘客的舒适感程度进行了详细的计算对照，并将行人和非机动车的通行视为对右转机动车的"干扰"⑩。

与2016年颁布的规范相比，新规范在城市街道的社会公平方面具有重要的进步意义，特别表现在以下方面：（1）在基本规定部分，强调了"城市道路应形成适宜残疾人和老年人等行动不便者通行的无障碍人行设施系统"（第2.0.11条），表达了对残障者和老年人等弱势群体的关照。（2）提出了横断面设计应"优先布置行人和公共交通设施"（第3.2.8条）。（3）为了保证行人的通行要求，防止一些城市将路侧带中连续绿化带或树池的宽度作为人行道宽度，规定了行人通行的最小有效宽度不应小于1.5 m（第3.5.1条）。

3.3.3 《上海市街道设计导则》

上海市作为中国现代化城市的象征，在城市规划诸多领域也确实发挥着引领和示范作用。2016年10月，上海市规划和国土资源管理局与上海市交通委员会联合发布了《上海市街道设计导则》，对快速路之外的城市道路设计提出了指导意见。值得注意的是，这一导则名称并未使用"道路"这一表述，而是使用了"街道"这一术语。从"道路"到"街道"的转变，体现着城市街道从注重交通功能向注重城市街道公共空间多元功能的回归，也意味着路权从以机动车为主向兼顾车行与步行的转变。

《上海市街道设计导则》在城市街道设计中融入了新城市主义的一些理念，特别是将城市街道定义为与城市居民关系最为密切的公共活动空间，强调城市街道设计对步行、自行车和城市生活的影响。该导则提出了四个转变：其一，从"主要重视机动车通行"向"全面关注人的交流和生活方式"转变；其二，从"道路红线管控"向"街道空间管控"转变；其三，从"工程性设计"向"整体空间环境设计"转变；其四，从"强调交通效能"向"促进街道与街区融合发展"转变。《上海市街道设计导则》应当是中国第一个将新城市主义关于街道改造的一些理念应用于城市街道改造实践的地方性街道设计指导手册。

《上海市街道设计导则》对现代主义规划理念进行了一定程度的反思，将缺少活力视为这一理念下街道设计的主要缺陷之一，并将复兴街道生活作为街道设计的目标。该导则通过对上海市若干街道案例的比较，探讨了现代主义规划理念在上海的实践，总结了上海市近些年在提升街道活力方面的一些做法和经验。该导则将虹桥开发区视为现代主义规划理念的典型案例，认为其主要特征是过于强调功能分区，并将街道视为功能单一的交通空间，"领馆区、办公旅馆区、居住区及大型花园相互独立，利用大尺度退界形成的景观绿地分割建筑与道路，大型商场代替了沿街商店……孤立的高层写字楼、大型商业综合体、孤立的门禁社区、集中的办公园区成为常见建设形式，城市活动被转移到地块内部，街道逐渐丧失活力"（上海市规划和国土资源管理局等，2016）[25]。该导则举了一些实例来说明近年来上海市在提升街道活力方面的实践，如杨浦大学城延续了过去规划中的密路网、小街坊的理念，并形成空间紧凑、功能复合的开放式街区；外滩地区的中山东一路将地面道路原有的10车道缩减到4车道，将另外6条车道转移到地下，大大增加了人行空间。

《上海市街道设计导则》在城市街道设计的价值取向上更加关注行人和非机动车过街的便利性和安全性，提出了交通有序、慢行优先、步行有道、过街安全、骑行顺畅、设施可靠等安全街道设计目标。

"交通有序"，包括协调促进交通功能和沿线土地使用的协调以及各交通模式之间的协调，对行人、非机动车和机动车进行适度分离，实施机动车与非机动车分流、人车分流，明确和强化相关道路及各种交通主体优先通行次序。

"慢行优先"，是指维持街道的人性化尺度与速度，社区内部街道宁静共享。具体包括：（1）车道数量、宽度和类型方面，应合理地控制机动车道规模，增加慢行空间；鼓励机动车流量较小的社区道路采用机非混行车道，集约利用空间和控制车辆速度。（2）静稳化措施方面，鼓励设置共享街道和全铺装交叉口，改善慢性体验；居住区内的街坊路和公共通道鼓励采用水平或垂直线位偏移等方式，对车辆路段和节点速度进行管理；道路沿线不同路段（如交通干道经过商业区、道路经过学校和医院）根据周边状况形成不同的限速要求；鼓励通过设计手段（如缩窄车道、水平线位偏移、全铺装道路等）强化街道的公共空间属性，提供安全、舒适的慢行环境。

"步行有道"，是指为行人提供宽敞、畅通的步行通行环境。主要措施包括：（1）对人行道进行分区，形成步行通行区、设施带与建筑前区，分别满足步行通行、设施设置及建筑紧密联系的活动空间需求。(2)若沿街建筑底层提供商业、办公、公共服务等公共功能时,鼓励开放退界空间,与红线内人行道进行一体化设计,统筹步行通行区、设施带与建筑前区空间,以便行人获得更舒适的步行体验。(3)在步行人流较多的路段、主次干道两侧人行道应适度加宽人行道;步行通行区应进行无障碍设计;设置人行天桥、过街地下通道、轨交站点出入口等设施时应保障步行通行区畅通;步行通行与非机动车停放产生冲突时优先保障步行通行需求;避免机动车违章占用人行道停放。(4)应将各类设施集约布局在设施带内,避免市政设施妨碍步行通行;设施带一般设置在步行通行区与车行区域之间。(5)临街建筑底层提供积极功能时应合理设置建筑前区,避免步行通行与沿街活动相互干扰。

"过街安全",是指提供直接、便利的过街可能,保障行人安全、舒适通过路口或横过街道。主要措施包括:(1)根据行人过街需求设置过街设施,合理控制过街设施间距,使行人能够就近过街。较长的街段和人流集中路段应设置路中过街设施,例如大型公共服务设施和居住小区出入口等;除交通性干路以外,一般街道过街设施的间距应控制在 100 m 以内,最大不超过 150 m(上海市规划和国土资源管理局等,2016)[86];红灯等候时间不宜超过 60 s。(2)合理控制路缘石半径,缩短行人过街距离,引导机动车减速右转。(3)人行横道应与步行通行区对齐,宽度宜大于步行通行区;人流量较大的路口,加宽人行横道宽度,斜穿交通较多路口可设置全相位人行横道;等等。

"骑行顺畅",旨在保障非机动车特别是自行车的行驶路权,形成连续、通畅的骑行网络。具体措施有:(1)确保骑行网络完整、连续、便捷,严禁占用非机动车道设置停车带;根据非机动车使用需求及道路空间条件,合理确定非机动车道形式与宽度。(2)车流量较大的道路应对机动车与非机动车进行硬质隔离;鼓励单车道支路在路口后置机动车停车线,前置与扩大非机动车等候区;鼓励设置非机动车道路,鼓励将机动车交通量较小的低等级道路作为非机动车道路进行管理,赋予非机动车高于机动车的路权;非机动车道应采用地面标识、标线等方式,提醒机动车避让非机动车。(3)非机动车道与公交车站相协调。

该导则从城市居民日常生活的视角来重新审视街道设计,注重城市街道作为生活空间的丰富功能,并为行人、非机动车等提供了更有保障的路权,在促进空间正义方面具有重要的现实意义。正如《上海市街道设计导则》中所言,虽然这只是一份技术性文件,其制定却是为了推动上海实现"卓越的全球城市,令人向往的创新之城、人文之城、生态之城"的发展目标。但作为一个地方性文件,该导则在城市道路系统整体框架上仍然没有突破《城市道路交通规划设计规范》《城市道路工程技术规范》等国家相关规范。在该导则的引言中对该导则的适用范围进行了明确规定:"本导则适用于除快速路之外的城市道路。其中,城市支路以及具备商业、生活服务或景观休闲功能的主次干路和非市政交通通道是街道设计导则的主要应用对象",如本导则与已有的城市道路设计规范不一致时,"主干路和交通性的次干路、支路原则上以相关规范为设计准则,如果按《上海市街道设计导则》实施需突破相关规范要求,应进行专题论证,确保交通安全底线"(上海市规划和国土资源管理局等,2016)[15]。

在已有的路权配置格局中,按照该导则对街道形态及使用规则进行调整具有相当大的现实阻力。即便该导则所倡导的原则得以充分、全面的实施,仍然有以下问题有待进一步探讨:首先,该导则认可国家相关规范将城市快速路、主干道、次干道等作为城市路网系统主体的原则,并提出"应形成清晰的居住组团,在组团内部提供完善的日常公共服务设施配套,引导过境交通从组团外围穿越"(上海市规划和国土资源管理局等,2016)[32]。长期以来,国家相关规范通常将城市居住区定义为被城市干道或自然分界线所围合的聚居地。为了推行"街区制",国家住房和城乡建设部于2018年发布了新的《城市居住区规划设计标准》,对不同类型居住区的定义也仍然强调城市干路和支路作为居住区边界的作用。居住区规划多将城市快速路、主干道和次干道等作为居住区的分割边界,而非将其视为重要的公共空间来组织市民生活,这一理念已经成为我国居住区规划设计的主流模式。因此,在传统的居住区规划中,将城市道路视为边界并试图让居住区自为一体的做法,既是城市道路多元复合功能弱化的表现,又进一步成为导致城市道路多元复合功能弱化的手段。其次,将城市街道分为交通性街道和生活性街道的思路,在实践过程中也必然需要面对社会公平问题。街道形态和功能的改变将不可避免地对生活在街道上的居民及周边社区产生持续而深远的影响,那么应当由谁来做出将某一条街道改造为何种类型的决定以及对受影响群体施以何种补偿等问题仍然悬而未决。再次,该导则提出街道设计应"从主要重视机动车通行向全面关注人的交流和生活方式"转变,但针对特定群体应采取何种针对性保障举措仍缺少一定的细节和深度。

3.4 现代主义街道改造理念评述

通过对城市街道改造的知识进行梳理发现,在当代中国关于城市街道改造知识的建构中,现代主义规划理念和新城市主义规划理念都具有一定的体现。尽管越来越多的学者开始对现代主义将街道改造为"交通机器"的理念进行了一定的反思和批判,但现代主义街道改造理念无疑仍然占据着绝对主导的地位,这突出表现在城市街道被从语言学上定义为城市道路,进而将其设计为以机动车为主导的交通空间。鉴于现代主义将城市街道改造为"交通机器"的理念在城市规划知识的建构中影响如此之巨,有必要在此对其进行专题评述。

3.4.1 街道现代化改造的自反性

柯布西耶和吉迪恩等现代主义规划师承诺，通过将城市街道改造为以机动车为主导的交通空间，就可以将城市人民从交通拥堵中解救出来，将城市引向激动人心的现代化之路。但事实证明，现代主义将街道改造为"交通机器"以响应甚至鼓励普遍应用所谓现代化交通技术（即机动车）的做法，不仅未能缓解反而加剧了城市交通拥堵问题。其意外后果是，现代主义以机动车为主导的交通功能最大化的效率计算并未考虑供给诱导需求的长远效果，当道路拓宽改造降低了机动车的时间成本并同时增加了步行和骑行的时间成本时，将会激励更多的出行者由步行或骑行转为机动车出行，从而抵消了街道改造在短期内所产生的减少拥堵的作用。不仅如此，现代主义街道改造理念还带来了一系列不可持续的环境问题及不正义的社会后果。正如乌尔里希·贝克（2018）[4]所言："现代化进程正变得具有'自反性'，日益成为其自身的主题和问题。"中心城区改造中，按照现代主义规划理念建设的越来越多的功能单一的快速路、主干道正日益分解着城市，成为现代化进程中的问题本身。

当很多国家的城市对现代主义街道规划设计理念进行反思，开始关注其在环境可持续和空间正义等方面造成的后果，并逐步将作为"交通机器"之城市道路还原为功能丰富的城市街道公共空间之时，我国一些城市的街道改造却似乎在现代主义城市规划理念的指引下渐行渐远，街道改造所产生的空间不正义正在诸多城市不断被复制和强化。令人忧虑的是，这种空间不正义还被赋予了现代性话语之"正当性"——广大市民甚至认为宽阔的机动车道和宏大的立交桥就是现代化本身。因此，人们不再认真反思现代主义规划理念所造成种种空间不正义的知识和权力根源，而是将显现的不正义问题当作现代化进程中部分城市居民必然承受的代价，难以适应这一街道环境的人则被视为跟不上现代化步伐的失败者。

当现代主义规划理念被赋予现代性之话语，便因具有一定的文化惯性而更加难以改变。其原因主要为：第一，现代主义街道改造理念正通过高等教育和职业资格考试等形式，以科学的名义不断被复制和传播，一代又一代的城市规划师和交通工程师正在被按照现代主义规划理念所培养。第二，政府职能部门组织相关专家提取了现代主义街道改造理念，并通过国家规范的方式将之制度化后作为国家标准进行强制推广。个别地方城市政府对新城市主义的探索，也会遇到在现代主义规划理念指导下建构的国家相关规范的束缚。不仅如此，国家规范中关照行人和骑行者的要求，也因很多地方城市政府的无视而大打折扣。第三，街道改造的现代主义实践更进一步强化了这一理念——我们通过改变城市改变自身，按照现代主义规划理念被改造的街道又在一定程度上成为我们街道改造知识建构的现实基础，社会实践与知识建构之间呈现出一定的彼此依赖和强化关系。

3.4.2 对机动车优先原则的反思

现代主义街道改造知识建构的核心思想，就是以机动车设计时速为核心指标将城市街道设计为不同等级的城市道路，再将城市街道空间在以机动车交通为主导的不同交通方式间进行精细的划分以配置空间权益。机动车优先的街道空间权益配置，主要通过以下方面得以实现：

一是通过快速路、主干道等完整的城市道路体系及相应的隔离措施，为机动车交通提供专属的空间及相应的排他性权力。机动车可以临时使用非机动车道甚至人行道；但行人或骑行者如果进入机动车专属空间，不仅非法而且还要承担一定的伤害风险。此外，为了进一步减少行人和骑行者对机动车行驶的干扰，现代主义还以安全和秩序的名义将传统沿街商业活动和休闲娱乐活动通过直接或间接的方式从一些街道排除出去。道路的所谓等级越高，机动车设计时速便越快，这种排斥性就越强，除交通之外的城市公共生活就越无法开展。

二是当所谓交通性道路和生活性道路发生冲突时，提出了后者避让前者的交通法则。主要服务于机动车交通的道路被视为交通性道路，在城市道路体系中赋予更高的等级并享有优先权，这种优先权通过城市街道的形态和使用规则得以体现，诸如尽可能避免低等级道路穿越高等级道路（低等级道路往往在交叉口被改造为断头路），禁止高等级道路向低等级道路的左转，在交叉口增加低等级道路直行等待时间等。

三是生活性道路向交通性道路的单向改造，让服务于机动车为主的高等级交通性道路不断取代服务于行人和非机动车为主的低等级生活性道路。为了缓解城市交通压力，诸多城市政府纷纷将生活性道路拓宽改造为交通性道路，但罕见有相反的举措。导致的结果是，城市的快速路和主干道网络愈加密集并不断向城市四周蔓延，而生活性街道则渐渐被肢解，给被改造街道两侧居民的日常生活造成诸多不利影响。

四是在知识建构中对不同交通方式进行差别化对待，其中对机动车交通给予了更为细致的考虑。现代主义对交通问题的处理，更多地基于机动车驾驶员视角将街道设计表述为与效率和功能相关的技术性问题，而对其他交通方式缺少细致的考察。步行作为城市中最为普遍的出行方式，应当有更丰富的内涵，可以从不同维度进行思考，不同身体特征的人（如老年人、残障者、儿童、妇女等）需要不同的步行环境，不同出行目的的人也有其特有的步行方式（如购物、交谈、锻炼、销售、游戏、育儿、乞讨、娱乐等），但在相关的科学知识及国家规范中并未充分考虑其中丰富的差别。

综合以上观点，现代主义街道改造理念所造成的空间排斥或不正义，可以从两个层面进一步讨论：一是作为公共生活空间，现代主义街道改造理念对非交通性社会生活的排斥；二是作为交通空间，现代主义街道改造理念对行人和骑行者权益的漠视甚至空间排斥。

现代主义街道改造理念造成对非交通性社会生活的空间排斥。现代主义对城市街道规划设计知识的建构，既缺少整体性思考也缺少社会性思维。现代主义规划理念将城市街道公共空间功能单一化为城市道路，城市街道的规划从而被建立在一系列的交通技术参数之上，而对传统城市街道中精彩的公共生活及其丰富的社会、文化和政治意义避而不谈。不同的城市街道在城市的整体环境中具有独特的功能和地位，对不同的个体和阶层也具有不同的现实意义。然而，城市街道的空间生产被标准化了，而且这种标准化还更多地建立在一系列机动车行驶技术指标之上，忽略了不同群体对城市街道这一公共空间的多元利益诉求。在这一理念指导下的街道改造知识体系中，鲜有对居民日常休闲与社会交往、小商铺的生存和发展、儿童在街道玩耍和运动等交通之外的其他方面的详细考虑。

现代主义街道规划理念在交通层面也缺少对空间正义问题的反思。在现代主义规划理念中，人的出行方式按照"排除法则"被整理、归类，然后依不公平的等级标准进行排序，其中标准化生产的机动车被赋予优先性，并以此作为配置街道空间权益的主导性因素——通过各种模型和参数，来论证为机动车交通创造良好环境的合理性和必要性，让机动车可以按照设计时速在大尺度的快速路和城市干道上行驶。但对步行、骑行等可持续的出行方式以及老年人、残障者和儿童等弱势群体的出行方式缺少足够的考虑。造成的后果是：为机动车而建设的城市干道网络统领了城市道路系统，步行和骑行被限制在由城市干道网络分割的碎片化的社区中。这种法则不仅对步行、骑行等可持续的出行方式以及老年人、残障者和儿童等弱势群体的出行方式缺少足够的考虑，而且还将一些不被官方所认可的出行方式及交通工具排除在外——或是被街道规划设计所无意忽视，或是通过相应的交通规则不允许其享有街道权益。例如，按照当前我国很多城市的相关法律法规，在丹麦哥本哈根非常流行的载人拖斗车是不可以享有合法路权的，并且这样的拖斗车也难以使用城市中日益增多的地下通道或过街天桥。现代主义规划理念声称，将街道改造为现代化的"交通机器"，能够提升道路的交通功能，进而有利于城市未来的发展，但却在很大程度上忽视了没有能力购买小汽车的穷人、更偏好于步行或骑行的人以及没有驾驶机动车能力的老人、儿童和残障人士。

3.4.3 对现代主义知识建构的批判

现代主义将街道改造为"交通机器"的理念不过是城市功能分区思想在街道空间的实现。在现代主义街道改造理念中，城市街道不仅是实现城市功能分区的连通技术手段，其本身也成为城市功能分区中的功能空间——网格状的交通功能区。在工业化和城市化初期，一定的城市功能分区对改善城市居民居住环境产生过积极影响。但过度的功能分区就像是一种博物馆式文化理解方式，已经给城市居民日常生活造成不便和困扰，正如马歇尔·伯曼（2003）[1]批评的那样："博物馆式的理解方式将人类活动割裂成碎片，并将这些碎片锁定为各种孤立的现象，分别用时间、地点、语言、种类和学科予以标签。"城市功能分区思想将城市各部分视为可以分解或组装的功能空间——对于街道而言，就是将其视为交通的技术空间，并将一切与交通无关的活动对交通的影响降至最低。现代主义规划理念中，将各功能分区通过机动化交通联系起来的城市快速路和主干道，反而成为切割以步行（对骑行同样产生了深远的负面影响）为尺度的日常生活空间的边界。

严格的功能分区体现并承载了一种碎片化的思维方式。这种碎片化既体现在现代学科分类体系中，也体现在城市规划的知识对象处理上。具体而言，与现代高度专业化的学科分类相匹配，城市街道设计这一对象被从城市整体中抽离出来，成为以道路工程师为主体的具有执业资质人员的专属舞台。亨利·列斐伏尔（2015）[4]对这种碎片化的知识建构模式表达了不满，认为"各种专业分割出来的许多小块，意味着总体，但这个总体又被它们掩盖了，成为盲区"。碎片化所造成的结果就是，城市空间的总体性消失不见了，因为"它们把空间分割了，将它分成了许多部分；每一部分都按照它自己的方式来分割……每个人都在一个抽象的空间上进行操作，按照他自己的标准，他自己的比例"（亨利·列斐伏尔，2015）[12]。

在现代主义规划理念中，存在将城市问题简单化为交通问题，并以交通规划统领城市发展的片面化倾向。一种甚为流行的形象比喻，就是将城市视为一个生命体，然后将道路和道路上的交通流分别视为生命体的骨架和血液——这套知识深受孔德的功能主义影响，即通过生物学的类比来理解城市的结构和功能机制。这种知识建构方式，表面看来似乎是将街道视为城市整体的一部分，但实际上却在一定程度上将街道从城市整体环境中抽离出来，并被视为一个对城市整体环境具有支配地位的独立的体系。在这一思维方式指引下，工程师或规划师通常习惯于先入为主地采用其所熟悉的栅格、棋盘式或对角线系统来解决问题，而不是保持一种开放的态度以寻求适宜的街道设计方案。20世纪美国城市美化运动的领导者查尔斯·罗宾逊就曾指出，"对街道宽度和排列的考虑……所有当今生活中的事物、所有的社会等级，都深受它牵涉的问题的影响。城市里存在的欢乐与痛苦、舒适或艰苦、有效或无用，都将受到街道地形图中体现出的睿智或轻率的左右"（迈克尔·索斯沃斯等，2018）[89]。

工程师和规划师根据现代主义理念建立了自己的权威。规划师和工程师在现代主义城市街道的知识建构方面，通过实证主义或技术理性的名义建立了自己的权威，其正当性论证部分建立在引领城市走向现代化美好未来的承诺之上。毋庸置疑，作为在城市中生活的规划师或工程师，其对街道的认知及相应的改造方案无不受其特有的个人经历和偏好的影响,且这种偏好往往具有特定的历史背景——即便是看似科学和中性的计算模型,其参数的输入也不可避免地受到交通工程师价值观和经验的影响。城市,是一个具有强烈个体色彩的知识性存在。正如城市规划专家凯文·林奇(2001)[2]所言:"我们不能将城市仅仅看成是自身存在的事物,而应该将其理解为由它的市民感受到的城市。"然而,以更多地依赖机动车出行的工程师和规划师构建的一整套以机动车为主导的城市道路体系的知识话语已经形成。规划师和工程师认识世界的方式与街道的存在方式之间是相互决定的。这一知识体系一旦建立起来并被普遍地接受,便会进一步导致这种街道形态和使用规则更大规模的社会实践,进而让生活于其中的人们忽略这种知识生产的偶然性,甚至认为这种形态的街道是城市街道形态的必然面貌。以机动车为中心建构的一整套街道物质形态和使用规则已经成为城市道路规划和管理的准则,深刻地影响着民众对街道改造"科学性"和"现代化"的认知,这种认知具有强大的惯性并决定着城市街道的未来。

3.5　本章小结

　　整体而言,在高等院校城市规划的相关教材中,在知识制度化的相关规范和标准中,城市街道的相关知识缺少对空间正义维度的系统性反思。作为公共空间的街道规划设计被过度简化为道路规划设计,畅通、有序和安全也就自然成为街道设计的价值所在,公平、正义等规范性概念被"系统""流量""速度"等中性的、技术的概念取而代之,城市街道中多姿多彩的公共生活、具有不同能力和出行方式的状况悬殊的个体差异不见了,城市街道规划设计完全成为一个充斥着以机动车参数为核心的海量数据和复杂模型的新领域。

　　造成的这一现象,一方面与日趋狭隘的知识分工体系和专业化有关,另一方面深受实证主义在城市规划领域知识建构的强势地位影响。尽管在街道改造相关知识的建构中,诸多学者对街道在城市公共生活中的多种可能以及对不同城市居民造成的差异化的影响有所关注,但可能是认为街道这一空间过于微观,对街道改造知识的规范性讨论还不够充分。随着城市规划知识的细分和专业化,街道改造往往被认为是交通规划师或道路工程师的专长,但他们所建构的街道改造知识与普通民众的认知保持着距离,甚至与城市相关学科之间也缺少相互交流和理解的平台。普通民众作为认知主体主观方面的价值,例如雅各布斯提出的关于街道规划设计的一系列原则,往往被视为现代科学知识客观性或技术性的对立面,在其基础之上建构的知识也往往不会被视为客观知识或真理。

　　当城市街道被简化为交通技术空间,技术合理性自然也就成为工程师和规划师建构街道改造知识的主要甚至唯一标准。无论是从历史的现实视角还是从理论的可能视角,城市街道作为城市中方便可及的公共空间，作为几乎每一位普通市民都会使用的日常公共空间，其改造都会持久而深刻地影响到城市居民日常生活的各个方面。但当交通技术成为主要的标准时，我们往往不再关注人类的一些基本的问题，如我们应该如何在城市中生活，或者是街道这一公共空间还可以给城市居民提供除交通之外怎样的价值。当然，在这里并非要否认将街道视为交通技术空间在知识建构上所取得的积极进展，但任何实证知识或技术知识若要应用于城市改造实践，都必须从空间正义视角对其进行审慎的评判。

第3章注释

① 吉迪恩曾引用了胡伯德对林园大道的定义："林园大道其明确的法定定义是一条贯穿于道路间有细长的公园。也就是说，所谓林园大道主要是供交通之用，而且大部分或专为愉悦的交通而设"。由此定义不难发现，林园大道的主要职能就是服务于机动车交通。吉迪恩声称，林园大道已经成为未来城镇的要素，能够保障车辆与行人两者的权利均得以恢复，使两者的机能得以调和。通过对两者进行明确的分割，使其各得其所。参见：吉迪恩，2014. 空间·时间·建筑：一个新传统的成长［M］. 王锦堂，孙全文，译. 武汉：华中科技大学出版社：566-567。

② 梅塔（Mehta）提出了生态系统街道（street as ecology）概念，可以说是对雅各布斯这一观点的发展与理论化。梅塔认为，将街道理解为生态系统，意味着将街道视为充满活力的空间，这种活力产生于活动与事件相互关联的复杂网络。在梅塔看来，生态学思想最根本的原则是，系统的健康并非来自竞争或适者生存，而是来自共存（coexistence）。如果接受生态系统的观念，就可以将街道转变为一个不同人群、不同活动、不同使用形式和目的、不同控制和协商模式共存的空间，街道作为一个集社会、文化、经济和政治于一体的空间运转，并从中得以繁荣。这样的话，就不会将街道理解为一个完备（complete）或平衡的稳定状态，而应当认可处于不断变动之中的街道具有一定程度的冲突。尽管街道看起来相当混乱，但事实上其内在具有由地方根植性和协商而形成的秩序与控制。参见：ZAVESTOSKI S, AGYEMAN J, 2015. Incomplete streets: Processes, practice, and possibilities［M］.New York: Routledge: 98-99。

③ 作者提出"约有80%的人愿意使用天桥和地下通道"的结论与该教材中的一些观点也存在冲突。例如，该教材指出，行人喜欢走捷径，"据调查，为走横道线而绕行20 m以上，超越了很多人的心理接受范围"。如果将天桥或地下通道的垂直距离计算在内，使用绝大多数天桥或地下通道的绕行距离显然都应在20 m以上，因此不可能得到"约有80%的人愿意使用天桥和地下通道"的结论。参见：徐循初，2005. 城市道路与交通规则（上册）［M］. 北京：中国建筑工业出版社：35。

④ 该丛书由中国计划出版社出版，包括《城市规划原理》《城市规划相关知识》《城市规划管理与法规》《城市规划实务》《城市规划法规文件汇编》共五册。该丛书有不同版本，本书探讨2011年版。

⑤ 对于不能够驾驶私家车出行的城市居民而言，城市快速路和主干道往往成为将城市割裂为不同片区的边界而不是连接城市的通道——这一现实也往往反映在规

划师的城市总体规划蓝图中。晋城市中心城区有两条分别贯穿市区南北和东西的主干道：凤台街和泽州路。晋城市的城市总体规划以这两条主干道为边界将中心城区划分为四个具有一定独立型的片区，并分别制定了分区规划。

⑥ 《全球街道设计指南》中对自行车道宽度的建议是：至少 1.8 m，最好 2.0 m，并设置最少 1 m 宽的缓冲区，以降低车门开合引发的碰撞风险。按照《城市道路交通规划设计规范》，单车道的非机动车道宽度最低为 1.5 m（其中 1 m 为车道宽，两侧各有 0.25 m 的净空宽度）。两者相比，至少相差 0.3 m。参见：美国全球城市设计倡议协会，美国国家城市交通官员协会，2018. 全球街道设计指南[M]. 王小斐，胡一可，译. 南京：江苏科学技术出版社：116。

⑦ 《全球街道设计指南》建议，在城市环境中，每隔 80—100 m 应设置一条人行横道，同时避免设置间隔超过 200 m 长的人行横道。该指南指出，如果一个人走到人行横道需要 3 分钟以上，则会选择更直接，但不安全或不受保护的路线。参见：美国全球城市设计倡议协会，美国国家城市交通官员协会，2018. 全球街道设计指南[M]. 王小斐，胡一可，译. 南京：江苏科学技术出版社：100-101。

⑧ 《全球街道设计指南》中指出，街道设计应考虑自行车速度差和车流量，为使用者提供足够的保护措施；并提出"大容量的廊道应设计更宽的自行车道，以便快速骑车者超车"。参见：美国全球城市设计倡议协会，美国国家城市交通官员协会，2018. 全球街道设计指南[M]. 王小斐，胡一可，译. 南京：江苏科学技术出版社：108-109。

⑨ 按照对第 3.2.1 条文的说明，"设计速度是道路设计时确定几何线形的基本要素……设计速度一经选定，道路设计的所有相关要素如平曲线半径、视距、超高、纵坡、竖曲线半径等指标均与其配合以获得均衡设计"。

⑩ 在关于交叉口设计的相关规定中，面对机动车和非机动车道、行人在此的正常交会，该规范在表述时通常将非机动车和行人视为对机动车交通的"干扰"。参见该规范第 3.2.4 条等条文的规定及说明。

4　街道改造的实践与空间正义

> 权力按照自己的需要提取知识，然后再以该知识为基础发出命令和规定。
>
> ——米歇尔·福柯（2018）[201]

城市街道是政治性的历史产物，也是城市当下社会权力关系的空间呈现。但现代主义将街道改造为"交通机器"的理念和实践是如此深入人心，以至于很多城市居民相信，将传统街道改造为以机动车为主导的"交通机器"是城市现代化的必由之路，开着小汽车出行是经济社会不断发展后人们的必然选择，而却未曾意识到应当对街道改造背后的权力给予足够的关注。亨利·列斐伏尔（2015）[37]曾深刻地指出："空间……一直都是政治性的、战略性的。如果空间的形态相对于内容来说是中立的、公平的，因而也就是'纯粹'形式的，通过一种理性的抽象行为而被抽象化了的，那么，正是因为这个空间已经被占据了、被管理了，已经是过去的战略的对象了，而人们始终没有发现它的踪迹。"

本章将批判性地分析街道空间是如何在相应的社会和政治关系中被生产的。本书以国际上若干具有广泛知名度和影响力的城市为案例，梳理其街道空间生产的社会历史条件，探讨其街道空间改造实践的权力过程。而后结合具体案例，围绕过程和机制两个方面，分析当下中国街道改造中权力的空间化过程，并主要回答以下问题：在中国城市街道的改造中，谁在实施权力？通过何种手段？特别是城市政府在街道改造中持何种立场或价值观——以城市政府为主导的权力体系重塑了街道形态，并根据相应的使用规则来实现其设想的街道空间秩序，城市政府希望实现怎样的街道生活规范？这种规范响应了或倾向于谁的权益？谁的要求遭到漠视甚至被排斥在街道改造权力之外？

需要特别指出的是，现代主义将街道改造为"交通机器"的理念，通常与城市官员的执政理念不谋而合。在现代主义街道改造理念中，宽阔而笔直的高速路和眼花缭乱的立交桥作为凡人肉眼可见的庞然大物很容易被政治家视为政绩工程而追求，更不必说道路建设对经济增长和促进就业等方面短期的巨大拉动作用，因此现代主义的规划理念很容易博得政府官员的欢心。当然还需要指出的是，尽管在一些特殊的情况下少数人在城市街道改造中确曾占据支配性地位，但不同城市的权力体系存在结构性的差异。现代主义者所倡导的城市街道改造工程，耗资巨大且对城市社会空间具有强大的重构要求，这一理念的实现通常会面临诸多阻力，在土地产权私有化的国家更甚。不同国家乃至同一国家内部不同城市之间权力关系的复杂性，也导致了城市街道改造实践的巨大差异。如果不能理解各种权力关系的空间过程，也就无从发现空间生产的复杂性，更难以对其合法性做进一步的评判。

4.1 城市领导人主导的街道改造实践

在世界城市现代化历史上，一些政治人物通过其坚定的意志力和强有力的政治手段改变了所在城市街道的物质形态及使用规则，并对世界不同国家（地区）的城市街道改造产生了重要的示范作用。豪斯曼借助中央集权的力量，在巴黎中心城区大刀阔斧地建设了林园大道；摩西在凯恩斯主义经济政策及利益集团的支持下，在纽约建设了大量高速公路，将流水线上批量生产的小汽车引入中心城区；佩纳罗萨则借助于一些普通民众的支持，推动了波哥大快速公共交通体系的建设，并促进了街道权益的公平正义。尽管这三位人物出现的历史时期不同，所处的城市社会权力背景有别，但均在城市街道改造中留下了深刻的个人印记。需要说明的是，本书所指城市领导者对街道改造的主导作用，并不是说普通民众完全未能参与其中，更不是说这些政治强人能够完全站在广大民众的对立面一意孤行，而是指这些政治人物具有相当大的影响力，他们的出现改变了城市社会权力的平衡进而显著地改变了所在城市的街道改造进程。

4.1.1 巴黎：豪斯曼和林园大道

若要回顾城市街道现代化改造的历史，多数学者通常会从19世纪豪斯曼（Haussmann）对巴黎街道的重建谈起。在中央集权体制之下，豪斯曼对巴黎进行了大规模的重建，其主要工作之一就是将一些传统城市街道拓宽改造为林园大道。实际上，豪斯曼并非在城市中兴建林园大道的始创者。在此之前，宽阔而笔直的大街已经成为巴洛克城市最重要的象征和主体（刘易斯·芒福德，2005）[385]。

在中世纪的欧洲城镇，通常也出现了被现代人称之为主干道的城市街道。但这些街道作为城镇公共生活的中心，主要承担市场的功能（保罗·M.霍恩伯格等，2009）[35]，与当下围绕机动车交通而建设的城市主干道有本质的区别。至17世纪前后，一些为王权服务的欧洲城市政府和规划者兴建了笔直宽阔的市中心大街，政府、教堂和广场等成为市中心大街上的关键节点。中世纪的狭窄街道被拓宽改造，以便新式大炮和四轮马车可以畅通行驶。这种市中心大街还便于供阅兵和军队游行之用，并可以对城市内部叛乱进行快速而有效的防范化解。此后，城市统治者以市中心大街为边界，以一种简单的几何空间对整个城市实施分区管辖统治。可以说，集权政治体制生产了宽敞笔直的军事大街，并使之成为展示和强化集权政治体制的工具。当然，部分城市民众对拓宽街道也持欢迎态度。在当时，西欧一些国家的车辆交通已经相当流行，拓宽中世纪的传统街道确实方便了车辆交通。尽管城市政府的初衷并不是给乘着马车在林园大道上疾驰的市民带来愉悦感，但这种街道改造还是因更有利于乘马车的富人而导致了社会不公平。城市史学家芒福德认为，巴洛克最引人注目的贡献，即那笔直的、长长的、宽广的大街，虽然可以实现更远区域的连通，但其宽广程度却为大街的两对面的通行设置了一重障碍；直到近来有了交通信号灯，人们要穿过这样宽的马路，即使马路中间设置了行人安全岛，仍然很危险（刘易斯·芒福德，2005）[418]。通过与中世纪的城市街道相比较，刘易斯·芒福德（2005）[387]对巴洛克时期的林园大道造成的不平等做了如下描述：

在中世纪的城市里，上层阶级人士和下层阶级，大家在街道上，在市场上，都挤在一起，正如他们在教堂里一样，那时有钱人可以骑在马上，但在街上碰到身背货物的穷苦人或是依赖竹杖摸索前进的盲人乞丐，他必须停下来，等他们先走过去。现在，建起了宽广的大街，就为上层阶级与下层阶级在城市里分割开创了条件：富人乘车，穷人步行。富人沿着康庄大道的中央轴线迈进，穷人靠边站，站到路旁排水沟旁去；最后终于为普通人修建了一条特殊的步道，即人行道。

尽管巴洛克时期已经出现了宽阔的林园大道，但这种林园大道仍然主要是以局部的方式生产的，并未在欧洲城镇内部形成具有一定规模的网络，中心城区的街道体系整体而言还保留着中世纪的特点。特别是在巴洛克城市的中心，弯曲蜿蜒的街道依然纵横交错（保罗·M.霍恩伯格等，2009）[133]。

对城市大规模的街道拓宽改造，源于拿破仑·波拿巴统治下的法国首都——巴黎。这一改造进程由强权人物豪斯曼具体执行。在诸多城市史学家和城市规划者看来，豪斯曼对巴黎的改造和对林园大道的建设，主要是为统治阶级维护巴黎稳定而服务的："拓宽街道将使修筑街垒成为不可能，新修的街道将使军营以最短距离通向工人住宅区"（瓦尔特·本雅明，2013）[54]。但客观地讲，豪斯曼林园大道的建设在一定程度上也是对当时巴黎人口和土地规模急剧膨胀的响应，并确实对交通、卫生和景观等产生了积极的影响。

19世纪的巴黎，人口持续高速增长。1800年，巴黎人口规模刚刚突破50万；而到了1900年，巴黎人口总量已经超过330万。在这一百年之内，平均每年有2.8万移民涌入巴黎。在人口短时期大量涌入的情况下，那些蜿蜒狭窄而又杂乱无章的街道确实已经难以满足日益增长的交通需求。特别是当马车作为交通工具出现在巴黎街道上时，那些仅比小巷略宽的街道使得驾驶马车几乎寸步难行，因此造成交通事故频频发生。一位英国记者在 1862 年回忆起自己 30 年前见到的巴黎，仍不免感慨道："城市里的街道蜿蜒狭窄，拥挤不堪，修建得极为差劲并令人厌恶。"（彼得·霍尔，2016）[1010] 在人们的印象中，巴黎是一个阴暗、潮湿、泥泞不堪的不宜居住之地。大仲马对巴黎一个叫圣雅克区的街道做如下描述："道路像黑暗的迷宫一般杂乱无章，令人作呕，散发着恶臭，崎岖不平，就好像里尔市互相重叠的阴暗潮湿的地窖一样。"（彼得·霍尔，2016）[1007] 巴尔扎克也描述道："居民们在 6 月天的下午 5 点就必须点灯，而且整个冬季都不会将其熄灭……一些胆大的行人……会觉得他们一路上似乎是在地窖中摸索前行。"（彼得·霍尔，2016）[1008] 城市糟糕的卫生情况和狭窄的街道结合在一起，更加让人无法忍受，一些社区甚至一度成为霍乱等流行病的重灾区。因此，尽管存在复杂的权益关系，但确实有相当一部分巴黎市民希望能够对街道加以改造。随着城市规模的不断扩大以及中心城区居住环境的不断恶化，一些达官显贵和中产阶级为了满足自己的需要开始在城郊发展新城，这些阶层更多地依靠马车作为交通工具，从而在一定程度上产生了通过便捷的交通将中心城区和郊区新城连接起来的现实需求。

然而，即便是在中央集权体制下，政府对巴黎的大规模重建也绝非易事。当路易·拿破仑绘制巴黎重建蓝图之时，也仍然需要一个强权人物来推动其计划的实现。而豪斯曼的性格和作风，在巴黎的城市改造中发挥了特有的作用。当时的内政部部长曾这样描述应聘塞纳省省长一职的豪斯曼：

> 出现在我面前的这个人对于我们这个时代来说非常特别……在这个最聪明、正直和高贵的人们必然失败的地方，只有身强力壮、肩膀宽阔、脖子粗短、态度傲慢、善于使用各种手段，并能因地制宜的人才会必然成功。我应该提前感到高兴，为我能够把这样一个高大的、如虎般的动物抛向狐狸和狼群里，这好像是与帝国的远大理想做抗争一般。（彼得·霍尔，2016）[1018]

为了能够按照路易·拿破仑的蓝图改造巴黎，在对巴黎实施大规模改造之前，豪斯曼在权力架构和法律制度方面做了充分的准备。他不仅劝说路易·拿破仑放弃成立巴黎城市规划官方委员会的想法，还于 1852 年修订了关于征地的法律——通过法律的形式赋予巴黎政府在新街道沿线外征收土地的权力，实现土地增值归政府所有。

豪斯曼主政的 1852 年至 1869 年间，巴黎新修建了 71 mile 长的道路，平均宽度是以前的两倍（还不包括附属的城镇）；铺设了超过 400 mile 的人行道（彼得·霍尔，2016）[1003]。其中，林园大道是豪斯曼整个重建计划的核心。这些林园大道路面宽阔、走向笔直、中轴对称，沿街布置有宏伟的建筑，两端耸立着纪念碑。豪斯曼对林园大道的规划方案及规划目的是：（1）致力于城市南北和东西向轴线主干道、城市景观和大型交叉路口地区的建设,并通过道路辐射方式将中心城区和新兴郊区连接起来。通过这一规划,豪斯曼希望能够缓解交通状况,让人们更快地到达新的车站和更容易前往郊区。豪斯曼还计划建设一条大型的环形路以缓解交通压力。(2)通过林园大道建设中的拆迁改造,帮助豪斯曼清除城市中的贫民区,打造出一个清爽的大都市,在豪斯曼看来这有利于城市整体的环境卫生和社会治安。(3)通过建设宽敞的城市主干道,消除城市居民容易在其中构筑防御工事的蜿蜒小路,"使军营以最短距离通向工人住宅区"(瓦尔特·本雅明,2013)[26],以有效防范城中可能出现的骚动和叛乱。最后一个方面的考虑,可能是豪斯曼对巴黎街道拓宽改造中更为隐蔽但也更为重要的目的。

自豪斯曼改造巴黎之始,巴黎社会各界就对其大刀阔斧的改造持有广泛的争议。巴黎都市化史学专家皮埃尔·拉维丹在谈及豪斯曼的街道改造时说道:"它为巴黎带来了花园和宽敞的街道,将巴黎从严重的交通阻塞中解救出来(或许街道还应修得再宽大一些)。"(彼得·霍尔,2016)[1045] 拉维丹的观点,代表了后来的现代主义城市规划者们对豪斯曼的态度。一个重要的事实是:巴黎大规模新建的街道和下水道显著地改善了中心城区居民的生活环境,再加之将工业特别是重工业隔离到城郊行政区外以及鼓励在新修大街的两旁修建奢华的住宅等公共政策,豪斯曼将巴黎从一个各社会阶层混合居住的城市转变为中产阶级居留中、外围由居住在城郊的产业工人和劳动阶级所环绕的空间模式(彼得·霍尔,2016)[1041]。

豪斯曼所建的林园大道,对于巴黎市民而言则是一个极为复杂的存在。一方面,巴黎市民容易对笔直宽阔、无限延伸的林园大道及统一风格的沿街建筑产生极大的自豪感,认为这些城市景观展示了帝国首都的气派和地位。另一方面,与传统尺度的街道相比,林园大道对城市活力的破坏性已经显现——尽管这种破坏性还远未达到摩西对纽约街道改造的程度。本杰明曾对豪斯曼的林园大道和传统街道进行了比较,林园大道并不是平凡的街道;它们的空间极富戏剧之感,似乎专为表演设计。背面的普通街道则与其截然相反:那里是人们日常生活的地方,充斥着欢乐和无政府主义的动乱情绪(彼得·霍尔,2016)[1029]。当时,对豪斯曼的批评主要来自以下方面:(1)拆迁补偿过程中引发了投机欺诈的浪潮(彼得·霍尔,2016)[1021];(2)人们指控豪斯曼的大拆大建及对林园大道笔直走向的固执追求破坏了文物;(3)左翼批评家认为豪斯曼的林园大道建设是为了破坏街区工人阶级的革命意识;(4)指责豪斯曼大规模的拆迁让穷人的居住条件更差了,那些房子被拆迁的穷人们要么搬往郊区,要么涌入被豪斯曼改造计划遗漏的已经拥挤不堪的老城区;(5)批评豪斯曼将主要的交通流量集中到少数几个交叉路口的做法使得交通情况更加糟糕,主要交叉路口的状况依然危险而混乱,人们在高峰时期想要穿越新建道路的交叉路口需要花费很多时间。

4.1.2 纽约：摩西与现代化象征的高速公路

罗伯特·摩西（Robert Moses）是20世纪美国纽约城市现代化改造的领导者，其所作所为长期以来饱受争议。秉持现代主义理念的规划师认为摩西是无可争议的"美国最伟大的建造者"（彼得·霍尔，2017）[256]，但新城市主义者及居住在即将被拆迁街区的居民却纷纷强烈谴责摩西。尽管人们通常将摩西和豪斯曼相提并论，摩西也确实是豪斯曼的崇拜者和效仿者——摩西曾将豪斯曼描述为人类有史以来最伟大的城市规划师之一，但无论是对所在城市街道改造的规模，还是对此后其他国家城市现代化之路的影响，摩西都远远超过了其偶像豪斯曼。摩西对纽约的大规模街道改造有其独特的时代背景，特别是在人类已经掌握了更多的城市建设技术以及更为廉价的小汽车在流水线上得以批量生产的前提下，基于机动车而设计的高速公路网络对纽约这座城市产生了更为深刻的影响，并对很多国家城市的现代化进程发挥了无可比拟的示范作用。

社会权力关系决定了街道规划设计的形态及使用规则。民众的机动车消费情况及认知态度的变化，是这种社会权力关系变迁的主要影响因素之一。在机动车发展的早期阶段，城市居民更习惯于步行或乘马车出行。在20世纪早期的美国，由于极少数人驾驶的机动车给行人特别是马车的安全带来严重威胁，很多州通过了限制机动车路权的法律、法令和条规。一些律法现在听来会让人觉得可笑甚至荒唐，但在当时却被认为是合情合理的民意表达。

宾夕法尼亚州成立的反机动车团体拟出的条规……农民决定，任何夜间驾驶非马拉车辆的人，都必须每英里停车一次发出信号火箭，停留10分钟以待路面空无一人。假如一群马车将沿公路驶过的话，机动车司机将被强制赶下公路，并用一块大帆布或与周围环境相融的彩布盖住车身。假如马群仍然不肯通过，那么机动车主就不得不把他的车拆成碎片，并把碎片藏在最近的丛林中（迈克尔·索斯沃斯等，2018）[97]。

自1913年福特将流水装配线用于生产T形车后，小汽车的生产能力迅速上升，生产成本急剧下降，这使得小汽车进入普通家庭在经济上成为可能。当驾驶机动车的居民越来越多时，城市关于路权配置的民意倾向终于发生了变化。至20世纪20年代中期，对机动车的路权限制越来越少。由于汽车的广泛使用，美国一些城市交通拥堵情况已经非常严重，并对居民出行和传统商业布局模式产生巨大冲击。一些中心城区的商店反映因交通阻塞而无法正常营业，人们也担心机动车在城市街道的广泛使用会对行人和儿童造成诸多负面影响。城市居民一方面主动调整生产、消费和生活习惯以应对机动车大量增加的交通状况，如出现了依赖消费者驾驶汽车出行的郊区商店；另一方面就如何应对日益增多的机动车而产生了分歧——一些民众呼吁应拓宽传统街道以缓解交通拥堵，另一些居民则提出了对日益增长的机动车交通进行限制的替代方案，甚至还有市民认为应当禁止小汽车进入中心城区。

20年代末30年代初开始爆发的经济大萧条，促使美国政府和经济学界重新思考经济和社会以及生产和消费之间的关系，并接受了凯恩斯主义经济理论。在凯恩斯主义的理论道路上，一种叫福特主义（Fordism）的私人与公共关系成为管理和稳定经济的主导模式。这种模式强调政府积极干预经济以管理消费、促进投资和稳定增长。促进机动车消费和城市化的郊区发展模式被整合进福特主义经济发展战略之中（Zavestoski et al., 2015）[46]，建设高速公路的提案因而通常能够得到联邦政府机构的大力支持。也有美国学者指出，联邦政府和州政府对于在城市中发展高速公路的观念还受到埃克森美孚、雪佛龙和康菲等石油公司巨头的影响，因为他们对美国竞选的捐赠达到百万美元（杰夫·斯佩克，2016）[55]。鼓励汽车消费不仅能够直接刺激汽车工业，更可以带动上下游相关产业，如石油、钢铁、橡胶、汽车销售、信贷等产业的发展。因此，这些利益集团也成为推动高速公路建设的巨大政治力量。不仅如此，一些富裕的白人也将私家车视为逃离拥堵的中心城区，实现郊区美好生活的工具。在这样的大背景下，重建街道形态和使用规则以响应机动车交通需求得到联邦政府和州政府、商业利益团体以及部分社会民众特别是日益壮大的中产阶级的支持。具体而言，就是通过拓宽街道，特别是拓宽机动车道，来增加道路的机动车容量，并通过建立相应的交通规则对街道使用行为进行管控，主要是通过限制或削弱非交通活动来减少对交通活动特别是机动车交通的干扰，并通过建立数量有限且法定的过街设施来规范行人和非机动车行为，以保障机动车行驶的速度和舒适度。

面对强大的利益集团所制定的街道拓宽改造计划，居住在即将被拆迁改造街道社区的市民对此给予了抵制。在美国的一些城市，民间团体将市民组织起来反对当局对中心城区街道的拓宽改造。这些市民中大部分为所谓的"草根阶层"，他们受到"白人的道路穿过黑人的住宅"这个标语的鼓动，走上街头表达抗议，甚至躺在推土机下或绑在即将被移除的树上（杰夫·斯佩克，2016）[55]。在新奥尔良法国老城，市政当局规划的一条大马路要从法国老城附近穿过，引发了公民诉讼。老城保护计划的保护委员会表示大马路经过区域是法国老城的保护范围，道路工程因此破产。民间组织"交通危机紧急委员会"（Emergency Committee on the Transportation Crisis）的新闻发言人萨米·阿博特（Sammie Abbott）在演讲中声称："住在郊区的白人想要痛快地进入市中心，就要去毁掉黑人的社区，这些马路是让谁在受难？我写下这样的誓言：'白人的马路不能穿过黑人的家园'！修马路在经济与人种方面的歧视，我拒绝承受。"（王军，2008）[29] 修马路在短期对城市就业和经济的积极影响，使之成为一个激烈的政治问题。但当越来越多的人走向街头进行抗议，新奥尔良市政当局做出了妥协——用一个庞大的地铁计划取而代之。

但在美国纽约，建设高速公路以便为机动车提供更好路况的方案最终占了上风。这不仅得益于联邦政府和州政府的支持,更因为纽约城出现了一位深受现代主义规划思想影响而且还具有坚强意志力和政策手段的领导者——摩西。在当时,面对错综复杂的利益关系,社区领导的价值取向和意志力往往具有决定性作用。杰夫·斯佩克(2016)[61]认为,对于大城市,获胜的是那些社区领导,他们与州交通运输局正面交锋并公开要求其提出一个方案使社区变得更加适宜步行。但对于纽约的领导人摩西而言,在城市中建设高速路恰恰是其所欲极力推进的目标。纽约城中也不乏反对者,但却未能像新奥尔良老城那样能够阻止摩西的高速路建设计划。

纽约大都市区城市高速路的发展,亦与其独特的地理环境有关。与其他大城市相比,纽约还必须克服众多错综复杂的河流带来的障碍,以便将皇后区、布鲁克林区、布朗克斯区和里士满区等各个分散的地区紧密组成一个统一的城市,并缓解曼哈顿街道系统的压力。工程师、建筑师和城市开发者们将位于中心城区的庞大经济体与分散在郊区的大量潜在性经济体有机结合,有效地打造一种新型城市,其被视为20世纪早期大都市的精髓所在(彼得·霍尔,2016)[1063]。因此,纽约对于联系各经济体的快速交通体系建设比其他大城市有更现实的要求。1880年至1940年间,桥梁、隧道、火车站、地铁线、港埠设施、机场、公园大道和高速公路等方面的技术革新先后不断地在纽约涌现。正是在这一大背景下,当大量的机动车交通向纽约传统街道网络提出了挑战之时,罗伯特·摩西领导了20世纪30年代至50年代的城市更新,在任期内建造了大量的景观大道、桥梁、隧道和高速公路。摩西不仅通过高速路将纽约的不同部分联系起来,更进一步将高速路渗透到城市的核心地区。1934年开始兴建的亨利·哈德逊公园大道,道路上没有设立平交道口,是世界上第一条真正意义上的城市高速公路(彼得·霍尔,2016)[1141]。至20世纪40年代,纽约的都市地区已拥有全美里程最长的高速公路(彼得·霍尔,2016)[1148]。此后,纽约作为世界上影响力最大的现代化大都市,其高速公路系统亦被美国乃至世界一些向往现代化的城市所效仿。

摩西对城市街道的改造因为能够在短期内刺激经济和就业而受到联邦政府、各任州长和市长的支持,并得到工程振兴署(Works Progress Administration)和州际公路基金(Interstate Highway Funds)的资助,一些工程师和规划师也纷纷表达了对摩西的赞许。摩西的建设理念非常符合当时规划界的"主流"态度——认为汽车将主导未来城市的发展。罗伯特·摩西的观点"公路抗击衰退"(roads-fight-blight)改善了郊区至市中心的可达性,还被认为有助于消除衰败的城市地区而得到一些市民的拥护。如果说摩西在纽约的大规模建设迎合了美国20世纪20年代繁荣的经济下对休闲和汽车消费的增长,那么其30年代的大兴市政工程则迎合了大萧条期间罗斯福政府将公共事业作为促进就业、刺激经济增长手段的新政。正是在联邦政府的支持下,政治强人摩西才能够在短期之内组织大量的人力和财力进行大规模的公共工程建设。

　　为了获得民众的支持，摩西将所兴建的大型工程称为现代化的象征。广告和各种形式的媒体，成为影响甚至操纵千千万万市民意识形态的工具。以至于普通民众也认为，"任何人如果要反对他建设大桥、隧道、高速公路……那就是反对历史、反对进步、反对现代性本身"（马歇尔·伯曼，2003）[417]。显然，摩西的高速公路建设是与汽车这一逐渐普及的现代交通工具联系在一起的，代表着速度和对传统时空概念的重建，当置身于纽约这样的现代化大都市之中时，高速公路便很容易被世界各地的人们认为是现代化城市的应有之义。在摩西所代表的利益集团的话语权之下，谁还会想表现的因循守旧、反对进步呢？实际上，宽马路此后长期被视为现代化的象征，影响了很多发展中国家的城市更新战略。通过现代化的新闻媒体和广告，高速公路的支持者们将把传统城市街道改造为主要服务于机动车交通的信条建构为现代化本身，将一个以机动车为主导的城市道路体系作为现代化城市必不可少之图景，这一策略显然行之有效。在中国很多城市的旅游宣传片和城市政府编撰的地方志彩图中，城市快速路和高架桥通常是其中最为醒目的影像，这被视为城市建设进步和现代化的标志。在太原等城市的调研中，不少居民坦言了城市街道快速化改造所带来的种种不便，但在结束时往往会补充道："城市还是要发展。"一些城市政府也会在即将拓宽改造的街道上悬挂"为了城市更好的明天"之类的标语。正如马歇尔·伯曼（2003）[417]所言："事实上广大的现代男女并不想要抵抗现代性：他们感受到了现代性的鼓舞人心，相信现代性的美好前景，即便是在他们发觉自己是现代性的障碍的时候。"

　　当然，摩西所谓改善市中心的可达性，更多地体现了居住在郊区的中产阶级立场。摩西兴建的景观大道给纽约人提供了接近海滩的机会，为其获得了广泛的公众支持。但摩西的大型工程并未让每位市民受惠——景观大道上的桥梁故意造得很低，公共汽车无法通过，使得公共交通无法将大量的人群从城里带到高速公路的目的地琼斯海滩，而能够真正享有琼斯海滩这一公共空间的只是拥有T形汽车的中产阶级。此后，摩西的景观系统不断扩展，为小汽车用户提供了一种交通系统。开车的中产阶级可以从20 mile，甚至30 mile之外的地方快速到达曼哈顿的办公室。在伯曼看来，摩西将其高速公路项目作为一种社会筛选工具，筛除掉了那些没有自己的汽车的人。刘易斯·芒福德（2005）[447]曾深刻地指出，这种商业思想对规划师甚至对街道规划设计产生了巨大的影响："先进的商业思想的错误在于，它过分强调那些最能赚钱的交通工具的重要性，导致城市规划师们忽视步行的作用，忽视保持公共交通灵活性的需要，而这种灵活性只有步行网络才能保证；与此同时，还导致后来只能用小汽车作为解决私人交通的办法，使交通本身处于特殊地位，并优于其他许多城市功能，而这些功能也是城市生存所不可缺少的"。

　　伯曼既是一位现代性研究的知名学者，也是一位因摩西建设的高速公路穿过其社区而对其生活产生了巨大影响的纽约市民。在其所著《一切坚固的东西都烟消云散了》一书中，伯曼谴责了摩西兴建的高速公路对社区的破坏。伯曼认为布朗克斯地区的衰败甚至腐烂景象是摩西的街道改造所致，他如此描述道："布朗克斯……代表着这个时代所积累起来的各种城市梦魇：毒品、匪徒、纵火、谋杀、恐怖，数以千计的建筑被遗弃，居民区变成了满地垃圾和砖瓦的荒地。"接下来，伯曼笔锋一转，开始了对布朗克斯高速公路的批判，认为这条为滚滚车流而建造的公路，不仅令人不悦，更与城市格格不入，破坏了城市的肌理。伯曼评价道："道路两旁，到处是被木板钉死的遗弃建筑，遍地都是烧焦和烧毁的建筑残骸；数十个街区除了满地的砖瓦和垃圾之外，一无所有。"作者在为自己曾经的家园痛心疾首的时候，内心也有深深的内疚——因为他感觉自己已成为这一状况的被动参与者，他不得不在"强忍住眼泪的同时，踩上油门"（马歇尔·伯曼，2003）[386]。

伯曼所声讨的那条高速公路，为摩西20世纪50年代所规划建设。该公路穿越十余个人口密集的街区（包括伯曼所居住社区的心脏地带），约6万多人被迁出该地区——这些人都属于工人阶级和中下层阶级。但具有讽刺意味的是，据伯曼回忆，该高速公路修建之时他所在的居住区几乎无人拥有轿车，居民的出行轨迹受益于将居民的住区和闹市相连的一条地铁线。摩西的规划实施了整整十年，布朗克斯地区的中心地带经历了不断的拆除与建设，传统街道消失了，取而代之的是为机动车而兴建的高速公路和滚滚车流。高速公路有些路段周围的街道上尘土飞扬，烟雾弥漫，还充斥着震耳欲聋的噪声。公路的兴建，拆除了大片的沿街商铺，即便未被拆除也会因高速公路阻隔了大部分顾客而最终破产，居住在该地的居民因而不得不纷纷逃离。

另一位对摩西提出严厉批评的著名人物当属简·雅各布斯。雅各布斯从一位居住在纽约的普通女性市民的角度，建构了自己关于街道使用多样性与活力的知识，并对传统城市规划教材和街道设计的工程学手册进行了猛烈的抨击。但又不同于伯曼的是，雅各布斯还进一步实际参与了反对摩西领导的纽约市高速公路建设的斗争。1961年，时为《建筑论坛》记者的雅各布斯和她的支持者们参加了听证会，对摩西将高速路插入市中心的项目表达了强烈的反对。同年，雅各布斯的著作《美国大城市的死与生》出版，在城市规划理论和实践领域均引起强烈反响。雅各布斯曾因参与了抵制曼哈顿下城区高速公路建设的活动并干扰听证会被起诉。尽管雅各布斯因此事被捕，但结果却以雅各布斯和其支持者的胜利而告终——成百上千的住户和企业由此避免了被迫搬迁的命运。

4.1.3 波哥大：佩纳罗萨和巴士民主实践

恩里克·佩纳罗萨（Enrique Penalosa）在担任哥伦比亚首都波哥大

市长期间，将城市从几乎无望的交通拥堵中解救出来，并建立了一个全球城市典范——给予儿童和公共交通优先权，并限制私家车出行。其主要的贡献是，启动世界先进水平的快速公交系统（BRT）；建设了拉丁美洲规模最大的自行车道路网络（全长250 km）、世界上最长的步行街（全长17 km）和通往城市最贫穷地区的数百千米长的人行道；新建或改建1 000多个公园；每年有两个工作日禁止私家车进入全市3.5万ha的范围。

佩纳罗萨认为，移动性（mobility）是一个有关平等和公平的问题：一是公共财政在不同公共服务领域的平衡问题——如果城市政府（特别是发展中国家城市政府）将更多的资金用于拓宽道路和建设快速交通，那么必然会削弱在教育和医疗等城市基本公共服务方面的投资；二是街道空间权益在不同个体之间如何配置的问题——街道作为城市中最为重要的公共空间，如何在有私家车和没有私家车的市民之间平等分配空间资源是一个政治问题。佩纳罗萨将波哥大城市街道空间形态和使用规则的重塑作为实践民主的重要领域。佩纳罗萨对城市街道改造的一条重要民主原则是：公众利益高于私人利益。例如，佩纳罗萨认为，一辆载有100人的巴士有权利获得一辆小车100倍的道路空间；一个骑30美元自行车的公民和一个驾驶3万美元汽车的公民同等重要。因此，佩纳罗萨基于公交专用车道建立了一套大运量客运系统和完善的步行和骑行街道网络，并在全球产生了重要的示范作用。

佩纳罗萨对街道的理解，正如戴维·哈维的城市权利理论。在佩纳罗萨看来，通过街道改造将路权更公平地在不同交通方式之间配置并优先考虑步行和骑行，就是将政治民主与交通效率统一起来，寻找到了合理使用有限城市道路空间的最有效方法。作为民选政府的市长，很难将佩纳罗萨与豪斯曼或摩西归为同类人。但不得不说，如果没有佩纳罗萨的坚毅，便没有波哥大的巴士民主实践。在TED[①]演讲中，恩里克·佩纳罗萨（2019）道出了领导这一工作的艰辛：为了给行人和骑行者争取权益，为了夺回被汽车占用的空间，"我们打了一场非常困难的战斗……我满头白发……在此过程中，我几乎受到弹劾"。佩纳罗萨对巴士交通、步行和骑行的支持，赢得了依赖步行和骑行的市民（当然其中包括更多比例的中低收入市民）的支持；他对儿童出行安全的关照，帮助他赢得了更多市民的支持。佩纳罗萨的几次公开演讲，都会动情地用数据警醒人们为汽车而建设的街道对儿童生命安全造成的伤害："今天，我们不是在谈论交通问题，我们真正谈论的是：我们需要什么样的城市？我们的目标是一个孩子能够骑着自行车到达任何一个地方。如果我们是一个民主的社会，每个人都应该享有安全出行的权利。"（王军，2008）[14] 佩纳罗萨对街道改造的关注，不仅考虑到空间正义，还关注到街道形态与城市繁荣之正相关性："在波哥大，我们选择建设一个为人民的城市，而不是为汽车的城市，为汽车而造的城市必将因拥堵和不安全的街道而承受痛苦，并提供可怜的就业机会。我们取而代之的是，给我们的市民可享受的公共空间和空前的出行条件。"（王军，2008）[13] 通过为行人出行提供更好的环境，佩纳罗萨将衰退的市区大道转变为富有活力的行人公共空间。

4.2 市民广泛参与的街道改造实践

在很多国家城市的现代化进程中，市民都曾广泛地参与了街道改造实践。但民众的广泛参与并未让不同城市选择共同的街道改造之路。当更为富裕的移民来到洛杉矶，他们带着对郊区生活的向往，将洛杉矶建设成为世界著名的高速公路之城；而哥本哈根和阿姆斯特丹的市民们经过了艰难的摸索，在付出他们无法忍受的社会代价之后，争取了一条对步行和骑行更为友好的可持续发展之路。随着人们逐渐认识到现代主义街道改造模式在缓解交通拥堵方面的失败以及所带来的环境、能源和社会公平等方面的问题，对现代主义街道改造理念的声讨也越来越强烈，一场促进公平和可持续的街道空间生产运动正在影响着世界很多国家城市（包括美国纽约）的街道改造实践。当然，无论在哪个城市，广大民众围绕街道改造权利的斗争从来都没有停歇过。本章所谓市民广泛参与的街道改造模式，并非指其中没有城市政府和具有影响力的专家学者或政治人物的积极参与，而是说这些城市的街道改造基本表达了一种广泛的民意，至少是城市中作为多数的城市居民的主动选择。

4.2.1 洛杉矶：郊区生活与高速公路之城

洛杉矶是世界上对机动车交通最为依赖的城市之一，其用于街道、高速公路、停车场的土地约占据了城市区域总面积的三分之二。洛杉矶的街道形态和与之相匹配的居民日常生活模式对一些国家城市规划实践产生了深刻影响，甚至一些城市规划师和城市政府官员将洛杉矶视为现代化城市的样板。当然，对此也存在不同意见，一些规划师则将洛杉矶作为过度依赖小汽车的反面案例进行批判。

被誉为高速公路之城的洛杉矶，其街道形态的形成有其特有的发展基础和历史背景。在小汽车得以广泛使用之前，洛杉矶还远未形成一个国际性的大都市，南加州地区甚至还没有形成一个具有较高人口密度核心区的中心城市。彼时分布在洛杉矶盆地周围的是一系列规模较小的城市，相互之间被田野和果园分割，城市之间由电气轻轨铁路系统相连，并引导着新建居住区的进一步发展。可以说，在20世纪初，洛杉矶已经形成一种郊区化城市的发展基础和城市雏形。洛杉矶分散的城市结构对小汽车产生了潜在的高需求。此外，洛杉矶居民对小汽车具有更强的消费能力，小汽车普及程度更高。20世纪20年代，随着电影业和航空工业向洛杉矶汇集，大量来自小城市和农场的美国人涌入洛杉矶。这些移民通常至少为第二代移民，与美国境内其他大都市来自欧洲的低收入人群不同，这些移民具有较高的购买能力。福特 T 形车流水线的大规模生产及生产成本的降低，进一步增加了洛杉矶普通市民消费小汽车的意愿。此外，因小汽车较之火车具有更高的灵活性而逐渐成为洛杉矶市民出行的首选。1915 年，洛杉矶每 8 个居民拥有一辆汽车，而当时美国全国平均水平为每 43 个人拥有一辆汽车；至 1930 年，洛杉矶每 1.5 个居民拥有一辆汽车，而美国全国水平为每 5.3 人拥有一辆汽车。大量涌入的新移民开着福特式流水线生产出来的低成本汽车，践行着福特的名言：通过离开城市来解决城市问题（彼得·霍尔，2017）[307]。汽车拥有量的提升，使得开发商和居民可以摆脱铁路的限制，将住宅建设到任何汽车可以到达的地方。洛杉矶以一种前所未有的方式向四周扩散，中心性本就不强的市中心已经没有了发展成为具有较高人口密度中心城区的动力。

基于以上因素，洛杉矶高速公路建设计划并没有像在美国其他大城市那样面对数量可观的居民和规划师的质疑和反对。对于依赖机动车的郊区化发展模式，洛杉矶的规划师们普遍持乐观态度，认为洛杉矶将成为与纽约等现代化城市不同的低密度发展的未来城市，洛杉矶市民将享受高品质的郊区生活，并可以避免传统城市的交通拥堵问题。20 世纪 20 年代，因机动车出行的增加和人口密度较低之故，美国一些城市公交系统首次报告乘坐率下降，利益流失。1930 年人口普查数据显示，洛杉矶人口平均密度为 606 人 / km^2，而同期的纽约为 1 674 人 / km^2，芝加哥为 1 502 人 / km^2（彼得·霍尔，2016）[1169]。洛杉矶和底特律曾经考虑大规模地资助公共交通，以支撑中心城区，但选民们并不支持这一政策（彼得·霍尔，2017）[302]。洛杉矶的居民们更向往新郊区阳光明媚的居所和优质的农场生活，并将小汽车视为追求自由和实现美好郊区生活的必要手段。

洛杉矶机动车的日益增多，同样不可避免地带来了市中心交通拥堵的问题。这一问题实际上在 20 世纪 20 年代早期就有所显现。1920 年 2 月，洛杉矶议会投票通过了禁止高峰期在市中心停车的法令。由于中心城区人口密度较低，市中心的零售业对来自郊区驾驶小汽车的客户较为依赖。因此，此法令一出就遭到了市中心一些商家和媒体的反对。这些商人和媒体认为，市中心不能停车将对市中心商业造成严重损失。作为回应，议会 30 天后修改了此前的法令：从上午 10 点至下午 4 点，有 45 分钟的停车限制，而从下午 4 点至 6 点属于高峰时期，禁止停车（彼得·霍尔，2016）[1168]。为了应对早期机动车增多带来的交通拥堵，洛杉矶选择了拓宽街道为机动车提供更好的交通条件，而不是对机动车进行适当的调控。

洛杉矶高速公路的兴建，同样也受到相关利益集团的游说和支持。由"'石油、水泥、橡胶、汽车、保险、运输、化工和建筑行业，消费者和政治团体，金融机构和媒体'组成的联盟，加上军队，他们成功地推动了新高速公路的建设方案"（杰夫·斯佩克，2016）[53]。为了解决市中心的交通拥堵问题，汽车俱乐部和商人合作社提出应拓宽道路的方案。即便是城市规划者和交通工程师们也普遍认为，洛杉矶的未来要依靠私人汽车和公交车，并把改善交通的方案放在开发主要街道和地区高速公路上。1924年，城市运输委员会组织专家进行调研，认为交通问题完全是1918—1923年间汽车注册量呈4倍增长以及发展不恰当街道系统的结果，并提出在整个城市中发展一种井然有序、高度协调的公路干道系统，数百英里通往市区的街道都应被拓宽和延伸（彼得·霍尔，2016）[1183]。在交通拥堵中，交叉路口的交通冲突较为突出。1924年，城市运输委员会的顾问们提出了修建高架桥的建议，但由于对财产的损害、土地问题、高昂的成本以及对汽车运输的未来不明朗而最终放弃。

1930年，城市运输委员会的顾问们进一步提出了适应分散化城市结构的方案，在其撰写的报告中评论道："如果洛杉矶能够为人们提供意想不到的具有现代规模的高速公路（令人愉悦的林园大道就是其中一种形式），那么作为适合汽车用户生活的城市，由于公寓式住户只占很少的比例，人们可以快乐地居住在有多个房间的独栋住宅中，而洛杉矶还会继续向前发展。"（彼得·霍尔，2016）[1184] 尽管通往中心城区的道路被拓宽，但交通拥堵问题并没有得到解决。南加州汽车俱乐部的首席工程师以及洛杉矶高速公路创建人之一的伊斯特（East）希望建设一套真正适合汽车大规模使用的道路系统。在其提交的报告中，首先用数字说明了洛杉矶汽车拥有量与其他城市的不同，指明其城市形态与小汽车交通之间的互相依赖，并进一步认为："矩形的交通流叠加在原有的和经过扩张的放射式运动上，导致交通的混乱以及街道、高速公路的无比拥挤和危险。"基于以上认识，该俱乐部提供了一种街道改造方案，而这一方案体现的就是典型的现代主义理念：

解决这个问题的办法就是提供足够的交通设施，交通线路网络专供机动车辆使用，在同一水平面上没有道路交叉，在土地使用活动中也没有任何障碍出现……我们推荐应该按照报告中的定义使建设完工的高速公路网络为整个洛杉矶地区提供服务……这些道路在穿越住宅用地时宽度不低于360英尺，在通过已建造完成的商业区时宽度不少于100英尺。（彼得·霍尔，2016）[1185]

该报告认为，洛杉矶低密度、分散化的城市结构与美国其他大都市具有显著不同，在城市交通方面必须依赖汽车和公共运输工具，并进一步总结道：

在城市堵塞地区，地面街道和交通设施并不能让人们获得满意的行进速度。当机动车在路上行驶时，只有在不受交叉路口互相冲突的影响和交通信号控制延迟的情况下，才能实质距离内实现合理的高速交通速度……在大部分地区，高速公路作为解决此类问题的措施，提供了最具吸引力的实施可能。（彼得·霍尔，2016）[1186]

南加州汽车俱乐部在推动高速公路建设中发挥了重要作用。20世纪

20年代至30年代早期，加利福尼亚州对高速公路的预算并不宽松，且只资助郊区公路。南加州汽车俱乐部成功游说州政府将经费投向城区高速公路建设。

总体而言，洛杉矶因其特殊的发展基础和历史背景，在高速公路的修建过程中罕见反对的声音。普遍拥有汽车的消费者希望能够驾驶着小汽车实现郊区生活；高端房产经纪人也需要迎合消费者对独栋住宅的偏好；那些厌倦了传统大城市中心城区破旧、拥堵的规划师们则对洛杉矶的汽车文化和郊区生活赞叹不已，甚至将小汽车视为美国人实现自由的现代工具；而南加州汽车俱乐部则因更直接的利益而充当了洛杉矶高速公路建设的马前卒。

随着城市人口和汽车数量的快速增加，到20世纪80年代，洛杉矶高速公路系统面临全面拥堵的境地：每天高峰流量要持续4小时，一些小事故也可能会导致整个系统全面瘫痪（彼得·霍尔，2016）[1207]。洛杉矶人开始反思此前的高速公路建设，并在全县范围内修建了一套新的铁路快速运输线路系统以缓解交通拥堵。20世纪90年代，洛杉矶又修建了多条地铁和轻轨线。具有讽刺意味的是，1990年花9亿美元重金打造的蓝线轻轨系统几乎覆盖了以前太平洋电气铁路的通行线路。

4.2.2 哥本哈根：人性化的街道

二战之后，像其他西方发达国家的城市一样，丹麦首都哥本哈根也经历了一个机动车交通快速增长的时期，城市传统街道面临着拓宽改造以适应机动车交通的压力。但市政府与一些建筑师和规划师对于街道人性化的试验和探索为哥本哈根人性化的街道建设做了大量富有成效的工作。1962年，哥本哈根为提升中心城区活力，将斯特罗盖特街道改造为供居民散步的街道——1.2 km的长度使其成为世界上最长的一条商业街。作为吸引城市居民在此步行和逗留的生活空间，斯特罗盖特街道项目获得了显著成功。丹麦其他城市也开始借鉴这一经验，陆续对一些街道进行改造，越来越多的街道变成了适宜漫步和休闲的街道。一些建筑学家和规划师也推动了丹麦街道空间的改造，其中最为著名的是丹麦皇家美术学院建筑学院的扬·盖尔（Jan Gehl）。自20世纪60年代开始，盖尔对城市形态特别是街道形态与居民生活之间的关系进行了持续而卓有成效的研究，撰写了《交往与空间》《人性化的城市》等经典著作，并在一定程度上通过其团队的力量推动着包括丹麦等国家在内的街道改造实践。

如果说步行街项目只是为保持中心城区活力而进行的局部示范，那么哥本哈根建设人性化街道的契机则与政府应对能源危机的主动作为有密切关系。20世纪70年代石油危机期间，哥本哈根政府不仅缺少实施街道拓宽改造的财政能力，甚至都没有进一步刺激机动车交通的意愿。与此同时，石油危机和环境保护运动也改变了丹麦人对机动车的消费态度，丹麦人认为这是一种昂贵且会带来污染的消费产品。可以说，在这一时代背景下，降低机动车出行比率在政府和大多数市民中已经形成共识。哥本哈根政府一方面通过一些短期的活动，如"无车星期日"等，引导民众逐步向传统步行和骑行交通方式回归，以增强民众对安宁、清洁街道的体验；另一方面，哥本哈根通过城市街道的改造以便让步行和骑行获得更好的出行体验，并逐步替代机动车交通，减少石油消耗量。

在过去的几十年内，哥本哈根对城市街道进行了全面改造，为步行和骑行创造了更舒适和更安全的交通环境。与此同时，哥本哈根还建设了安全、高效、便捷的自行车交通设施网络，吸引大批民众选择自行车作为日常出行工具。目前，哥本哈根已成为世界上步行和骑行环境最好的城市之一。因为步行和骑行这两种交通方式能够更多地考虑不同年龄、不同性别、不同阶层、不同移动能力和不同出行方式等差异化群体更广泛的需求，因而被称之为人性化的街道。

城市政府的积极响应，为民众选择步行和骑行创造了条件。而更多的民众选择步行和骑行而形成的骑行文化，反过来也对民选政府的街道改造方案产生了强有力的导向作用。哥本哈根各式各样的自行车满足了不同年龄和不同能力群体的需求，独具特色的拖斗车（cargo bike）不仅成为老年人和儿童日常乘坐的交通工具，还是一种廉价的货运工具。哥本哈根街头的拖斗车里，不仅有老人、儿童和成年人，还有很多人用拖斗车运载货物，甚至还出现了拖斗车店铺。据统计，哥本哈根有30%的家庭有拖斗车。当越来越多的城市居民通过步行和骑行使用街道空间时，丹麦任何一个政党、任何一个政府官员都不能够无视这些选民的意愿，甚至还需要在其执政纲领中表达对骑行者和步行者的支持。当这些市民感到自身权益受到不公正对待时，他们会骑着拖斗车走上街头，载着老人和孩子，T恤上写着"每个人都有吹吹风的权利"（The Right to Wind in Your Hair），为自身争取权益。丹麦政府在响应这些选民需求的同时，也充分认识到抑制机动车、倡导步行和骑行对环境保护、民众健康等的益处。自1995年起，哥本哈根政府每两年都会发布一次全市范围的自行车交通评估报告，以了解市民的满意度。2012年，哥本哈根提出了骑行无年龄限制（cycling without age）非营利全球倡议，志愿者们骑着载着老年人的三轮脚踏自行车在街上吹风，让老年人通过骑行感受城市和自然，并以此作为加强代际关系和信任的桥梁。

因此，当哥本哈根已经成为世界上最发达的现代化城市，广大市民完全有消费能力将机动车作为日常出行工具时，哥本哈根政府仍然在为步行和骑行寻求更好的出行条件。哥本哈根已经形成遍布全城的自行车交通网络。自1980年至2000年的二十年间，哥本哈根政府每年都会减少2%的停车位，其中包括大量的路边停车位。通过减少停车位的措施，一方面直接将街道空间归还给行人和自行车，另一方面激励民众减少机动车保有量和出行需求，通过减少私家车数量的方式为自行车和行人提供更舒适的出行环境。为了让街道可以适应能载货的大型自行车和解决自行车拥堵问题，哥本哈根拓宽了一些街道的自行车道，能载货的自行车成为丹麦人廉价、可靠的交通工具。哥本哈根政府还为大多数自行车道做了抬高处理，自行车专用道比机动车道通常要高出 7 至 12 cm（姜洋等，2012），并在设计中加装路缘，设计了自行车道专用的排水设施[②]。2004 年，哥本哈根政府对一些主要道路沿线的信号灯进行了调整，骑行者只要按照 20 km/h 的速度行驶，就可以一路绿灯畅通，这大大减少了自行车在路口的等待时间，提高了自行车的骑行速度。哥本哈根的自行车道宽度一般超过 3 m，这也是考虑到拖车自行车超车的出行需求。为了将中心城区与周边更好地通过骑行连接起来，哥本哈根于 2010 年规划了哥本哈根都市区的自行车高速公路网。自 2010 年起，哥本哈根允许乘客免费将自行车带上地铁、火车等城市轨道交通工具。城市中自行车停车设施和维修服务也非常完善。居民能够参与街道的日常维护工作，例如可以将街道使用中存在的问题通过政府设计的手机软件提交给市政厅，并可以查看报修的进度。此外，为了抑制机动车消费，丹麦政府对汽车征收高昂的消费税，其税额甚至达到汽车销售价格的 180% 左右。目前，丹麦仍然为世界发达国家人均汽车拥有量最少的国家之一。

在哥本哈根，骑行是一种更有尊严的出行方式。这不仅表现在街道设计的细节上，而且还表现在街道的日常管理上。骑行者不仅可以拥有专享、安全、便捷的非机动车道，而且在通过交叉路口时也可以享有比机动车更靠前的停止线和优先通过的专属信号。据统计，下大雪时哥本哈根骑自行车的比例甚至高于平时，因为城市政府会优先清理自行车道上的积雪，并且要求这一工作在早高峰到来之前完成。哥本哈根的街道设计和改造更偏好于行人和骑行者，因而更具有包容性，从而为不同年龄、不同文化、不同阶层、不同身体状况的市民提供了进入城市公共空间、享受公共生活的权利。

4.2.3 阿姆斯特丹：自行车之都

荷兰阿姆斯特丹是当之无愧的自行车之都。在这个有 78.3 万人（2009 年）的城市中，每天都会有大约 40 万人骑车出行（杰夫·斯佩克，2016）[125]。在阿姆斯特丹，市政当局精心规划了安全舒适的自行车网络体系，自行车道和机动车道分而设之，其中的自行车道铺设醒目、路面平整、尺度宽阔，还为自行车单独设计了标志和路灯。荷兰也是第一个发展并执行共享街道的国家——行人、玩耍的儿童、骑自行车的人、停靠的车辆和行驶的汽车都分享着同一个街道空间。但当这些用途发生矛盾时，交通规则将驾车者置于一种次要的位置（迈克尔·索斯沃斯等，2018）[163]。同样，在一些自行车与机动车交通容易发生冲突的路段，阿姆斯特丹人不会为了机动车行驶速度和舒适性而拓宽街道，而是将机动车置于自行车交通之次要位置,例如树立一块标识牌,上面写道:"这是自行车道,小汽车是客人"。在交通岛,自行车也具有优先权——小汽车需要耐心等待骑行者先行通过。即便是刚会走路的孩子和上了年纪的长者也可以安全地将自行车作为最简单的交通工具。阿姆斯特丹作为自行车之城,有其独特的历史背景。可以说,自行车能够在阿姆斯特丹等荷兰城市中占据主导地位,是其大众骑行传统、民众路权的抗争、民主政府的开明、特殊的自然地理环境和石油危机等因素共同作用的结果。

在20世纪初,包括阿姆斯特丹在内的荷兰诸城市就拥有数量众多的自行车骑行者。不分男女,自行车在当时还被普遍视为一种体面的交通方式,广受市民的欢迎。即便在二战之前,自行车作为交通方式依然在荷兰的城市中占据主导地位。

至20世纪五六十年代,随着荷兰经济的繁荣,越来越多的民众具备了购买汽车的能力,城市中小汽车交通量呈井喷式增长。在当时的城市公共政策制定者看来,汽车代表了未来的交通方式,因而并未对其增长施以限制。于是,阿姆斯特丹也像一些其他欧洲城市一样,出现了越来越突出的机动车交通拥堵现象。作为传统出行方式的自行车,其交通空间也受到机动车交通的不断挤压。为了给小汽车交通创造条件,一些传统街道随即被拓宽改造,行人和自行车交通环境急剧恶化,导致自行车使用量每年减少6%。对小汽车交通的向往和自行车使用量逐年减少的现实,甚至让很多市民也一度认为自行车作为"落后"的交通工具终将退出城市街道舞台。

然而,伴随着机动车增长的还有交通事故死亡率的增加。机动车交通导致的儿童死亡让一些阿姆斯特丹居民无法忍受,正是他们的积极抗议在很大程度上促成了此后阿姆斯特丹自行车之都的形成(Van Der Zee,2015)。1971年,荷兰交通事故死亡人数达到3300人的历史最高峰,其中有400多人为儿童。当看到越来越多的儿童死于车祸,越来越多的社会团体开始反对机动车主导的交通模式,其中最值得关注的是"停止谋杀儿童"(Stop de Kindermoord)组织。这个组织的名称取自一位叫维克·朗根霍夫(Vic Langenhoff)的记者所写文章的题目——这位记者的孩子便死于一场交通事故。该组织的第一任主席皮滕(Putten)女士曾目睹了小汽车对儿童的伤害,她回忆道:"为了修马路,城市被撕裂。社会发生的变化改变了我们的生活,这让人深感忧虑。街道属于滚滚车流,而不再属于居住在那里的人们。我对此非常气愤。""停止谋杀儿童"组织成员快速增长,他们骑着自行车在街头示威,占领交通事故发生地点,并且在一些特定的日子强行关闭街道以便让儿童自由地玩耍。

对于此类非法占用街道的行为,阿姆斯特丹的警察不仅没有通过行政手段予以强行阻止,一些警察甚至还公开参与其中。皮滕说:"我们把桌子摆在街上,举办了盛大的聚会。有趣的是,警察也乐意帮忙。"(Van Der Zee,2015)阿姆斯特丹推广自行车交通的运动,先是得到了政府官员的默认,而后又得到了官方正式的支持。据皮滕回忆:"我们和议员们喝茶聊天,他们真的愿意听取我们的意见。我们组织了一帮骑着自行车的积极分子,带着一位风琴艺人,到首相厄伊尔(Uyl)的居所外为孩子们呼吁一个更安全的街道环境。厄伊尔竟然走出房子倾听我们的诉求。""停止谋杀儿童"组织后来得到了荷兰政府的补助,建立了自己的总部并且继续为规划更安全的城市街道出谋划策。

为了消除儿童在街道嬉戏与汽车行驶之间的空间矛盾,规划学专家德·波尔设计了一种被称之为乌勒夫(荷兰语为 woonerf,意即像丛林中的园地)的庭院式街道。在这种新型的友善街道中,驾驶员感觉像是在"花园"中行驶,在这种环境中驾驶员不得不关注其他的街道使用者,此外还设计了减速路障和弯曲(bends)等设施以强制小汽车降速行驶。此后,乌勒夫这一街道设计方案以指导方针与规范的形式传遍荷兰。1976年,荷兰政府颁布了《乌勒夫交通规则》,乌勒夫街道从此得到了荷兰政府的法律认可。该规则如此调节行人与机动车交通之间的关系:

行人……仍然禁止在公路上玩耍。在乌勒夫区域内驾车的司机不得让车速超过步行速度。他们必须为可能出现的行人留有余地,包括玩耍中的儿童、未标注的物体、不规则的道路表面以及道路边线。(迈克尔·索斯沃斯等,2018)[167]

乌勒夫及此后以其基本理念为原则的共享街道在包括荷兰、德国、日本等在内的诸多国家取得了显著成功。在这一理念中,街道不再是单一的交通空间,而是供人们停留、参与社交活动的复合功能空间,特别是为促进儿童户外活动发挥着重要作用。儿童在街道上玩耍更加安全,不再需要家长的监护。一些需要更多开敞空间才能进行的游戏,自行车的使用和玩具汽车的使用也增加了,儿童在街道上可以进行的娱乐活动更加丰富多彩。乌勒夫及共享街道为儿童提供了更安全、更宽裕、更便捷的玩耍空间,并且将儿童可以玩耍的时间与家长的闲暇时间剥离开来——不需要家长陪伴,极大地提高了儿童户外活动的普遍性和时长,促进了儿童身心健康。

在"停止谋杀儿童"组织成立两年后,另一个组织"荷兰自行车第一联盟"(First Only Real Dutch Cyclists' Union)成立。这一团体组织骑行者沿着危险的路段骑行,搜集并编制骑行者遇到的问题清单,呼吁在公共场所为自行车提供更多的空间。曾参与过这一组织活动的戈德弗罗伊(Godefrooij)回忆道:"骑着自行车、带着扩音器的大批民众走上街头示威;晚上,一些人冒着危险到街道上喷画自行车专用道标志。政府认为这些自行车专用道及行为是非法的,且这些自行车专用道还将导致严重的路权冲突,于是逮捕了一些组织成员。但该组织具有勇敢的战斗精神并展现了不同的政治斗争智慧——他们不仅不惧怕被逮捕,反而认为这种逮捕行为会引发媒体的广泛报道,通过这种较为极端的方式能够向社会表达该组织的想法,并由此引起议会政客们的关注。正如该组织预期的那样，通过媒体对这些事件的宣传报道，一些国会议员们了解了该组织的利益诉求，并视为一种重要的民意表达。在20世纪70年代，一些政客也公开表达了对城市街道设计中更多关注小汽车交通的质疑。

"停止谋杀儿童"组织和"荷兰自行车第一联盟"在为儿童和骑行者争取街道空间的同时，也得到了一些社会力量的支持。荷兰地形平坦、气候温和、人口稠密，这意味着大多数出行行程较短且相对容易完成，人们并不需要太担心骑行去上班会出汗的不适，因此荷兰人具有骑行的悠久传统。即便在社会对交通机动化有更多期待的时期，荷兰也并没有像有些国家城市一样出现自行车交通被彻底边缘化的情况。政府官员对交通事故死亡率也甚为关注，并且社会民众也较早觉察到机动车尾气造成的空气污染问题。

1973年，荷兰等国家因支持以色列而遭到沙特阿拉伯和其他阿拉伯石油输出国的禁运进而陷入石油危机。荷兰首相厄伊尔（Uyl）在电视节目中呼吁荷兰人选择一种新的生活方式，认真对待节能问题。政府宣布了一系列周日无汽车活动：当孩子们在没有汽车的高速公路上玩耍时，周末的街道竟然变得异常安静，人们突然想起了汽车统治街道之前的生活。荷兰的政治家们也认识到了骑行的好处，并改变了交通政策，小汽车也不再被认为是未来的交通模式。

在整个80年代，荷兰的大城小镇都着手规划自行车友好型城市街道。起初，荷兰人并没有什么更深远的谋划，只是为了简单地让骑行者可以骑着自行车安全便捷地上街。海牙和蒂尔堡（Tilburg）是最先设计贯通全城但不成体系的特殊自行车路线的城市，自行车道被涂上醒目的红色。虽然这种路线有助于骑行者连续骑行，但单一的自行车线路并没有导致骑行的全面增长。此后，德尔福特建设了完整的自行车道网络体系。这一网络体系鼓励了更多的民众骑行出行，并引发其他城市的纷纷仿效。

目前，荷兰对其22 000 mile长的自行车道无比自豪。全国所有的旅行中有超过1/4是骑行，其中阿姆斯特丹为38%。荷兰所有的主要城市都指定了自行车公务员（bicycle civil servants），其主要任务是维护和改善自行车道路网络。随着电动自行车的发展，荷兰的骑行人数仍然在持续增长。荷兰自行车第一联盟已经发展成为拥有34 000名付费会员的组织，并拥有非常好的社会声誉。该组织发言人维姆·伯特（Wim Bot）说："虽然我们取得了很多成就，但也面临许多新的挑战。很多自行车道需要重建，因为不能满足这么多骑行者的需求，自行车停放也是个问题。我们正在考虑为骑行者和行人争取更多的空间。城市需要全新的基础设施，不应该简单地适应这么多小汽车交通。"该组织成员戈德弗罗伊说："这场战争仍在继续，城市规划者给小汽车优先权的倾向仍然很执着。这也容易理解：多规划一条自行车道，也就意味着在这个项目上多花一分钱。我们已经走了这么久，我们是不会放松警惕的。"但可以预期的是，在荷兰的诸多城市中已经形成一种自我强化——当骑行的人越来越多的时候，民选的市政当局会进一步改善骑行环境，并形成一种尊重骑行者的交通文化，这又将进一步吸引骑行者人次的增加。

在街道规划设计中，荷兰大力践行了一种独具特色的生活庭院（Woonerf）③街道方案。生活庭院街道始于20世纪70年代，是二战后反对以机动车为中心的街道设计理念的结果，至今在荷兰、德国、英格兰和威尔士等国家或地区广为流行。顾名思义，对生活庭院街道的居民而言，住宅前面的这一公共空间是一个玩耍、社交和参与社区活动的地方。与美国等国家发起的完整街道运动相比，生活庭院街道在对机动车的态度上走得更远。完整街道运动旨在为行人和骑行者建设不受机动车干扰的更安全和更具连续性的交通环境；但在生活庭院街道中，行人和机动车的空间分界模糊不清甚至是不存在的——传统的人行道边界、路缘和自行车道都不见了，行人和骑行者与机动车拥有同样的道路使用权限。其中，机动车限速为步行速度（大概 4 mile／h），街道没有采用减速路脊，而是通过弯曲的街道形态和公共设施（如运动场设施）对机动车时速进行限制。据统计，在荷兰有超过 6 000 条街道应用了生活庭院街道设计（Canin Associates，2014）。生活庭院街道之所以能够取得成功，除了将街道定义为社区建筑这一原则之外，还在于其极大地促进了街道安全：在荷兰采用了这一理念的街道，交通事故率下降了40%以上。在这些国家的城市中，尽管生活庭院街道主要应用于居住区，但在人口密集、具有混合用途的街道中也多有应用。

4.2.4 纽约：街道重生之路

当世界其他一些国家的城市正在纷纷效仿纽约在城市内部建设高速公路时，纽约市民和政府却开始了对街道现代化改造的全面反思与清算。珍妮特·萨迪-汗（Janette Sadik-Khan）自2007年始担任纽约市交通局局长达6年之久。在其所著《抢街：大城市的重生之路》一书中，萨迪-汉叙述了纽约市交通局如何领导街道空间权益重新配置的历程，该书对理解美国城市街道改造的权力结构具有重要的启示意义。其变革之路就是纠正摩西时代的做法，为行人、自行车、公交车和绿地提供街道空间。

2007年，在纽约市市长迈克尔·布隆伯格（Michael Bloomberg）的面试中，珍妮特·萨迪-汗阐述了其对纽约市交通管理的观点，实则也是表达了自己的价值取向："改善纽约令人啼笑皆非的公交系统，希望骑行在并不友善的街道上变成一种真正的、安全的交通选择，希望对在高峰时间开进曼哈顿岛的车辆增收通行费……"（珍妮特·萨迪-汗等，2018）经过两次面试，布隆伯格聘任萨迪-汗为纽约市交通局局长。布隆伯格市长在2007年宣布，要将纽约建设成为全世界最宜居和可持续的城市,并发布了蓝皮书《纽约规划:一个更绿色、更伟大的纽约》(*PlaNYC: A Greener, Greater New York*)(Zavestoski et al.,2015)⁵⁴。据萨迪-汗透露,她能够被市长聘任的主要原因是她的主要设想当时已经被纳入由副市长丹·多克托罗夫(Dan Doctoroff)负责的这一蓝皮书之中。该计划是一项包括街道重建在内的可持续性蓝图,旨在实现减少污染、最小化机动车交通和提供公共交通等目标的同时,致力于提高纽约市住宅区与商业活动品质。

"纽约计划"的形成,并非因为市政府官员的独断专行,而是得益于交通替代(transportation alternative)等社会运动及一些社会精英的推动。交通替代组织从20世纪70年代就领导着纽约城"为步行和骑行运动"(The Movement for Biking and Walking),声称从摩西的遗产中为纽约新建了超过1 000 mile的自行车道和70余个街道广场。该组织在其官网的宣言是:"街道是为人民!"(Streets Are for People),其组织使命是"将纽约的街道从机动车手中拿回来,并为纽约人建立更好的骑行、步行和公共交通环境"。他们呼吁:"纽约的街道和人行道占到纽约公共空间的80%,但纽约人却生活在小汽车和卡车所造成的污染、拥堵和危险之中,公共空间属于纽约人民,我们将同每一个区的纽约人一起拿回街道。马上行动吧!"④

在萨迪-汗看来,联邦政府颁发的《统一交通监控设施手册》(*Manual on Uniform Traffic Control Device*)和《公路与街道几何设计策略》(*A Policy on Geometric Design of Highways and Streets*)是新政的巨大障碍——这些出版了几十年的摩西时代的手册,将城市街道设计得更像公路。萨迪-汗认为,尽管美国许多城市对街道改造进行了诸多大胆而富有成效的实践,但这些设计手册仍然束缚了交通工程师的创新,因为工程师害怕承担未经尝试的道路设计方案失败的责任。在实施"纽约计划"中,萨迪-汗组建了与自己有共同理念的工作团队,包括向交通局提出过批评意见的人士和私营企业工作人员,其中还有一位享誉业界的丹麦建筑师扬·盖尔(Jan Gehl)——他长期致力于建设受市民欢迎的城市公共空间。还有一些持新城市主义理念的规划师和社会团体为萨迪-汗的团队提供了知识方面的支持,其中一些人后来也被直接纳入萨迪-汗的团队中。2010年,由新城市主义和交通工程师机构代表大会编写的《步行城市设计:基于背景的方案》和此后由国家城市交通官员协会编写的《城市街道设计指南》(*The Urban Street Design Guide*)突出了为行人和骑行者设计街道的理念,并为美国诸多城市实施街道创新提供了指导(珍妮特·萨迪-汗等,2018)²⁹。

作为民选政府,纽约政府关于街道重建的决策不得不慎重考虑选民的意愿⑤。如果项目失败或者造成不利的选民投票情况将会给市长带来政治风险。任何对选民知情权缺少尊重的做法,都会成为政治对手攻击的理由。有别于此前简单同意或拒绝市民的请求,交通局会认真回答市民寄给交通局信件中的问题,并进一步询问问题的所在。为了更好地与市民沟通,寻求理解和支持,交通局成立了专门的工作室——交通局研究院(DOT Academy),负责向政府官员、社区领导和工作人员界定问题和展示交通局的解决方案。为了鼓励持有温和观点的民众参与到决策中来,萨迪-汗改变了规划会议的形式并控制会议规模,将参会者安排在10人甚至更少的小组中,以便于每位与会者充分发表自己的观点。每个小组会议由交通局官员主持,通过小组讨论形式,给每一个参会人员提供详细阐述其观点的机会并记录在案。与此同时,交通局召集设计与施工部门、公园管理方、建筑部门、规划和环保部门,以及其他所有的开发项目相关人共同商讨制定纽约的街道设计指南。在具体的项目实施之前,交通局还需要与持反对态度的媒体进行"战斗",向普通纽约市民,特别是在项目区域附近生活和工作的人披露各项细则,以免民众受到持有异议的媒体的影响。此外,市政府还举行一系列听证会,征求社区委员会和房产业主的同意,以寻求支持。

  与街道的拓宽改造不同,纽约市政府的街道改造方案并不涉及建筑的拆迁,而只是为行人和骑行者提供更多的街道空间,这种重建计划因为能够增强公共空间活力、创造更多的商业机会而往往能够得到项目所在区域居民的支持。一些社会团体和社区领袖也被纳入街道改造后的日常管理中来。例如,市政当局将道路上的停车区改造为袖珍广场后,促进了当地的商业发展;从中获益的当地商业促进部门也愿意承担相应的责任,如为广场的维护提供赞助,负责派人清洁打扫,每晚营业之后收拾桌椅等。

  显然,萨迪-汗的街道重建计划并不可能得到所有市民和社会团体的支持,围绕街道空间的社会冲突也从未停止过。其中,关于建设自行车道引发了较多的争议。在纽约,骑行者比例相对较小,且一些机动车甚至是行人也对骑行者心怀不满。早在20世纪80年代,时任纽约市市长的艾德·柯克曾兴建了有隔离带的自行车道,但随后便在纽约人的反对声中将其拆除。萨迪-汗在展望公园西路(Prospect Park West)新设的自行车道就受到了街道附近一些住户的反对,这些反对人士走上街头进行抗议。但是,因为展望公园西街改造项目将会为更多的通勤者提供服务且能够增强街道使用的安全性,从而得到了更多选民的支持。随后,人数更多的萨迪-汗的支持者蜂拥而至,反对此次抗议集会,并从气势上对抗议者形成优势。此后,一些反对者在媒体批评市政府新设自行车道的计划,甚至向法院提起诉讼。

  在作为交通主管部门的领导者萨迪-汗看来,当公共政策面对各种非议时,城市改造不能依靠市场或共识,纽约街道改造计划不能等待说服纽约市的每一个人,也没有精力去反驳每一份报纸的批判。萨迪-汗的言外之意是,尽管她反对摩西的街道改造计划,但她却认为摩西那样的权威在一定程度上是实现雅各布斯构想的必须手段——政府应当合理利用自身的公权力,在取得多数选民广泛支持的情况下尽快实施街道重建。萨迪-汗认为,一旦街道重建结束,其带来的效果便能够帮助人们接受这种变化。为了尽快推行其自行车道计划,萨迪-汗的团队积极寻求消防部门、警察部门、环卫局和当地社区委员会等机构的支持。萨迪-汗谈到了相关部门负责人的偏好对于"纽约计划"实施的重要性:消防局局长的主要助手和环卫局局长都是骑行爱好者,这有助于达成共识。

为了顺利实施该项目,萨迪-汗的团队并没有照搬哥本哈根等城市的经验,如建设专门的自行车道并做抬高设计,而是采用了成本较低的道路改造方式——用油漆画出自行车道,用水泥修建安全岛。正是因为机动车道与非机动车道之间安全岛的建设,该项目才得到了当地社区委员会的支持,因为这种设计会减少老年人暴露于车流之中的风险。纽约的街道改造计划得到了联邦政府基金,特别是可用于帮助建造自行车道的交通清洁空气基金的资助。其资助额占到了纽约自行车道建设支出的80%。当展望公园西路的一条机动车道被改为非机动车道之后,街道使用模式发生了巨大的变化——在工作日,骑行人数增加到原来的三倍,超速驾驶比例从75%左右下降到17%以下;伤亡事故的数量比上一年减少了63%。特别值得指出的是,机动车车流量和行驶时间几乎和改造之前一样(南向行驶车流还快了5 s)(杰夫·斯佩克,2016)[127]。不出萨迪-汗所料,随着一些项目的实施,一些此前持反对态度的居民从为自行车布设的街道设施中获益,转而支持在城市里铺设自行车道。支持人数比例每年都有所上升,2011年纽约市民的支持率达到了59%(杰夫·斯佩克,2016)[128],当然部分反对者依然厌恶自行车道和骑行者。

面对社会组织和广大市民减少机动车交通依赖的呼吁,纽约政府层面给出了积极的回应。在纽约城发布的《一个纽约,2050:建设一个强大而公平的城市》(*OneNYC 2050: Building a strong and fair city*)中,制定了"保证纽约城的街道安全、可进入"的目标(Blasio,2020),并在以下几个方面提出具体举措:实施零交通事故(Vision Zero)行动计划(Blasio,2020),将危险的主干道改造为零交通事故大街;扩展和增强自行车交通网络的连通性;增强可步行性和可达性。零交通事故行动计划,是美国纽约于2014年发起的一项交通安全项目,旨在减少交通事故导致的死亡和严重伤害。零交通事故行动建立在两个主要原则之上:交通事故是可以预防的;街道上不存在可以接受的交通事故死亡或严重伤害水平。该项目结合了教育、强制(enforcement)和工程等方面的措施。其中,在工程方面包括扩展自行车道、设置步行优先区域。此外,纽约还将确保街道景观对于所有纽约人都是可接近的,包括行动不便者(mobility disabilities)。纽约的举措,不仅在于提供更公平的街道公共空间和公共交通,还希望能够通过倡导这些可持续的交通方式来减少污染气体的排放,并将城市交通从机动车的拥堵中解救出来。

4.2.5 全球行动：促进公平和可持续的街道空间生产

围绕街道改造空间权益的政治斗争及合法性论争，在一个世纪之前机动车开始大量出现在城市街头的美国就已经相当激烈了。1920年，密尔沃基的一位教师巴克利反对机动车在城市街道上的主导地位，并认为这将让城市中的儿童和行人付出代价。巴克利反问道："街道难道只是为了商业和交通的享乐？"（Zavestoski et al.，2015）[20] 这一观点虽然与此后的新城市主义，及以2016年第三届联合国住房和城市可持续发展会议通过的《新城市议程》所代表的国际城市规划主流观点颇为相似，但在当时，这一观点很快被淹没在越来越多的市民对机动车所代表的现代化生活的狂热追求中。此后，雅各布斯等人以近乎相同的理由呼吁重塑街道物质形态和使用规则，但对现代主义规划理念在世界各地的影响也是非常有限的。

真正促使公平和可持续的街道空间生产成为一项全球行动，还有赖于越来越多的人开始反思依赖机动车交通模式所导致的更为严重的拥堵以及对化石能源无节制消耗所加剧的环境问题。一方面，面对私家车的逐渐普及而导致的拥堵，城市政府选择了不断拓宽街道以疏导交通，但却因为降低了开车的时间成本、增加了步行和骑行的时间成本及出行风险，进而激励了更多的城市居民选择驱车出行。城市交通拥堵现象往往会更加严重，至少机动车的速度优势并未如预期般实现，日益增长的机动车停放也成为困扰城市政府和居民的大问题。这促使人们认识到，一味迎合私家车交通的街道拓宽改造反而会降低交通效率，现代主义规划将街道改造为"交通机器"的理念并不能兑现对速度的承诺。另一方面，全球气候变暖和空气污染等环境危机也促使更多的人反思依赖化石能源的机动车交通模式，进而倡导对环境负面影响更小的可持续交通模式。当各种社会力量汇聚在一起时，催生了影响全球的促进公平和可持续的街道空间生产社会运动。

交通替代（Transportation Alternative）组织。交通替代组织成立于1973年，是纽约骑行和步行运动的领导者。交通替代运动致力于重新定义摩西为汽车而建的街道遗产，通过改善基础设施、降低机动车速度和减少交通事故等举措，为所有人创造更好的骑行、步行和公共交通环境。在该运动组织的努力促进下，纽约建立了超过1 000 mile的自行车道，并建设了70余个公共街道广场。该运动创建了公共自行车共享系统、受保护的自行车道、自动测速安全摄像系统等，这些在纽约乃至全美国都是首创。交通替代运动是一个开放的社会组织，具有10万名活跃的支持者，并在每一个地方自治市镇都有一个由积极分子组成的委员会。该运动的官方网站提出了呼吁民众加入的宣言：从每年25美元开始，你的交通替代会员资格将会让纽约变成一个更适合步行、骑行和生活的都市。为了吸引民众参与，具有交通替代组织会员资格的个人还可以在当地超过100家商店享受折扣和参与各种活动的优待。

完整街道（Complete Streets）运动。完整街道运动由美国国家完整街道联盟于2004年发起，旨在推动完整街道政策和专业实践的发展。美国自行车组织（America Bikes）成员麦肯（McCann）于2003年首次使用完整街道一词，希望在交通规划中能够考虑自行车的需求。随着美国规划协会（The American Planning Association）、美国公共交通协会（American Public Transportation Association）、美国景观建筑师协会（American Society of Landscape Architects）、美国心脏协会（American Heart Association）等组织的陆续加入，完整街道也不仅限于为骑行者争取权益。按照美国精明增长联盟（Smart Growth America）官方网站的定义，完整街道就是每一个人的街道（Smart Growth America，2019）——街道的设计和运行应当为不同年龄、不同能力和不同出行方式的每一个人提供安全、舒适和便捷的出行环境。完整街道让横穿马路、步行购物和骑行上班更为容易，让公交车运营更准时，让通行于火车站之间的人们更安全。按照美国全国完整街道同盟的观点，完整街道并不存在单一的设计方案，每一个完整街道都应是响应其社区背景且独一无二的，但一条完整街道应必须包括路边人行道、自行车道（或者宽路肩）。完整街道运动伊始，就受到《纽约时报》(*The New York Times*)、《今日美国》(*USA Today*)和《时代周刊》(*Time Magazine*)等媒体的广泛关注，并对完整街道运动的推广产生了积极意义。据统计，在美国已有包括地方、区域和州级单位在内的1 325个机构采纳了完整街道政策。

交通和发展政策研究所（Institute for Transportation & Development Policy，ITDP）。交通和发展政策研究所是一个非营利性国际组织，成立于1985年，目前在巴西、中国、印度、印度尼西亚、肯尼亚、墨西哥和美国等国家设立了办公室，为不同国家设计和制定高质量交通体系和政策，致力于减少碳排放、促进社会包容和提升城市居民生活品质，建设宜居、公平和可持续的城市。交通和发展政策研究所认为，中国的城市道路和交通仍然以机动车为目标导向，这种理念将面临以下挑战：街道的规划和设计忽视了行人、自行车和公交车的需求；让机动车在斑马线礼让行人的法律非强制性；停车位的短缺导致街巷过量停车；新建的超级街区门禁社区对街道里面造成的不可渗透性（impermeable）和街道活力的丧失；机动车的高速增长导致的交通拥堵；宜居性和空气污染方面造成的负面影响正在加剧，而这一切让依赖公交车、自行车和步行的低收入群体不成比例地承担了机动车造成的负面效应（ITDP，2019）。交通和发展政策研究所在中国的一些城市为可持续的交通和街道设计提供了技术帮助，包括快速公交系统（BRT）、绿道（greenways）、共享自行车、骑行和步行设施、完整街道、停车等方面的设计工作。

需要特别指出的是，在此类社会组织不断促进街道的公平和可持续性的同时，一些城市政府也在其中发挥了重要的作用。但与这些社会组织不同的是：一些城市政府并不只是出于对社会公平正义和生态环境方面的考虑，还抱有提升城市竞争力和创新能力的目的。一些学者对城市骑行环境与城市竞争力关系的研究对美国一些城市政府产生了重要影响。理查德·弗罗里达（Richard Florida）曾将骑行作为创意阶层（creative class）的象征，并认为骑行通勤的城市拥有更富裕和更高教育水平的居民，工人阶级出身的居民更少（Zavestoski et al., 2015）[139]。基于这一研究发现，一些此前还只是将建设骑行设施作为创建环境友好型生活方式之手段的美国城市政府，现在则将这一举措作为吸引接受过良好教育的年轻人的重要举措。豪夫曼（Hoffmann）对明尼阿波利斯进行了研究，认为市政府正是为了吸引创意劳动力在此定居，才制定了建设宜居城市的战略，其中的一个可持续项目就是将明尼阿波利斯建设成为骑行的顶级城市。在这一过程中，明尼阿波利斯市长雷巴克是这一目标的最有力支持者。雷巴克在解释为何实施这一项目时，对其功利目的毫不避讳："我们特有的公共自行车文化是吸引有才华的人到这里的巨大资产。这不仅在于自行车领域本身，还包括广告、财政服务、艺术和政治等方方面面……我认识到，出现了交通拥堵，全球正在变暖，油价上升，这些都补充说明了这样一个事实：我们正在重建更多以步行和骑行为目标导向的美国城市。"（Zavestoski et al., 2015）[140-141]

将以机动车为主导的街道改造为更适宜骑行的街道，有其促进空间正义方面的含义。但如果城市政府规划设计更适宜骑行的街道只是为了吸引具有创新性的人才，那么考虑到不同阶层居住空间分异的事实，城市政府在建设适宜骑行街道的空间选择上以及在相应的公共资源配置上便很容易走向社会公平正义的反面。豪夫曼通过对明尼阿波利斯的研究证实了这一点："由于明尼阿波利斯糟糕的系统性财政困境和低骑行比例，这里的居民被认为还没有为自行车共享项目做好准备……为了纯粹的经济利益考虑，自行车被放置在已经有大量自行车设施的地方。我们再一次看到创意阶层的特权在运行，穷人和工人被隔离开来而不能与自行车设施接近。"（Zavestoski et al., 2015）[150]在街道自行车设施配备上，明尼阿波利斯市政当局宁愿锦上添花也不雪中送炭的价值取向是不公平的。

4.3 中国街道改造实践

中国拥有数量庞大的城镇，若对其街道改造实践进行详细的考察绝非易事。不仅如此，即便在同一个城市中，街道改造实践背后的权力及运作也表现出一定的差异性。但亦不可否认的是，影响中国不同城市街道改造的社会权力结构表现出更多的共性。通过对若干城市的考察，可以发现以下方面的基本共同特征：地方城市政府在街道改造中发挥着主导性的作用，并通过有选择性地抽取专业人士所建构的知识和有选择性地宣传一些市民的意见以证明其街道改造的正当性；专业人士通过声称其所建构知识的科学性和中立性在街道改造实践中发挥着一定的作用，但其知识能否应用于实践，还需要经过城市政府作为知识购买者的选择、过滤或改造；普通民众因自身利益不同从而对政府主导的街道改造观点各异，但通常并不能左右街道改造的价值取向；而中央政府则只是对地方城市政府街道改造中的某些行为保持着有限的干预。

4.3.1 城市政府的主导权

城市基础设施建设是城市政府的主要工作职责。尽管千千万万的城市居民是城市街道的日常使用者，但地方城市政府却是街道这一公共产品的直接"购买者"。在城市街道改造中，城市主管领导，主要是市长的意见，通常对于街道改造的价值取向具有决定性作用。

长期以来，将旧街道拓宽改造为以机动车为主导的宽马路似乎已经成为一种潮流和时尚。城市政府对于宽马路的普遍冲动，并非仅仅是因为主管领导对此具有共同的个人偏好，还有更深层次的促进城市经济增长的政绩考虑。实际上，构建以机动车为主导的城市道路体系，并辅之以相应的使用规则，是城市政府主导的城市蔓延发展战略在街道层面的实施。以小汽车为主导的街道改造，就是"鼓励本质上造成浪费和损害的土地开发方式"（杰夫·斯佩克，2016）[39]。以快速路和主干道为主体的城市道路体系能够让居住在城市外围社区的居民便捷地驶入中心城区，从而促进了城市建成区的蔓延；而城市向郊区的扩展对于扩大城市经济总量、提升郊区土地一级市场价值和增强土地财政都具有重要意义，特别是对于处于快速城市化进程中的城市而言其短期效益更为显著。在公共财政投资兴建的快速交通体系以及大型化、郊区化的公共服务设施引领下，我国不少城市中心城区步行和骑行的安全性、便捷性和连续性被不断削弱，越来越多的机动车出行逐渐替代了步行和骑行。

学界最新的研究成果和西方发达国家的经验教训并未改变我国很多城市政府追求宽马路的普遍冲动。近几十年来，城市规划领域诸多学者不断对现代主义街道改造理念进行批判，其提出的"可持续的城市""精明增长""紧凑型城市"等理念在西欧、北欧以及美国、日本等地区和国家作为公共政策被不断实践，以改变此前过度依赖小汽车交通所造成的各种问题，并以此作为应对社会老龄化、保护耕地和生态环境、缓解城市政府财政压力、延续历史城区肌理与特色等现实议题的手段。在实践这些新理念的城市，老城区既是重要的历史遗产，也被视为城市经济社会发展的引擎，从而得到更为严格的保护。为了解决历史城区与现代交通之间的矛盾，这些城市政府通常并不会通过拆除重建的方式改变其街道形态，而是通过不断调整街道的使用方式在增强中心城区发展活力的同时缓解交通拥堵问题，如抑制机动车向城市中心区集中、采用整体性的单行道交通组织模式、提高公共交通的便利性和经济性、提高对步行者及自行车交通的吸引力等政策。其主要目的就是要将老城区建设成为"以步行者为中心的、安全而富于吸引力的公共空间和居住、商业、娱乐、业务等功能复合的空间"（海道清信，2011）[49]。它山之石可以攻玉，但这些思潮和实践经验似乎并没有引起我国城市街道改造主管部门领导和市长们的普遍关注和广泛借鉴。

在很多城市政府主管城建的领导看来，通过拓宽街道以缓解城市交通问题能够取得立竿见影之成效，并且对增加 GDP 卓有贡献——通过打造贯通全城的快速交通纵横网络实现城市的蔓延以获得更多土地财政，并通过基建投资和汽车相关产品和服务的消费促进经济发展。2017 年 2 月 13 日，中部 L 市 Y 区区委书记调研了该区解放东路城市道路拓宽改造工程。该街道是《L 市科学发展规划（2010—2020）》中城市道路"六横七纵"的"六横"之一，按照规划要将之改造为城区东西的交通走廊。在随后的解放东路拓宽改造工程协调会上，该区委书记说明了在政府视角中拓宽改造解放东路的意义：

解放东路拓宽改造工程的成功实施，对拉大城市框架、疏散城市人口、解决交通拥堵、缓解交通压力、提升城市整体形象等有着积极的意义，将会极大促进全区和全市经济社会的快速发展。（李森，2017）

在这一思路指引下，诸多城市政府将交通作为城市发展的决定性因素，并将改变街道形态和使用规则作为解决城市发展问题的主要手段。在太原府城历史城区的街道改造中，城市政府解决中心城区交通拥堵的主要办法就是拓宽道路，即将传统的商业街改造成现代化的主干道。为了减少对机动车行驶的干扰，市政府拓宽了机动车道，减少了横穿主干道的交叉路口，并对机动车沿主干道左转施以限制等，这些设计并不会活跃街道公共生活和提升社区生活质量，而只是为了提高主干道上行驶的机动车的车速、增加机动车通行量。由于缺少对历史街区价值的全面评估，未能辩证地考虑到拓宽机动车道会刺激更多的机动车消费，还忽略了交通管理制度作为替代方案的可能，这一改造方案不仅对中心城市肌理造成严重伤害，而且还难以从根本上解决交通拥堵问题。中心城区主干道的非人性化体验以及现代主义"交通机器"的缺陷，必将刺激更多的机动车消费，并导致更为严重的交通拥堵。

为了让民众接受这一改造理念，一些城市政府用功利主义的正义观对其政策的正当性进行了阐述——即声称街道的改造及拆迁将促进城市的整体繁荣和社会的快速发展，使得城市大多数居民能够获得最大的收益。城市政府通过掌控的话语权对街道拓宽改造进行了功利主义正义观的表达——被拆迁的街道之上悬挂着诸如"做好道路拓宽改造工作，提升城市形象""拆迁修路舍小家，路通业兴福万家"等标语，并通过电视台、报纸和网络媒体宣传市民对街道拓宽改造的赞誉，进一步塑造了街道拓宽改造的"正当性"。在太原府城历史城区的几条街道从传统历史街道转变为城市主干道的过程中,城市政府完全主导着所有街道改造环节——方案的设计、施工建设以及运营管理等,当地民众和社会团体则少有参与。

毋庸置疑,以机动车为主导的街道拓宽改造方案,实际上只是服务于部分人的街道改造模式。城市政府并没有分别对不同群体,特别是老年人、残障者、低收入者等社会弱势群体和偏好于步行和骑行的群体,就他们将通过街道改造获得何种权益及获益情况进行分类说明。政府强调,城市街道拓宽改造是为了城市发展,但实际上这种发展更多是为了城市空间的蔓延和经济规模的扩张,在其发展中也并未将交通事故、对行人和骑行者出行成本的增加、街道活力的丧失、噪声和汽车尾气排放等诸多方面的成本包括在内。城市政府进行街道拓宽改造所依赖的功利主义逻辑存在重大缺陷。

更遗憾的是,国内外城市街道改造的经验一再证明:为机动车而拓宽改造街道并不会从根本上解决交通拥堵问题,反而会刺激更多的居民使用机动车出行进而导致更严重的拥堵。有研究还发现:过多、过宽的机动车道会让司机陷入一种马路竞赛式的驾驶状态,因为无论行驶在哪个车道上的驾驶员,都会觉得在另一个车道上可以行驶得更快(杰夫·斯佩克,2016)[108],这反而增加了机动车驾驶员之间的无序竞争,进而导致机动车交通效率低下。因此,增加车道数量和车道宽度并不意味着机动车通行效率的提高。基于以上考虑,很多国家城市进行了"街道瘦身"计划⑥,其主要做法是将标准的四车道改为三车道,每个方向上各留一条车道,中间的车道用来左转。"街道瘦身"计划实施后,不仅可以提高交通容量,还可以将节约的道路用地用于布设人行道、绿化带和停车带。因此,即便在交通效率这一狭小的领域内,城市政府功利主义的正义观也没有可靠的依据。

宽马路不仅被一些城市政府过度地简化为交通空间,还被错误地包装为现代化的象征。在诸多城市的官方宣传片中、在官方的地方志彩图中、在政府官员的工作报告中,双向八车道、十车道的宽马路和令人眼花缭乱的立交桥无不被视为现代化的象征。在一篇歌颂市长街道拓宽改造功绩的网络文章中说道:

如果我们现在在太原中环路上绕一圈,再在建设路长风街南内环学府街等快速路高架线上跑一趟,怎么也难相信太原真的有了北上广深的现代味儿。(搜狐网,2018a)

实地调研中,相当数量的民众表达了拓宽马路就是城市发展的认知。我们相信这可能是被访者的真实感受。即便有人在街道改造的过程中权益受损,可谁又愿意对太原向更发达的北上广深看齐的美好前景进行反驳呢?通过对世界不同国家街道改造的历史进行比较不难发现,以机动车为主导的街道形态和使用规则并非不可避免的历史进程,更未在现代化国家中普遍出现。被视为进步象征的快速路和高架桥,不过是造成一种排他性的交通空间——按照绝大多数城市的相关规定，这些设施往往只为私家车服务，行人、非机动车以及相当数量的公交车不仅无权使用，还对他们日常出行造成了一系列的负面影响。

在街道改造中权力的不平衡还突出表现在信息的不对称方面。大多数普通民众往往不能理解公示方案中的一些专业术语和技术数据。而且在这些方案中，政府往往还有意或无意地将现实中复杂的城市街道方案有选择地简化为理想形式的简图和数字。例如，在太原市的一些街道改造公示方案中，往往只有一个横断面示意图，并在其上标明机动车道、非机动车道和人行道等设计标准。但在具体的施工过程中，由于各种原因，并不能够在被改造街道的所有路段完全满足横断面示意图的要求。其实，有些情况是完全能够在施工前便预料到的。在此情况下，政府会按照规划方案优先保障机动车的车道数和宽度，而非机动车道和人行道的尺寸便不能达到设计要求。而所有这些，市民在街道改造完成之前是无从知晓的。

当拓宽改造街道为机动车长距离出行提供更便捷条件成为城市空间蔓延战略的一部分，城市政府便缺少全面改善行人和骑行者出行条件的动力。即便是一些城市政府考虑到行人和骑行者需求，并在某些路段做出了一定的调整，但也往往缺少全面推广的动力。对角线人行横道将行人安全性和便捷性置于优先地位，避免了机动车对行人的干扰。2018年8月，各大媒体纷纷报道北京设置了第一个全向交叉路口。该路口设于北京市石景山区鲁谷西街与政达路交叉路口，在全向交叉路口设有"行人专属通行时间"，在此时间内人行信号灯均为绿灯，所有车辆均需停车等候，行人则可任意斜穿路口通过，从而减少了二次过街等候时间（搜狐网，2018b）。在回答记者提问时，石景山交通支队交通科负责人表达了对全向交叉路口的欢迎，认为此举不仅有益于交通安全，而且减轻了交警的工作负担。但在关于全向交叉路口的应用前景上，该官员的回答却耐人寻味：

> 全向十字路口会设置在车流量相对较少的地方，对角线斑马线的设置会缩短行人的通行时间，快速稀释同一时间段的人流量，不会造成路口更加拥堵……全向十字路口的设置需要经过前期大量的调研和考证，目前相关部门正在试行摸索阶段，后续要根据这一路口的运行情况适时考虑在全市符合条件的位置增设推广。（张香梅，2018）

从该官员的回答中可以发现：（1）是否将这一行人过街方式更多地推广尚有待观察；（2）将机动车相对较少作为设置全向交叉路口的前置条件，也就意味着全向交叉路口的设置不能给机动车交通造成较大影响。但实际上全向交叉路口技术已经在日本等国家的一些城市应用多年，其运行情况已经有较为丰富的实践经验；而且从国际通行经验来看，全向交叉路口主要考虑人流量较多的交叉路口，一般不会将机动车流量作为前置条件。尽管一些学者认为全向交叉路口仍然破坏了行人的节奏，但也承认这种过街方式在行人拥挤的地方确实有一定合理性（杰夫·斯佩克，2016）[121]。

4.3.2 专业人士的话语权

城市政府并不会直接限制城市规划相关专业人士的知识建构，但却会有选择地选取专业人士所建构的知识用于街道改造实践。因而，工程师和规划师建构的街道规划设计知识为街道改造实践提供了技术支撑，城市政府对知识的购买也会反过来影响街道改造知识的建构。当然，规划师和工程师对街道改造知识的建构并非一个随心所欲的创造过程，他们生活在特定的时代和特定的城市中，其知识的建构往往带有深刻的历史地理背景，已有的街道设计标准及相关利益团体也会对其产生重要影响。面对影响知识建构的诸多因素，工程师和规划师们声称，其建构的街道改造知识的合法性建立在摆脱了外界各种社会因素干扰的"科学"基础之上，并主要通过以下方面来为自己在街道改造知识建构中的权威进行辩护：

第一，声称自身因具有专业教育背景而具备合法性。在现代学科分工体系下，城市物质形态规划设计被从城市这一复杂的综合体中分离出来，城市街道规划设计又进一步被从城市物质形态规划设计中分离出来，作为工程师的专业研究领域。尽管街道改造知识的建构并非属于一个工程师专属的、完全封闭的领域，如雅各布斯作为一名记者和社会活动家就对街道改造知识建构产生了深远影响，但综观国内外城市街道改造相关知识的建构，工程学和建筑学等学科专业人士一直是建构的主体。

当前中国城市规划专业的发展就与建筑学具有深远渊源，城市街道改造的知识也主要是由道路建筑师和工程师所构建的。"受过专业训练人士的判断力更优"的观点由来已久，柏拉图在《理想国》一书中对此就有清晰的阐述。主导街道改造知识建构的工程师通常被政府官员和民众认为，当然也更被他们自己所认为，他们在街道改造知识的建构和评判方面具有至上的权威。那些对街道规划设计知识没有进行过系统学习和研究的学者，不会被认为具有同等的权威；而普通民众关于街道改造的知识更被视为琐碎而不科学的个人观点。即便如对街道改造影响如此之大的雅各布斯，也会被刘易斯·芒福德等专家公开取笑其非专业身份。现代主义代表人物柯布西耶在《光辉城市》中声称："城市设计太重要了，不能将它留给市民。"（彼得·霍尔，2017）[223]在柯布西耶看来，城市规划理应由专家全权负责，城市居民不需要也不应该参与其中——"和谐的城市必须首先由了解城市科学的专家们进行规划，他们制定规划而完全不承受支持者的压力和特殊利益集团的影响。一旦他们的规划得以制定，就必须不折不扣地得到执行。"（彼得·霍尔，2017）[225]在现实中，当然不乏柯布西耶式的工程师和规划师。如前文所述，亚里士多德在其《政治学》一书中对这一观点曾给予有力的反驳。按照亚里士多德的观点，如果将生活在街道上的居民视为街道的主人，那么工程师的权威又如何能够排斥街道主人评判的权利呢？又如何可以肯定工程师能够比街道的主人对街道这一产品的优劣给出更公正的判断呢？

第二，坚持所建构知识的科学性以作为合法性证据。工程师的分析方法和思维方式深刻地影响着城市街道改造。霍尔在回顾学术性城市规划史时指出："它们由于职业需要而萌发出来，经常作为诸如建筑学和工程学等相关专业的副产品而发展起来，从一开始就深深弥漫着以设计为基础的专业的风格"（彼得·霍尔，2017）[356]。很多建筑师和工程师认为，其对于街道设计的知识建立在可观察的技术实效基础之上因而具有科学知识的相关特质；而社会科学，特别是道德伦理等方面的知识因模棱两可而不能归之为科学知识。深受现代主义规划理念的影响，一些工程师进一步将技术的进步视为创建城市更美好生活唯一需要考虑的因素，甚至认为技术的进步必然会带来美好的城市生活——这也是诸多现代主义者对机动车主导的城市交通如此向往的深层次意识形态根源。如前所述，柯布西耶和吉迪恩等现代主义者甚至认为，城市中复杂的政治社会问题不仅不应该过多讨论，反而是实现现代化的阻碍。这种技术决定论，在当时已经成为一种思潮。被誉为管理学之父的弗雷德里克·泰勒在其代表作《科学管理原理》中声称：

> 人类劳动和思想的目的是实效。技术谋略在全局考虑中高于人类的判断力，事实上，不能信任人类的判断力，因其已被疏忽大意、模棱两可和无必要的复杂性腐化。主观是思路清晰的障碍……不可测量的东西既不存在又无价值……市民事务需要得到专家最好的指导和引导。（迈克尔·索斯沃斯等，2018）[98-99]

人们越来越清楚地认识到，技术的进步并不必然带来人类的幸福和解放，只关注城市物质空间形态的设计知识也并不一定会带来美好的城市生活。在街道改造层面，现代社会出现的速度更快、更舒适的机动车既不是现代化的应有之义，更不会必然取代传统的步行和骑行交通。

第三，声称其价值中立的知识建构视角具有不偏不倚的效果。工程师在坚持科学技术具有天然的合法性的同时，还声称自己建构的关于街道改造的知识是中立的、价值无涉的，因而即便不是公平正义的，至少也是不偏不倚的。空间是政治的，对街道空间和使用规则的改变与价值无涉只不过是一个虚伪的命题。一些工程师在街道规划设计时，虽然仅仅关注了街道改造的物质层面⑦，但这些必然会涉及街道权益在不同个体之间的重新配置。声称价值无涉，不过是对社会公平正义问题视而不见。不仅如此，工程师关于街道规划设计的知识不仅不是客观中立的，甚至还受到一些利益集团的左右。当街道改造知识的话语权与资本的力量相结合时，受雇于交通工程公司的研究者更倾向于得出拓宽城市街道改造的结论。诺顿（Norton）曾讲述了这样一件事：

米勒·麦克林托克（Miller McClintock）是20世纪20年代美国重要的交通专家。起初，他认为机动车在空间上效率低下，并对城市中的汽车持批评态度。1925年，斯图贝克资助成立了全国交通规划组织，并雇佣麦克林托克指导该组织进行研究工作。1927年，麦克林托克改变了他的观点，并提出："城市必须改变其物质规划以适应汽车时代的需求。"在麦克林托克看来，汽车是美国理想的表达，"这个国家是建立在自由基础之上的，机动车所带来的是美国精神不可分割的一部分——自由地移动（freedom of movement）"。（Zavestoski et al., 2015）[28]

如果说，诺顿只是揣测麦克林托克观点的转变受到其雇主利益的影响，那么斯佩克则以美国为例进一步具体指出了工程师在各种利益之中的纠结。首先，工程师要为自己受雇的企业服务，并尽可能为企业争取到项目。斯佩克对此说道："交通研究通常由交通工程公司来完成……谁会得到依据交通研究提出的道路扩建工程最大的合约呢？只要由交通工程师负责交通研究，他们必将会预测到交通工程的必要性"（杰夫·斯佩克，2016）[57]。其次，工程师为了自身利益，也往往不会和决策部门对抗，因为"州交通运输局提供了大量的规划咨询需求"。而后者更倾向于设计穿过城镇中心区的州际公路以保持交通流量。最后，工程师之间也存在直接的利益冲突。那些服务于当地政府的工程师，有义务和责任听取市长和市民们的意见，因此常常与服务于州政府的工程师因意见不一而起争执。

第四，通过行业规范的形式促进知识的制度化。在快速工业化和城市化的进程中，很多国家纷纷组织专家制定了街道规划设计的规范，以便为各地方城市政府提供指导。建立在标准化基础之上的街道改造标准，往往缺少因时、因地制宜地进行调整的弹性，在一定程度上制约了街道改造知识的创造力。迈克尔·索斯沃斯曾如此评价英美等国家的街道标准，认为这些看似绝对真理的街道标准已经失去了当初存在的合理性：

我们确信，以上这些就发生在今天的居住街道标准中。居住环境正按部就班地几乎完全遵照刻板的、从未受到质疑的标准兴建，致使其成为僵化教条的一部分，关闭了求变的大门。（迈克尔·索斯沃斯等，2018）[28]

当然，在这里批判的重点不是标准对创新的束缚，而是这种标准所造成的空间不正义后果——将为机动车提供方便的交通条件作为首要任务，而对步行、骑行等交通以及交通之外的街道公共空间功能重视不够——以及对追求空间正义造成的束缚。不容否认的是，国内一些学者也著书立说、发表文章，为步行、骑行和公共交通争取更多的街道空间，上海等城市对街道改造进行了诸多大胆而富有成效的实践，但这种呼声对城市街道改造实践的影响力是有限的，其原因之一就是受到城市道路相关规范和标准的框架性制约。工程师对街道的改造方案要跳出规范的框架束缚，不仅要说服政府官员调整依传统办事的思维定式，还要承担未经尝试的道路设计方案可能招致失败的责任，对规划师个体而言这是难以做到的。

4.3.3 普通民众的多元态度

普通民众通常会因与某街道改造的利害关系不同而具有不同的关注点和态度。对于街道拓宽改造涉及的被拆迁户而言，因住宅或商铺拆迁，这些需要货币补偿或异地安置的居民往往只关注拆迁的补偿方式和补偿额度。如果他们只是带着满意的货币补偿一走了之，便没有动机关心街道改造后对居民日常生活的影响。对于居住在街道周边但并不涉及拆迁的居民而言，他们往往难以充分估计街道改造对其日常生活的可能影响，并普遍缺少关注街道改造方案的热情。即便一些居民能够在改造之前认识到街道改造对其生活的不利影响，在城市政府的强势宣传之下也表现出一种无可奈何的态度。当问及此事，一般也多笼统地以"路宽了，出行更方便了"作答。街道改造之后，当此类个体发现街道改造的效果与其预期存在一定差异，甚至给其本人日常生活造成诸多不便的时候，大多也往往抱着事已至此的心态接受现实。对于日常驾驶机动车路过被改造街道的市民和居住在其他地方但在被改造街道附近上班的人而言，他们往往具有拓宽街道的强烈意愿，并通过一定渠道向政府讲述交通拥堵的故事，希望政府能够为小汽车出行提供更好的条件。

街道拓宽改造往往确实更有利于开机动车出行市民的利益——至少短期的利益是非常明显的。但在现有的城市权力体系中，很难具体判定偏好于驾驶机动车出行市民的呼声对城市政府决策产生了何种程度的影响，但城市政府却频频引用开车一族对拓宽街道的诉求以证明街道改造的紧迫性和正当性。诸多案例城市的街道改造方案公示中通常会将"难以承载日益增长的交通需求"作为改造的主要原因，将"缓解交通压力"作为改造的主要目的。这种交通压力和需求在现实中是客观存在的，但显然其反映的更多的是有车族的呼声。在现实中，人们更多地感受到的也是机动车交通的拥堵。笔者于2018年8月下旬至晋城市中心城区改造后的凤台街、泽州路等街道进行了调研。围绕这些街道改造的过程及方案，可以对社会权力体系在城市街道改造中的作用有更多的认识。2012年3月4日，晋城市六届人大二次会议闭幕后举行记者招待会。某记者曾采访了当时的晋城市市长。该记者先入为主，向市长提出了一个颇具导向性的问题：

随着城市化进程的加快，市区的车辆增长也非常迅猛，车难行、路难走，使我们这个中小城市也出现了严重的"城市病"。请问：市政府今年将采取怎样的措施来进一步改善市区的交通状况？（中国新闻网，2013）

该记者的提问很可能只是提前准备好的问题。正因为如此，才更值得对其所提问题进行探讨。纵观世界各个国家或地区的现代化进程，城市化是实现现代化的应有之义，实现了现代化的国家也都达到了一个高城市化水平，但城市街道上机动车数量的增长并不必然与城市化水平同步。依照该记者所表述的观点，市区车辆的迅猛增长似乎应当是城市化进程的必然结果。但综观世界不同国家的城市化水平与机动车保有量，两者并不存在固定的比例关系。因而，记者的观点显然不符合事实。此外，该记者将问题导向如何改善市区交通状况，这里特指的也是机动车交通拥堵状况，与非机动车或行人无涉。

城市政府官员往往更为重视城市经济发展的一面，如果开车的上班族以交通拥堵影响通勤而对市政府提出拓宽街道的意见，往往能够得到城市政府领导的重视。如果提出街道拓宽改造意见的是乘车的外来投资商，那么就更有影响力了。针对记者提出的问题，晋城市市长回答道：

我们晋城市的交通堵塞已经成了群众反映非常强烈的一个问题。这也出乎我的意料，按理说在我们这样一个中等城市，交通不应该这么堵塞。但是现在上下班高峰时候，堵车的确已经成了一个严重的问题。上海的几个投资商向我反映，说他们打车到政府部门办事时，在高峰期一堵就堵了很长时间。他们说在上海堵车，到了晋城市怎么还堵？我们认真研究了这个问题，提出了缓解交通拥堵的对策。一方面是在现有的道路交通条件下，进一步提高交通管理水平，交管部门目前已经拿出方案；另一个方面就是改善我们的道路条件⑧。

显而易见，市长所指的"群众"当然是指有车族。在市长的讲话中特别提到，乘小汽车的上海投资商向他反映了交通拥堵问题。在市长看来，投资商对城市的生活和发展条件不够满意，便不利于城市的招商引资，进而会影响城市经济的发展，这是一个非常严重的问题。接下来，市长提出了具体的改造方案：

我们这么大一个城市，东西、南北各只有一条主干道……这样一个城市道路主框架的格局限制了车辆通行，必然导致车辆的拥堵，所以我们今年下决心对城市街道加大投入进行改造。一是提升改造凤台街，将凤台街双向四车道改为双向八车道，并设立公交出租车专用车道，把非机动车道功能划入人行道，使人行道同时具备非机动车道和人行道的功能⑧。二是再开通一条东西大通道，就是将文昌街西段打通，这样可再增加一条和凤台街平行的东西大通道。⑨

此后，晋城市住建局总工向媒体介绍了凤台街的具体改造方案：

为体现公交优先的城市理念，有效缓解城市交通拥堵，本次改造在维持现状15 m宽车行道和两侧各5.5 m绿化带的前提下，将原7 m宽的非机动车道改为公交车、出租车专用车道，实现公交优先；将非机动车道调整至现在15 m人行道上，实现机非分流。人行道将被调整为宽1.75 m的树池、宽2.5 m的非机动车道、宽2.5 m的人行道、宽1.5 m的树池和宽6.75 m的停车带。（中国文明网，2014）

凤台街改造对居民的路权进行了重新配置。其造成的主要事实是：非机动车道和人行道被严重挤压——原先15 m宽的人行道被划分为非机动车道、人行道和机动车停车带，街道改造后的人行道只有 2.5 m 宽；原先 7 m 宽的非机动车道被改造为机动车道，改造后的非机动车道仅为 2.5 m 宽。作为城市的主干道，设计 2.5 m 宽的非机动车道根本无法满足居民的出行需求。

实地观察发现：在有些路段，非机动车道根本不足 2.5 m，正常行驶的非机动车如果要超过前面行驶的非机动车，那么往往需要骑上人行道，增加了行人和骑行者的安全隐患。此外，如果在非机动车道上两辆非机动车相向而行（改造后街段变长，非机动车过街更加不便，因而增加了非机动车逆向骑行现象），在正常骑行情况下，两车很难相互避让（图 4-0）。还令人遗憾的是，所谓的公交优先也并没有落实——交通管理部门已经默许了

图 4-0　晋城市凤台街非机动车道

私家车占用为公交车和出租车设计的专用车道。笔者 2018 年暑期调研发现，即便是在上班的高峰期，机动车道已经相当拥堵的情况下，多数公交车依然显得空空荡荡。据了解，晋城市城区居民不愿意乘公交通勤的主要原因之一是公交车不能准时运营，存在上班迟到的风险。

与开车族拓宽街道的呼声相比，其他普通民众则往往对街道改造持漠然态度，这与其在街道改造的知识建构和权力体系中的不利地位有关。普通民众对于街道改造的知识更多地基于自身的日常生活，并使用日常话语表达自身的利益诉求。而专家学者则将街道改造的知识置于一个庞大且充满专业术语的知识体系中，并声称对某一条街道的改造是基于城市整体发展的计划或响应现代化的客观进程。因此，普通民众不太可能参与到逻辑连贯、概念成熟的城市规划知识体系建构中来，而其用日常语言表述的认知通常被视为琐碎的个人意见，缺少大局观和科学性。不仅如此，普通民众对于街道利益诉求的话语意识和实践意识之间也存在张力，其话语意识在一定程度上受到街道改造"科学知识"和政府所宣传的街道现代化改造的压制。例如，如果没有强制性物理措施或监管，现实中会有更多的民众宁愿承担一定的风险选择横穿马路也不会绕行使用更安全的过街天桥或地下通道。但在采访中，这些民众却会隐瞒自己的真实意愿，声称政府修建过街天桥或地下通道是出于对行人安全方面的考虑，并认为任何从地面横穿马路的行为既是不道德的，也违法了交通法规。

对于普通民众而言，在现代主义话语和强势的汽车文化影响之下，即便认识到城市步行环境和骑行环境的不断恶化，也极少有人会通过合

理的渠道来表达自己的观点。在很多人看来，之所以自身会在城市街道"现代化"改造的进程中权益受损，是因为自身能力所限而无法跟得上现代化的进程，甚至有居民认为承认步行或骑行环境的恶化是一件不够体面的事情，而自己的应对之道则是努力挣钱以便能够开着汽车飞驰在宽敞的机动车道上。在现代主义规划理念的鼓吹之下，街道形态和使用规则在一定程度上被物化——城市居民视其为现代化城市中街道使用的自然方式，如果与这种街道空间权益配置方式相抗争，那么通常会被视为是个体的能力低或道德缺陷，街道改造空间正义问题被进一步掩盖了。例如，在一些未能按照国家规范标准对过街设施间距的要求设置人行横道或过街天桥的路段，极少有市民会质疑街道的设计，且几乎所有人在话语意识层面都认为在没有过街设施的地方横穿马路是违法的，其行为者是不道德的，并且认为理应受到交通警察的处罚。未经正义视角审查的街道形态及使用规则，又如何能够正当地要求人们对自己的选择行为负责呢！

4.3.4　中央政府的有限干预

城市街道改造通常会被视为地方性事务。地方城市政府实际掌握着城市街道改造的权力，中央政府则只是将相关规范标准作为指导性的或者框架性的条款来约束城市政府的街道改造工作。除了此前讨论的国家相关部委制定颁布的《城市道路交通规划设计规范》和《城市道路工程设计规范》外，中央政府对地方城市政府街道改造的主要干预包括多次对地方城市政府宽马路的限制以及近期对街区制的提倡。

长期以来，我国各地城市政府普遍表现出一种持续拓宽街道以顺应甚至激励更多机动车出行的偏好。中央政府及有关部门官员曾对此质疑，并出台了一些约束性规定。中央政府对"宽马路"的批评，前期主要是基于对土地资源集约利用和政府财政支出效率的考虑，认为宽马路造成了资源和资金的浪费；后期则主要是基于对交通拥堵及环境可持续方面的考虑，鼓励实施街区制以缓解交通拥堵，并倡导可持续的交通方式。

地方城市政府对修建宽马路的冲动由来已久。早在20世纪50年代末，北京城市总体规划就提出要将长安街、前门大街、鼓楼南大街3条主要干道的宽度调整为120—140 m，一般干道宽按80—120 m 设计，次要干道宽按60—80 m 设计。这一改造计划曾受到当时国家计划委员会的质疑，认为这是大马路主义。当时的北京市领导则表示："道路窄了，汽车一个钟头才走十来千米，岂不是很大的浪费？将来的问题是马路太窄，而不是太宽。"（王军，2008）[25] 尽管当时很多城市政府有建设宽马路的意愿，但由于当时机动车数量有限以及经济发展水平等原因，一些城市政府更倾向于建设一两条类似于长安街那样的主干道作为城市的中轴和门面，对马路的拓宽改造工作主要是局部性的，因此对城市居民日常生活影响也不大。

改革开放后，特别是世纪交替的前后几年，伴随着我国快速的城市化和工业化进程以及城市居民消费能力的日益提升，地方城市政府面临着不断增长的人口和机动车交通压力，再加之较为宽松的财政金融政策环境，出现了地方城市政府建设宽马路的热潮。针对这一现象，建设部、发展改革委、国土资源部和财政部四部委于2004年2月12日联合发文《关于清理和控制城市建设中脱离实际的宽马路、大广场建设的通知》（建规［2004］29号），对地方政府盲目攀比建设宽马路的风气进行了制止，并要求"自本通知印发之日起，各地城市一律暂停批准红线宽度超过80米（含80米）城市道路项目"，并要求"城市主要干道包括绿化带的红线宽度，小城市和镇不得超过40米，中等城市不得超过55米，大城市不得超过70米；城市人口在200万以上的特大城市，城市主要干道确需超过70米的，应当在城市总体规划中专项说明"。2006年9月，时任建设部副部长的仇保兴在中国城市规划年会上做"紧凑度和多样性"的发言，并对掌握城市街道改造命运的市长们提出建议，希望城市政府给予小商小贩合理的引导和生存空间，关注街道改造的社会公平正义："市长不应只考虑去改善30%有车族的生活，而是要为占70%的无车市民做些什么。"（王军，2008）[10]

随着街道不断被拓宽改造产生的激励作用以及市民消费能力的不断升级，我国大中小城市普遍出现了机动车越来越多以及交通状况越来越拥堵的情况。中央有关部委开始反思此前以机动车为主导的街道改造模式，提出鼓励地方发展街区制的政策。2016年2月6日，中共中央和国务院下发了《关于进一步加强城市规划建设管理工作的若干意见》。该文件提出了"树立'窄马路、密路网'的城市道路布局理念，建设快速路、主次干路和支路级配合理的道路网系统"的城市道路布局理念，并提出应"加强自行车道和步行道系统建设，倡导绿色出行"。这一指导意见对于路网的设计实际上仍然基于此前以机动车为主导的道路体系。其中对城市政府追求宽马路做法的纠正，也主要是为了缓解城市交通拥堵问题，并减少机动车交通对环境的污染。尽管该文件在加强自行车道和步行道系统建设方面的相关要求涉及社会公平正义，但其着眼点也并不在此。

《关于清理和控制城市建设中脱离实际的宽马路、大广场建设的通知》有力地制止了地方政府宽马路热，但这些规定既缺少具体的细则，尺度也相对过于宽松，因而仍然为地方政府为机动车更好通行而拓宽街道留下了足够的政策空间。要实现《关于进一步加强城市规划建设管理工作的若干意见》提出的"窄马路、密路网"的城市道路布局理念，就需要对当前的城市建成环境和小区管理体制进行彻底的改造，涉及方方面面复杂的权益关系，显然是一件成本高昂的纠偏行动，因此地方城市政府也并没有太多实质性的行动。不仅如此，地方政府仍然在该文件中提出的"建设快速路、主次干路和支路级配合理的道路网系统"这一大框架内不断拓宽城市街道,并将之视为拉大城市框架以获得更多土地收益、刺激短期经济发展的重要举措。

不仅如此,国家规范中的一些要求也并未得到地方城市政府的严格执行。按照《历史文化名城保护规划规范》(GB50375—2005)强制性条文(第3.4.1条)规定:"历史城区道路系统要保持或延续原有道路格局"。然而,近年来太原市政府在其历史城区9.6 km²的范围内,将多条道路拓宽改造成四幅路的城市主干道:(1)2013年,府东街和府西街被拓宽改造为双向八车道的城市主干道,时速50 km;(2)2014年,建设路被拓宽改造,主路为双向十车道,成为加强型城市主干路,设计时速为60 km,辅道设计时速为40 km;(3)2016年,五一路被拓宽改造为双向六车道主干道,设计时速为40 km/h [⑩]。在太原市历史城区狭小的空间内,新建的3条城市主干道均采用了城市道路设计时速的上限,历史城区紧凑的城市形态不断被主干道肢解。拓宽的街道短期内将滚滚车流引入中心城区,并因为降低了机动车出行成本、增加了骑行和步行成本而刺激了更多的机动车出行,进而进一步加剧了中心城区的拥堵。为了进一步缓解城市快速路和主干道的拥堵状况,太原市政府只好在以机动车为主导的街道改造中越走越远——进一步将老城区的背街小巷进行拓宽改造,并将主干道的部分非机动车道、背街小巷两侧或一侧、小区及周边绿地等改造为停车位。

4.4 本章小结

纵观当下世界各国街道改造实践历程,对于绝大多数普通市民和规划人士而言,建立在对速度、效率和机动性基础之上的现代主义规划理念似乎具有无法抵挡的魅力,以至于普遍认为以机动车为中心的城市拓宽改造具有无可置疑的正当性。政府职能部门也往往更青睐于大型的街道改造项目,无论是民选政府还是集权政府的市长都可能对大工程表现出一定的偏好,因为这些凡人肉眼可见的大型市政工程可以更好地展现政府的政绩和市民的自豪感。珍妮特·萨迪-汗等(2018)[序言]在谈及纽约的高速公路建设时曾言:"市长执迷于大项目、大工程,主张建立桥梁、新的高速立交桥、旁道、立体枢纽或者露天体育场,希望在他们任职期间留下印记,彰显政绩。"也正因为如此,马歇尔·伯曼(Berman,1988)[289]才感慨道:"而今,摩西的幽灵依然在我的城市里游荡。"马歇尔·伯曼眼中的幽灵,不仅是指摩西街道改造的遗产对城市居民此后的生活所产生的长远影响,还暗示了后来的政府官员对于将街道改造为"交通机器"的普遍冲动。当然,在不同历史时期,对街道的拓宽改造还具有交通之外的现实意义,例如豪斯曼改造巴黎街道以防范城市暴动,摩西建设纽约高速公路以刺激经济增长等。对街道的拓宽改造,不仅需要获得巨额的财政支持,还需要铲除城市中的大量住宅和商铺,因此通常需要强有力的政治人物才能够得以完成。像洛杉矶那样能够在民众中达成建设城市高速路的广泛共识，通常具有特殊的发展背景和历史机遇。

当越来越多的机动车在城市中快速行驶，也带来了频繁的交通事故。西欧一些发达国家的市民走上街道，抗议道路快速化改造对行人（特别是儿童）所造成的伤害。这一抗议随即得到了偏好于步行或骑行的市民们支持。面对民众的抗议，城市政府倾听了市民的呼声并做出积极的回应。20世纪70年代的石油危机，进一步让西欧和北欧一些城市政府重新定位街道改造的价值取向，并认识到了减少机动车交通对经济发展的好处，从而与为骑行者和行人争取路权的民众站到同一战线。在社会各方的努力下，这些发达国家城市不仅没有大规模拓宽街道，反而积极为步行和骑行提供更优质的出行条件，并将之视为可持续的交通方式，在全球产生了重要的示范作用。反观一些实践现代主义街道改造理念的城市，如美国纽约和洛杉矶，街道的拓宽改造和快速化不仅没有将城市从拥堵中解救出来，反而进一步加剧了交通拥堵、空气污染、交通伤亡等城市问题，并对城市肌理造成巨大的伤害。这一现实背景促生了一批持新城市主义理念的规划师和社会团体，他们希望能够重塑城市街道公共空间及其使用规则，鼓励城市居民步行、骑行或搭乘公共交通，让城市摆脱对私家车和化石能源的依赖。这些新城市主义者和社会团体具有重要的影响力，一些城市政府亦纷纷制定政策以回应其提出的要求。当然，这注定仍然是一个社会权力角逐的过程，新城市主义者们首先需要面对的是依赖机动车出行的居民、汽车制造商、石油生产商、工程咨询机构和项目承包商等利益集团。但全球气候危机和人们对更好城市环境的追求，让越来越多的城市政府和民众站到了新城市主义者一边。

对当下中国的街道改造而言，工程师和规划师的知识建构以及城市政府的政策取向都较为普遍地采用了一种基于效率的技术主义观点。在这一观点中，优先考虑的是通勤时间的节约，并特别关注作为现代化交通方式的机动车通勤。米歇尔·福柯（2018）[188]认为，19世纪资本主义的首要关注点之一就是充分利用时间，使生活的时间服从于生产的时间：

生活中本可以拥有的消遣、娱乐、碰运气、聚会的时间被纳入生产和利益的连续性之中，而不是用于满足个人生活中的快乐、欲望和肉体。必须让人们的生活时间服从于时间上的生产体系。

通过对通勤交通理性的计算，城市政府建设了以机动车为主导的快速交通体系，并对城市街道进行空间上精致的分隔，按照道路的等级有差别地将与机动车快速通过无关的、影响生产时间的活动不同程度地排除出去。如果说规划师或设计师主要考虑的是交通效率，那么城市政府则往往有更深层次的动机——希望在缓解交通拥堵、促进小汽车和能源等相关产品和服务消费的同时，能够通过快速交通体系将城郊新出让的土地与中心城区联系起来，实现城市郊区一级土地市场的增值，不断做大城市规模和经济体量。

无论是规划师以交通效率为主的技术主义还是城市政府以经济增长为着眼点的功利计算，都存在重大缺陷。就其短期效益而言，随着机动车道数量和宽度的增加，行人和非机动车以及非交通活动对机动车交通干扰的减少，机动车出行确实更加方便了，但却增加了行人和非机动车出行时间成本，而且还没有相关的计算能够显示街道拓宽改造后社会总的出行时间或成本更节约了。就其长期效益而言，在公共交通未能明显改善的前提下，一味拓宽改造街道只会进一步激励更多的居民采用机动车出行，这不仅进一步降低了环境质量，加剧了全球气候变暖，而且对于改善交通拥堵的效用也大打折扣。不仅如此，城市街道拓宽改造还会大批拆除沿街传统商铺，对城市就业和经济发展造成诸多负面影响，特别是对非正规就业人员或灵活就业人员的影响更大。街道改造后的沿街建筑通常无法被改造为能够与街道相兼容的功能，并由此造成大量无法充分利用的街道空间，进一步浪费了有限的城市土地资源。

第 4 章注释

① TED 全称为 Technology Entertainment Design。它是一个致力于传播各种思想和知识的平台。

② 反观笔者所在的城市太原的一些街道，非机动车道往往在机动车道的两侧，且低于道路中央的机动车道。当排水不畅时非机动车往往要在污浊的水中骑行，不仅不安全，也非常不体面。当快速的机动车驶过水面时，往往会将污水溅到骑行者身上。在这样的街道中，骑行是一种没有尊严的交通方式。

③ 英语通常将其翻译为 living street，但目前认为更准确的翻译应为 living yard。见《不完整的街道：过程、实践和可能性》(*Incomplete Streets:Processes，Practices，and Possibilities*)。

④ 参见交通替代组织官方网站首页。

⑤ 还有一个著名的案例——韩国首尔的清溪川。2000 年，建在清溪川河面上拥堵不堪的高架桥被拆除，使得被覆盖了半个世纪之久的河流重见光明。市长竞选人李明博因承诺拆除这条高架桥而得到了大量民众的支持。拆除工作也遇到了很大的障碍，三千名靠给堵在高速路上的乘客提供商品的街头商贩对此进行了强烈的抗争，但项目依然得以实施。高速公路被一条城市林荫大道和一个壮观的、长达 3.6 mile 的滨河公园所取代。这一项目的成功，获得了世界很多城市的瞩目，并产生了强烈的示范效应。参见：杰夫·斯佩克，2016.宜步行的城市：营造充满活力的市中心拯救美国[M].欧阳南江，陈明辉，范源萌，译.北京：中国建筑工业出版社：67。

⑥ 美国兴起的"街道瘦身计划"始于 1991 年的俄勒冈州波特兰市。该计划允许居住街道的宽度为单边停车 6.1 m，或者双边停车 7.9 m。俄勒冈州政府发现，此类街道能够维护社区特征、减少建设费用、减少暴雨径流、促进交通安全，并可在满足机动车使用的同时，实现土地的多种功能。波特兰的街道改造在美国城市发

展史上，可谓独树一帜。当美国大多数城市都在建设更多的高速公路时，波特兰积极投资于公共交通和自行车交通；当美国大多数城市为了通行速度都在拓宽路面时，波特兰却实施了"道路瘦身计划"；当美国大多数城市进行新一轮城市用地扩张时，波特兰则设定了城市增长边界。参见：迈克尔·索斯沃斯，伊万·本-约瑟夫，2018.街道与城镇的形成（修订版）[M].李凌虹，译.南京：江苏凤凰科学技术出版社：32-33；杰夫·斯佩克，2016.适宜步行的城市：营造充满活力的市中心拯救美国[M].欧阳南江，陈明辉，范源萌，译.北京：中国建筑工业出版社：20-21。

⑦ 太原市五一路改造过程中，负责设计的工程师为了表达调研工作的扎实和对五一路现状的熟悉，说道："一条全长3.46千米的道路，一年之内我们来回走了不下10多次。每个建筑的位置、核实地形图、现状变动等每个细节，设计人员都需要了如指掌。"详见山西新闻网。

⑧ 详见山西晋城：市长王清宪答记者问。

⑨ 此处可能是该市长表述有误，实际方案是将人行道进行"瘦身"，将其中部分作为非机动车道。

⑩ 为了减少交通伤亡，英美等国一些城市开展了"时速20 mile"（20's Plenty for Us）运动，即将20 mile/h作为机动车的限速标准。其依据是：以每小时20 mile车速撞到行人时，致死概率约为5%；当车速达每小时40 mile时撞到行人时，致死概率约为85%。参见：《宜步行的城市：营造充满活力的市中心拯救美国》一书第112页。

5　街道改造的后果与空间正义

> 如果这个可怜的老太太因为中暑而瘫倒在地，我们的新闻报道会把她的死因描述成中暑而不是缺少树荫和公共交通，也不是怪罪不良的城市建设形态以及城市的热岛效应。假如老太太不幸发生车祸，她的死因会被看作是交通事故，而不是缺少人行道和公共交通工具，以及不合理的城市规划和城市管理者的失误。这让我顿时感到吃惊……实际上我们面临的最大的危险来自建成环境。（杰夫·斯佩克，2016）[26]
> ——杰克逊（美国流行病学专家）

仅从规则的表达形式而言，由街道物理空间和使用规则所限定的街道权利具有普遍性。也就是说，街道的物理空间按照出行方式被进一步细分，相应的空间权益依据街道使用的方式而非具体的个人而设定，因此，街道的使用规则在形式上对每一个人都同等有效。但毋庸置疑的是，这种普遍性并没有给予不同城市居民实质上平等的关照，因而我们有必要从空间正义视角对其所造成的后果进行经验层面的考察。中国城市街道被改造的通常形式及主要后果是：越来越多的传统街道被拓宽改造为以机动车为主导的道路，交通功能的加强建立在削弱街道其他公共生活之活力的基础之上，而机动车空间权益的扩张又是以骑行和步行等具有不同出行偏好和交通负担能力的居民的空间权益为代价的。

本书对街道改造后果的空间正义评价框架，将主要借鉴罗尔斯的"公平的正义"等政治哲学正义理论。罗尔斯（2009）[26]在《正义论》一书中提出了两个原则：第一个原则要求平等地分配基本的权利和义务；第二个原则认为社会和经济的不平等只有在其结果能给每个人，尤其是那些最少受惠的社会成员带来补偿利益时，它们才是正义的。其中第一个原则优先于第二个原则。相应地，按照罗尔斯的正义原则可以将社会结构分为两个部分，关于权利与义务分配的第一个原则用于保障公民的平等的基本自由；关于调节社会和经济利益分配的第二个原则用于规定与确立社会及经济不平等的方面。如果将移动权视为城市居民的一项基本权利，并将街道视为需要在城市居民间分配的公共空间资源的话，那么便可以分别从以上两个方面对街道改造的空间正义问题进行评价。首先，从交通层面而言，可达性是城市居民获取日常生活资源的重要约束，街道改造必然会对不同群体的日常生活产生深远影响，因此，城市居民在街道采用不同出行方式的移动权具有重要价值。本章将重点考察街道改造对城市居民移动权的安全性、便捷性等方面的影响，研究基本权利的缺失或削弱对不同城市居民日常生活的影响方式和结果，尤其关注那些缺少话语权的老年人、儿童、残障者、低收入者等个体和在交通中易受伤害的行人和骑行者。其次，从街道作为城市居民复合性用途的公共空间而言，关注街道改造在不同功能之间的权益配置。尤其是在现代主义将街道定义为"交通机器"的改造理念之下，那些对传统街道具有较强依赖性的公共生活是否受到空间挤压。我们讨论空间正义的基点是罗尔斯在"原初状态"中建构的平等主义。在这一原初状态中，城市街道改造确实需要考虑交通效率这一价值维度，但毫无疑问，处于"原初状态"中的每一位公民都将愿意建设为老年人、儿童、低收入者等弱势群体提供基本出行条件和具有一定包容性的街道空间，这是本书所主张的街道空间权益之道德底线。

5.1 街道改造与日常生活

居民日常获取生活资源的可能性和便捷性与其在街道的移动能力密切相关。街道的物质形态和使用规则限定了每个人基于自身能力和偏好所能够使用的街道空间，并在一定程度上决定了一个人获得社会资源的成本。考虑到时间对每一位城市居民而言都是稀缺的，每个人都必须将日常使用街道所必需的时间纳入自身日常生活的时空轨迹进行统筹考虑。因而，街道改造必将对城市居民日常获取生活资源的可能性和便利性产生广泛而持久的影响。

将城市居民的日常生活作为考察城市街道改造空间正义的视角，就是要建立一种整体观，即将街道改造置于城市居民日常生活这一背景中来。这一视角有别于传统街道改造中专注于考虑交通流量等方面的知识建构。后者通常将上下班早晚高峰期间车流量的测算作为核心数据，而基于居民日常生活视角对街道改造的评价可以从一天中不同的时段对街道价值进行更全面的评估。与此同时，基于居民日常生活的评价在某些方面还可以与街道所在城市的整体环境更好地结合起来。

我们可以主张城市中每一位居民都应当享有一种移动权，即城市居民为满足城市日常生活而安全地、有尊严地和相对便捷地在城市街道移动的权力。对城市居民移动权的考察，应首先明确不同的街道空间纪律技术是出于对不同出行方式或使用方式的必要调节，还是不公平限制。无论是作为交通的技术空间还是作为复合功能的公共生活空间，由于人口密集而街道空间资源有限，必然需要对如何有序使用街道进行一定的调节，以保证城市街道使用的秩序和效率。然而，一些城市街道的物质形态和使用规则造成对一些特定群体的限制，这种限制严重削弱了某些群体的移动能力，甚至成为这些群体无法逾越的障碍，造成该群体移动权受损。在这种情形中的街道形态和使用规则就实质上成为一种对部分个体基本权利的不正当限制，应当给予有理有据的批判。

城市街道应当致力于提升步行、骑行和机动车出行等各种交通方式的便捷性和安全性，促进街道从单一的交通功能向更具包容性的多元社会功能转变。但本书认为，从空间正义视角而言，城市政府应当优先保障行人和骑行者的街道权益，为其出行提供便捷而安全的条件。第一，步行和骑行比机动车（这里主要指私家车）的使用状况更为普遍。在当下几乎每一个中国城市，考虑到全天各个时段，步行和骑行人次均比私家车出行占有更大的比重。因而，为步行和骑行者考虑就是为多数人考虑。第二，除少数个体之外，每位城市居民在生命周期的不同阶段或不同生活时段均可能作为行人或骑行者出现在街道上，对于步行空间和骑行空间的优先考虑也符合"原初状态"中每一位居民的利益。可以说，为步行和骑行者考虑，就是为几乎每一个人考虑。第三，步行和骑行（特别是自行车）是一种更为廉价而环保的出行方式，更容易为收入较低的群体所接受，且对环境所造成的负外部性也比机动车更小。为步行和骑行者考虑，就是更多地为社会最不利成员和未来成员考虑。第四，步行和骑行更容易参与到街道其他活动中来，因此能够为丰富街道社会生活提供必要之条件。为步行和骑行者考虑，就是为城市街道的活力和繁荣考虑，从而让更多的城市居民从中获益。

在行人和骑行者中，老年人、儿童和残障者在移动性方面的能力比健康的成年人偏弱，因此在街道改造中应当特别考虑此类群体的空间需求。显而易见，当一条街道对于老年人、儿童和残障者等使用者而言是安全而便捷的，那么对于其他行人和骑行者而言通常也是安全而便捷的。特别需要指出的是，街道改造还应当重视三轮车或平板人力车的便捷性，因为老年人、残障者和低收入群体对此有特别的需求。在街道条件允许的情况下，电动三轮车和电动轮椅往往是老年人或残障者独自出行的首选交通工具，而电动三轮车或平板人力车往往是低收入群体货运的首选运输工具。

5.1.1 街道的便捷性

所谓街道的便捷性，是指街道作为交通空间，其改造对于不同出行方式时间成本的影响。本书主要讨论街道改造对步行、骑行和小汽车出行三种类型交通方式的影响，不讨论公交车、地铁等公共交通。无论是从生命周期考虑还是从日常生活考虑，时间对于每一位市民而言都是一种稀缺的资源。因此，每一位城市居民的日常生活无不受到有限时间的约束。但在不同的街道形态和使用规则之中，对于同样的空间距离，即便采用同样出行方式所需要的时间也大不相同。城市政府会通过城市街道的改造以调整不同出行方式的便捷性。鉴于绝大多数市民日常生活往往需要频繁地使用街道，任何程度便捷性调整的现实意义都不会是微不足道的。

当下，中国一些城市围绕机动车而建设的"城市快速交通体系"，实则主要是为机动车提供了更为便捷的交通空间。随着传统街道不断被拓宽改造，逐步形成以快速路、主干道和次干道为骨干的城市快速交通体系。为了让城市快速交通体系中的机动车达到道路设计时速，城市政府普遍采取设置间隔较远的过街设施、让行人和非机动车通过天桥或地下通道过街、减少步行和骑行过街时间等做法以减少对机动车行驶的干扰。步行和骑行空间被不断挤压，严重削弱了依赖或偏好于步行和骑行市民街道通行的便捷性。

第一，隔断了横穿快速路和主干道的路口以防止对机动车的干扰。为了确保在快速路和主干道等道路行驶的机动车能够达到设计时速，街道改造过程中，城市政府通常会减少与快速路或主干道的交叉，以避免对沿着快速路和主干道行驶之机动车的干扰。改造之后，交叉路口更少了，行人和骑行者要穿越改造后的快速路或主干道，就不得不绕远道而行，因此增加了街道两侧居民日常生活的成本。尽管设置隔断横穿快速路和主干道的路口也会对机动车交通造成一定不便，但这是不能够与步行和骑行的便捷性损失相提并论的。当一个横过主干道的路口被隔断时，驾驶机动车可能只需要一两分钟便可以绕行到对面，但步行或骑行的话则可能需要更多的时间。伴随着越来越多的街道被改造为快速路或主干道，街道两侧社区的完整性被快速交通体系路网所频繁切割。要实现以步行为尺度的"十五分钟生活圈"这样的便捷居住生活方式，在现有的路网格局以及公共资源配置模式下，对于一些社区居民而言几乎已经成为一个不可能实现的目标。

太原市在将五一路改造为时速 40 km 的主干道后，取消了多个横穿五一路的交叉口。由于学校、银行、超市、社区、公园等公共服务主要布局于五一路的西侧，因此五一路的改造给居住在其东侧的居民的日常生活造成极大不便。即便设置了地下通道或过街天桥，便利性也大不如前。其中，市政府在设置隔离设施以阻止从坝陵北街东西向横穿五一路后，在原交叉口北侧约 140 m 处设置了地下通道供行人过街。街道改造前，位于五一路东侧的景泽苑小区到坝陵桥社区卫生服务中心的距离约为 260 m，如果不考虑红绿灯等待时间，按每分钟 70 m 步行速度计算，普通成年人 4 min 内就能抵达。街道改造后，从景泽苑至坝陵桥社区卫生服务中心的距离约为 600 m（还需下穿地下通道），考虑到上下台阶对速度的影响，普通成年人一般需要 9 min 才能抵达。由于使用地下通道需要上下台阶，因此行动不便的老年人过街尤为不便。地下通道也没有无障碍设施，轮椅使用者、推婴儿车者等群体根本无法使用该地下通道。一位使用轮椅的老年人或一位推婴儿车的女士从景泽苑小区至坝陵桥社区卫生服务中心则需绕行将近 900 m，大约需要 13 min 才能抵达，比街道改造之前所需时间增加了 9 min[①]。

第二，设置了间隔较远的过街设施。为了保障行人和非机动车横穿街道的便捷性，我国道路交通设计规范中对过街设施间隔距离提出明确要求。按照我国《城市道路工程设计规范》的规定，人行横道间距宜为250—300 m。按照《全球街道设计指南》的建议，城市环境中应每隔80—100 m设置人行横道，并对此解释道：如果一个人走到人行横道需要3 min以上，那么会选择更直接但不安全或不受保护的路线，同时避免设置间隔超过200 m的人行横道。相对而言，我国关于行人过街设施的国家标准已经相对较为宽松。但即便如此，案例城市中仍然有太多的路段根本达不到国家规范要求。

通常而言，城市道路级别越高，机动车设计时速越快，人行横道间隔距离就会越远，行人和骑行者要穿越这样的街道就非常不便。很多城市通行的做法是：考虑到中心城区行人较多，郊区行人较少，因此快速路和主干道在中心城区的过街设施密度较郊区略高一些。但如果用发展的目光审视，这种做法不过是排斥了郊区潜在的行人，限制了这类郊区发展成为适宜步行和骑行社区的可能。不仅如此，一些城市还有一些更为隐蔽的排斥轮椅和非机动车的做法。例如在晋城市城区调研时发现，在凤台西街等城市主干道的人行横道两端设置了大约高20 cm的护栏（图5-1），骑行者必须下车将自行车抬起方能通过，而那些骑行较重电动车的车主、轮椅使用者、年老的骑行者、残障者骑行者、推平板自行车者等群体则根本无法通过。

图5-1 晋城市凤台西街排斥非机动车和轮椅的人行道

第三，设置了太多不便使用的过街天桥和地下通道。自2013年以来，太原市将一些街道拓宽改造为快速路和主、次干道后，对行人和骑行者过街造成极大不便，并引发多起致横穿快速路和主干道行人死亡的恶性交通事故。市政府对此问题亦有所察觉，于是开始大规模建设过街天桥和地下通道作为弥补措施。近年来，山西境内一些小城市也纷纷效仿，开始大批量兴建过街天桥。对于让行人从地面过街改为通过天桥或地下通道过街这一改造行为，不同城市政府有关部门多以类似的理由为其正当性辩护：不仅会提高路口的通行能力，安全性也会大幅提升（太原市城乡管理委员会，2015）。所谓提高路口通行能力，当然只是针对机动车而言；所谓对行人和非机动车骑行者安全性的考虑，也只是以行人和非机动车骑行者的便捷性作为代价——行人和骑行者绕道使用天桥或地下通道过街会显著增加其出行时间成本。不仅如此，现实中很多天桥和地下通道未配套电梯，甚至没有坡道和扶手，导致使用轮椅的残障者和老年人、推婴儿车的家长、平板三轮车使用者等居民根本无法使用。太原市街道拓宽改造后，为了减少平面交叉，让行人和骑行者通过天桥或地下通道过街，使得居民横过快速路和主干道甚为不便。

2016年，太原市政府拓宽改造了南内环和南内环西街，将之建设成一条从市中心通往环城高速的快速路。该道路设计时速为60 km，整条道路主线拓宽为双向八车道，部分路段甚至为双向十四车道。为了保证机动车车速，机动车从并州路口行驶至迎西高速口全程无红绿灯，尽管部分路段为高架，行人和非机动车可以从高架下横穿南内环街，但在很多路段，行人和非机动车要横穿南内环街则不得不绕行使用过街天桥或地下通道。南内环和南内环西街的拓宽改造，将行人和非机动车横穿道路的概率降至最低，在很多路段行人和非机动车骑行者必须爬上爬下过街天桥或地下通道才能过街，而这对于一些腿脚不便的老年人和残障者而言犹如天堑。负责此处施工的项目经理王某在介绍过街天桥时说道：

两座天桥采用鸟巢的设计思维，在其60 m长的跨度上，中间没有支撑，这在太原也非常少见。两座天桥全部为300 t的钢结构，天桥设有推坡和休息平台的梯道，实现了行人和小型非机动车的无障碍通行。（搜狐网，2015a）

该负责人对于过街天桥工程学上的赞誉，无法弥补其空间正义方面的不足。正如该负责人所言，该天桥仅供行人和小型非机动车的无障碍通行，老年人的代步工具、残障者的轮椅、送货人员的非机动车等几乎没有通过的可能。南内环和南内环西街的快速化，为某些群体建设了一条难以使用的街道。南内环街平阳路口的地下通道不仅难以通行，而且原本简单的地面交叉路口被改造得犹如地下迷宫。在这一繁华的交叉口，原本"人流如织、车辆川流不息"。为了给机动车通行提供便利，太原市政府于此建设了"太原市第一座全互通地下通道"，并称之为太原市南内环快速化改造中的一个亮点工程。该互通式地下通道由"工"字形的三条地下通道组成，即从任意一个出入口进入，可以到达其余任何一个出入口。其中，"工"字中的两横，是连接十字路口的四个角，每个角各有两个出入口，分别通往平阳路和南内环街。"工"字的一竖，则与平阳路平行，有两个出入口可直接到达临近的公交站台（搜狐网，2015b）。原本一个简单的平面交叉口，被改造成为一个具有十个出入口的地下通道。行人不仅通行不便，甚至还会让初到此处的人迷失于地下通道之中不知所措。为了解决这一难题，市政府在地下通道悬挂了方位示意图，但很多行人依然会迷路于此。笔者曾频繁往返于此，不仅自己初时感到茫然，竟然还多次遇到行人在地下通道向笔者问路的情况。

调研发现，交通警察执法时也能够体会到这种设计的不人性化从而采取一种折中的态度。在太原市解放路靠近后铁匠巷的天桥下，执勤的交通警察对于不走天桥而从地面横过解放路的成年人会施以处罚，但对于推婴儿车者和腿脚不便的老年人等特殊群体则选择了"视而不见"。按照已有规则，因为地面没有斑马线，这些人同样没有从地面过街的合法权利。实际上，这一天桥不仅没有建设的必要，而且还会将一部分人至于危险的境地。没有建设的必要，是因为地面仍然有平面交叉并由红绿灯进行调节，沿着解放路行至此处的机动车仍然需要根据信号灯通过，因此行人如果从地面过街完全不会额外增加解放路上机动车等待的时间。将部分人至于危险的境地，是因为此处并没有行人从地面过街的合法权，机动车也没有避让行人的义务，但当推婴儿车和上下台阶不方便的行人又不得不从地面过街时，会增加其过街的危险。因为一个经验是：街道上行人越多时通常行人也就越安全。但当只有个别人从地面过街时，也就增加了其过街的危险性。

第四，增加行人和非机动车横穿等待时间。根据《全球街道设计指南》，"超过90秒的信号周期可以使街道成为分割社区的障碍物，并且使行人不易或无法穿越街道"（美国全球城市设计倡议协会等，2018）[191]。但在现实中，为机动车而建设的快速路和主干道被视为城市道路网络中的高等级道路，因而其交通也被赋予更多的重要性——在快速路和主干道上行驶的机动车享有优先通行权，穿越这些街道所需要的等待时间超过90 s的情况屡见不鲜。

此外还容易被忽视的一个事实是：人们往往只关注红绿灯所指示的过街时间，却忽视了行人过街的实际等待时间。由于快速路和主干道的机动车道数普遍较多，过街绿灯及清道时间又比较短，行人在绿灯亮起后有限的时间之内过街已经相当困难，如果行人，特别是老年人和儿童，是在绿灯刚刚亮了几秒之后才抵达路口，那么便无法在规定时间完成过街。一些人会冒险前行，但很可能会滞留于车辆穿梭的马路中间进而增加受到伤害的风险；另一些人则在犹豫之后选择了继续等待，以便在下一轮绿灯亮起时就匆忙起步。调研发现，一些老人即便是在绿灯刚亮起几秒之后到达路口，也时常不得不从机动车道上退回路边，以便等待下一次绿灯亮起时匆匆过街。因此，在很多快速路和主干道交叉口，行人过街实际等待时间普遍要远远长于红绿灯所指示的时间，横穿没有设置安全岛的快速路或主干道尤其如此。反之，如果行人横穿较窄的街道，那么会更加从容地按照红绿灯指示过街。

第五，人行道和非机动车道设计过窄而难以使用。颇为荒谬的事实是：在很多城市，街道的拓宽改造竟然也同时是一个人行道和非机动车道不断被压缩的过程（图5-2，非机动车道被机动车道占用，不得不从人行道中开辟出非机动车道）。为了更好的机动车交通环境，很多城市将原本宽松的人行道和非机动车道改造为机动车道。在一些特殊情况下，城市政府为了避免过多拆迁，甚至会局部放弃建设人行道或非机动车道。公示

图5-2　上海市鲁班路徐家汇路口快速化改造后被挤压的非机动车道和人行道

图纸中的人行道在街道改造后的部分路段竟悄然不见了。

更为严重的是，使用轮椅的残障者和老年人、推婴儿车的人等特殊群体在人行道的移动权完全被忽视了。当我们面临越来越深度的老龄化进程，大量的街道却被改造得越来越不适宜老年人使用。《全球城市设计指南》对人行道的设计提出如下要求：人行道的宽度应该允许两个使用轮椅的人可以彼此通过。一般而言，低容量的街道通行区的人行道宽度应大于2 m，不得小于1.8 m（按轮椅侧宽0.8 m考虑）；通行区应畅通无阻，平坦而光滑；在所有人行横道处设置小坡度的斜坡，最好是8%的斜率，并在中央分隔带、行人安全岛设置无高差的人行横道贯通路径（美国全球城市设计倡议协会等，2018）[89]。但在太原改造后的诸多街道，人行道的连续性极差，对于使用轮椅的残障者和老年人而言很难使用。一些繁华地段，如五一路柳巷附近，人行道断断续续，一些路段人行道不足1.5 m，设计宽度与商业街区附近的行人量严重失配，既不能为快速步行者留有缓冲空间，也不能为慢速步行者提供庇护。此外，一些路段人行道与机动车道交接处还缺少对推婴儿车和使用轮椅的人来讲最为重要的坡道，这些人只能在非机动车道中前行。

过窄的非机动车道，不仅让普通类型的非机动车骑行体验变得更糟，而且也没有为各种不同要求和类型的非机动车留有足够的空间，因而骑行者很难便捷地使用街道。在哥本哈根街头，人们常常可以看到带车斗的自行车，年轻人载着老年人走上街头享受阳光和城市的繁华，还有市民将其作为廉价的货运工具，甚至有市民将其作为移动的商铺。但在国内大多数城市中，街道设计并不会对此类非机动车给予考虑。再加之越来越多的过街天桥和地下通道替代了地面过街，此类非机动车在城市街道中被进一步边缘化了。

第六，私家车占用人行道和非机动车道的情况非常普遍。随着机动车数量的不断增多，如何停车已经成为困扰诸多城市的难题。在很多城市，政府会严格惩治随意占用机动车道的停车行为，但却对机动车占用人行道的停车行为疏于管理。笔者在案例城市很多街道调研发现，大量私家车占用人行道的现象非常普遍。由于人行道不便使用，行人不得不穿行于非机动车道，一些骑行者为了避免行人干扰于是在机动车道骑行，进而造成交通混乱。交通警察会对在机动车道上的骑行者和行人进行处罚，却往往无视停靠在人行道上的机动车。笔者曾经向正在执勤的交通警察反映机动车占用人行道是造成这一混乱的原因之一，但当时该交通警察告诉笔者，人行道是便道，言外之意是机动车可以停靠，并认为笔者反映的问题是设计院的职责。

此外，很多政府还在非机动车道施划了停车泊位，让机动车合法地占据非机动车交通空间。按照《中华人民共和国道路交通安全法》第三十三条第二款规定："在城市道路范围内，在不影响行人、车辆通行的情况下，政府有关部门可以施划停车泊位。"但对于什么是"不影响"，

图 5-3　太原市北大街非机动车道停车位对非机动车的干扰

显然城市政府掌握着解释权。北大街是太原市的主干道之一，为了缓解停车难，市政府有关部门在两侧的非机动车道靠近人行道一侧新设了很多停车位。在北大街两侧的非机动车道上，由于空间所限，每一辆机动车在进入停车位或开出停车位的过程中，都会造成正常骑行的非机动车的堵塞，行至此处的所有非机动车都不得不停下来等待私家车驶入或开出停车位方可继续骑行（图 5-3，图中该机动车正驶向前方五十米处的停车位），在此缺少连续性的道路上骑行是一种非常痛苦的体验。

第七，街道改造对便捷性的影响还体现在对街道两侧非交通功能的排斥上。街道被拓宽改造后，沿街商铺被大批拆迁，且给街道两侧更多依赖步行和骑行居民的日常生活带来诸多不便。暴露于街道两侧的建筑也很难被改造为用于商业。即便可以用于商业，也会遭到城市管理部门的禁止。此外，由于步行环境整体恶化，一些被保留下来的沿街商铺和游商小贩难以生存而不得不迁往他处，这进一步加剧了街道两侧步行和骑行者生活的不便。对于步行与沿街商业的关系，雅各布斯曾指出，只有在步行的时候，人们才能最大限度地融入城市环境，与商店、住宅、自然环境亲近，并且与他人进行最亲密的交流（雅各布斯 A B，2009）[7, 268]。沿街店铺的拆除及衰落，给居民日常生活带来严重不便。

太原市五一路拓宽改造之后，几位老人曾向笔者反映其日常生活的变化。这几位老人生活在五一路西侧的精营中横街上。原先，可以沿着精英中横街横穿五一路。五一路改造后，为了减少对机动车的干扰，在机动车道中间增设了护栏，禁止一切交通沿着精营中横街横穿五一路。一位老人说：

以前经常去马路对面那家小店吃早饭，现在要过去就得绕好大一个弯儿，路修了以后我都没去五一路对面吃过早饭。

刚说到这里，另一位老人过来补充道：

你过去干什么呢！那几家店都拆了，平时那个推着车子在路口卖早点的也不在那里卖了。

总而言之，以机动车为主导的街道改造，在交通便捷性方面的承诺是片面而可疑的。其片面性，表现在其对机动车交通便捷性的强调和对步行和骑行者便捷性以及街道周边居民日常生活便捷性的忽视。文化学者伊利奇就对此批评道：

超过一定的速度，机动车所创造出的是只有它们才能缩短的遥远距离，它们将万事万物都拉开遥远的距离，而它们真正能够缩短的，只是

其中的一小部分。(杰夫·斯佩克,2016)[70]

其可疑性,是并没有兑现机动车交通更为便捷的承诺。将传统街道不断拓宽以增加机动车道、提高机动车行驶速度的做法,尽管短期内确实缓解了机动车拥堵状况,但由于此举降低了开车出行成本,增加了步行和骑行出行成本,很快就造成意外的后果——因激励更多的人选择开车出行而导致更为严重的拥堵。但此时很多人不会对以机动车为主导的街道改造模式进行反思,反而认为是因为还做得不够——机动车道还不够宽敞。

5.1.2 街道的安全性

所谓街道的安全性,是指在考虑街道设计作为一种诱发因素的情况下,街道发生交通事故并造成人身伤亡的可能性。道路交通事故已经成为危及城市居民健康乃至生命安全的主要问题之一。据国家统计局提供的历年国民经济和社会发展统计公报,2008 年全年共发生道路交通事故 26.5 万起,造成 7.3 万人死亡,30.5 万人受伤,道路交通万车死亡人数为 4.3 人(国家统计局,2009);2009 年全年共发生道路交通事故 23.8 万起,造成 6.8 万人死亡,27.5 万人受伤,道路交通万车死亡人数为 3.6 人(国家统计局,2010)。此后数年,在每年一度的国民经济和社会发展统计公报中,国家统计局对道路交通事故死伤人数统而未报,而只是公布了"万车死亡人数"这一项指标数据。除 2016 年道路交通万车死亡人数同比稳定外,其他年份呈逐年下降趋势,2020 年道路交通万车死亡人数为 1.66 人(国家统计局,2020)。若考虑到中国近些年机动车保有量的快速增长趋势,显然中国交通事故导致的伤亡人数仍居高未下。尽管这一统计数据没有城乡之分,但随着城市街道改造的机动化,城市中的交通事故不容乐观。浙江省台州市曾公布过 2015 年至 2017 年 6 月份该市交通事故数据:因交通事故死亡 1 884 人,受伤人员是死亡人员的 9 倍(搜狐网,2017)。在这短短的 30 个月间,台州市辖区内平均每个月就有 62.8 人因交通事故殒命,另有 565.2 人不同程度受伤。尽管很多城市并未在网上公布交通事故伤亡人数,而只是选择性地给出一个交通事故宗数和死亡人数下降比例,但很难相信这些触目惊心的数据只是台州个案。

本书将行人和骑行者的安全性置于首要地位,其原因在于步行和骑行的普遍性、每一位市民作为行人出现在街上的可能性、作为低成本交通方式的可负担性、更小的环境影响负外部性、对促进街道商业发展的积极作用以及行人和骑行者在发生交通事故时的易受伤害性——当机动车与行人或非机动车发生碰撞时,最容易受到伤害的显然是没有机动车外壳保护的行人和骑行者。基于以上原因,街道改造中应当优先考虑营造安全的步行和骑行交通环境。观察发现,城市道路上发生行人或骑行

者伤亡交通事故的地点表现出如下时空特征:

第一,为机动车而建的快速路和主干道往往是机动车与行人或骑行者碰撞事故的多发路段。将行人、骑行者和机动车严格区分开来的城市主干道而非人车混行的道路,往往会成为严重交通事故的多发路段。全球各地的研究表明,大部分交通事故死亡,特别是易于进行防范的行人死亡事件一般发生在小部分干线街道上(美国全球城市倡议协会等,2018)[26]。似乎与常识相悖的是:城市干线街道对行人和骑行者实施了严格的进入限制,似乎应当能够最大可能地避免机动车与行人相撞,但却造成比机动车与非机动车混行的道路上更为严重的交通事故。

为了便于对改造前后街道的安全性进行比较,笔者对太原市新近改造的中环路进行了调研。改造后的太原市中环路于2013年12月底通车。中环路主线全长48.46 km,红线宽50 m、绿线宽各30 m,总宽110 m,地面整体路段采用双向8至10车道,主线高架桥段双向6车道加地面辅路,设计车速每小时80 km;中环路全线无红绿灯(华夏经纬网,2013)。自中环路开通至2015年7月这短短的19个月期间,因交通事故造成49人死亡,其中机动车碰撞行人的死亡事故20起,造成22人死亡(搜狐网,2015c)。搜狐网对此进行了专题报道,并列举了发生在中环路上的几起交通事故:

(1)2014年3月30日,东中环路龙堡村附近,一名五旬男子横穿马路,过了隔离带后,被由北向南的出租车撞伤。(2)2014年5月19日,南中环街北张小区附近路段,一辆现代越野车由东向西行驶时,将一名横穿马路的男子撞倒,致使男子当场死亡。据目击者介绍,事发时,黑色越野车正由东向西行驶,行至事发路段时,正遇这名男子从绿化带穿越马路,随后发生不幸一幕。(3)2014年8月1日晚,北中环街富力城附近路段发生一起交通事故,一辆商务车由东向西快速行驶时,突遇3名女子横穿马路,双方避让不及发生碰撞,酿成3名女子当场死亡的交通事故。当时肇事车沿北中环街由东向西行驶,而3名女士则是由南向北横穿马路。事发路段道路中间设置有隔离带,而隔离带被踩出一条小路。由此可以确定,踩出这条小路的人,都是在横穿马路。(4)2015年9月8日,一名男子钻过中央防护网横穿马路,被一辆面包车撞击,当场死亡。(搜狐网,2015c)

通过网络舆论和实地调研发现,更多的市民会去谴责这些因不遵守交通规范而逝去的生命,却鲜有人会关注频繁发生的恶性交通事故与将街道改造为"交通机器"的社会实践之间密切的相关性。在太原市中环路这样的快速路上,为了优先确保机动车的车速和流量,通过设计更多更宽的机动车道、更少的信号灯和平面交叉、更大的转弯半径等将步行和骑行等交通方式尽可能地边缘化了。中环路建成后,步行和骑行空间的不便捷和不连续以及对当地居民日常生活整体性的破坏,是导致交通事故的主要诱因。新建的中环路安装了防护网,既能够防止苗木被踩踏,也能够防止行人横穿马路,但却遭到居民的大量破坏。居民破坏防护网横穿马路的原因非常普通而简单,不过是商户到对面的公厕如厕,行人到对面的便利店买食物,附近的居民抄近路回家或是腿脚不便的老年人不愿意爬上爬下天桥。

鉴于频繁发生的严重交通事故,政府部门开始重视行人过街的需求,主要举措是增设天桥和地下通道等过街设施,但此举并没有彻底改变这种对行人不友好的街道环境。调研发现,中环路上很多做隔离使用的防护网仍不断被街道两侧居民破坏,横穿马路的现象依然普遍存在,发生交通事故的诱因没有得到彻底消除(图 5-4)。为彻底改变这一局面,市政府不得不在一些路段加固加高隔离设施,以此杜绝行人横穿马路。

图 5-4 太原市北中环享堂西街口中环路上不时翻越护栏的行人

晋城市城区主干道凤台西街市政府门前路面没有斑马线,按照街道设计,行人如果从对面社区进入市政府,需要至东侧约 50 m 的地下通道穿行,即便按照 1.8 m 身高健康成年男性的正常步伐,如果从路面非法横穿马路,从对面人行道至市政府门口只需要 56 步;如果从地下通道过街,则需要行走 296 步,行走所需步数是前者的 5.3 倍,但值得注意的是,行人从地下通道过街还需要上下 160 个台阶,这对于腿脚不便的老年人而言相当困难,对于需要轮椅辅助的老年人和残障者则难以逾越。在调研中发现,耗费巨资修建的地下通道并不受人欢迎(图 5-5),不仅老年人,甚至是在市政府工作的健康成年男性也不愿意从地下通道横穿马路,而是选择直接从路面横穿马路。笔者调研时,市政府门口正有交警执勤。笔者看到有人从路面横穿马路,便向交警询问是否可以从路面过街。该交警向笔者招手示意可以从路面过街。近年来,相关部门顺应干部群众需求,在市政府门口路面设置了红绿灯和人行道,将事实存在的行人横穿马路行为合法化,而市政府旁边花费巨资修建的地下通道则被彻底弃用了。但颇为怪异是,近些年来晋城市城区及下辖县市却仍然在继续兴建大量过街天桥供行人过街,还将其作为一项惠民工程而大加宣传。

图 5-5 晋城市凤台西街耗巨资修建无人问津的地下通道

第二,夜晚和清晨更容易发生行人致死事故。尽管车流量较多的上下班高峰期交通事故多发，但由于车流量和人流量较多，机动车驾驶速度较慢，人们在横穿马路时面对川流不息的车辆也会更为谨慎，因此行人横穿马路反而较为安全，至少发生恶性交通事故的概率较低。视线较弱且车辆稀少的夜晚和清晨，在一些快速路和主干道更容易发生行人致死的恶性交通事故。在夜深人静车辆较少的时段，行人横穿马路容易疏忽大意。由于车辆较少，机动车也往往会按照设计时速全速行驶，在夜晚环境下驾驶员对突发情况难以察觉，因此特别容易发生恶行交通事故，甚至会导致横穿马路者失去生命。

在这些恶性交通事故中，老年人和女性更容易成为交通事故的受害者。这既与其在面临意外时不如成年健康男性的反应速度与运动能力有关，对老年人和女性更不友好的街道设计也进一步促使其不得不承担更多的意外风险：老年人反应迟缓，行动不便，更不愿意翻越过街天桥或下穿地下通道；在行人稀少的夜晚，空荡的地下通道也更容易让女性产生恐惧感，出于安全方面的考虑，一些女性不愿下穿昏暗的地下通道，因此会更倾向于横穿马路，进而将自身暴露在被机动车碰撞的危险之中。

图 5-6　太原市建设路街道拓宽改造后部分路段缺少人行道

第三，人行道和自行车道设施不足易引发交通事故。人行道供给不足的主要表现有两个方面，一是人行道过于狭窄或者人行道缺失（图 5-6）；二是人行道被机动车或非机动车占用堵塞。在这些路段，行人往往被迫走在非机动车道中，非机动车与行人之间的摩擦与碰撞时有发生。近些年来，一些品牌的电动车车速越来越快、体量越来越大，在这一情况下高速行驶的非机动车更容易对行人造成伤害。

可供轮椅无障碍行驶的人行道和盲道缺失情况更为严重，残障者不能享有基本的安全出行条件。按照《中华人民共和国道路交通安全法》要求：城市主要道路的人行道，应当按照规划设置盲道。但有些城市政府对于城市主要道路的理解却是围绕机动车而建设的城市干道，而在功能定位上这些街道是主要服务于机动车交通的交通性道路。因此，在城市主干道配置盲道与盲人的日常生活所需存在严重的错位。非机动车道同样存在问题——或是被机动车、行人等堵塞，或是过于狭窄。一些骑行者会转而选择在机动车道上骑行，进而增加了发生交通事故的可能。

第四，交叉路口设计普遍存在安全隐患。交叉路口的机动车道宽度、缘石半径和红绿灯周期等过街设施设置情况，对老年人、儿童和残障者是否能安全过街具有重要的意义。《全球街道设计指南》认为："拐角半径直接影响车辆转弯速度和人行横道的长度，将转弯半径最小化，对于创建具有安全转弯速度的紧凑型交叉路口至关重要。在城市中，虽然标准的转弯半径为 3—5 m，但应尽量选择 1.5 m 的转弯半径，超过 5 m 的转弯半径属于少数情况。"（美国全球城市设计倡议协会等，2018）[146] 随着太原市大量街道被拓宽改造为快速路和主干道，为了保障高速行驶状态机动车的舒适性和安全性，机动车道被加宽，交叉路口拐角半径不断加大，行人穿越主干道的通行时间却被极大压缩——因为穿越主干道的生活性道路往往被定义为次一级道路。根据《全球街道设计指南》提供的建议，应当基于 0.5 m/s 的步行速度来设置信号时长（美国全球城市设计倡议协会等，2018）[94]。但在很多城市，交叉路口的清道时间通常是基于 1 m/s 的步行速度以及人行横道的总长度来确定的，老年人、腿脚不便的残障者和儿童步幅较小，因此很多老年人、儿童和残障者显然达不到 1 m/s 的步行速度。即便如此，在很多路段 1 m/s 的标准也不能达到，以至于时常会有老年人被滞留在车辆川流不息的马路中间，置于被机动车撞击的险境。一位陕西的年轻妈妈曾通过市民热线向省公安厅反映了其携带孩子通过交叉路口的危险经历：

在绿灯启亮后，拉着孩子边躲向南拐弯的机动车，边小心翼翼自西向东走穿行过马路。没走出十米，突然发现红灯已经悄然亮起，吓得赶紧拉了孩子退回到原地。当绿灯第二次亮起，这次注意到只有 20 秒通行时间，加上还有避让拐弯的车辆，要想在按遵守交通法的情况下过这个马路几乎是不可能。

后来只好求助于"中国式"过马路。跟随大家硬着头皮，眼观六路，耳听八方，高度紧张，汗毛倒立中过了马路。后来仔细观察了一会儿，发现南北方向向西拐弯的车辆特别多，对于自西向东过马路的行人来说，20 秒内即使身强力壮的小伙子也不可能顺利在绿灯期限内过马路，最终结果都是闯马路。（鳄鱼怕怕，2014）

第五，行人安全岛普遍缺失或设置不合理。行人安全岛的缺失或不合理设置让行人暴露在滚滚车流中，为行人横穿马路留下安全隐患。《全球街道设计指南》建议："当行人必须穿过三条甚至更多车道或者狭窄的街道时，车速和车流量使人们无法一次性通过时（或通过过程中无法确保人身安全），这些地方应设置行人安全岛。"穿过三条车道就应设置行人安全岛，是为了让行人过马路时更从容不迫。案例城市中，绝大多数街道被拓宽改造之后，安全岛设置工作并未同步跟进。在规定时间之内，行人特别是老年人已经很难完成过街。再加之很多路口没有设置数字显示器以提醒行人可以合法利用的过街时间，行人很容易滞留在马路中间。又由于缺少为行人提供庇护的安全岛，行人站在穿梭的机动车流之中非常不安全。即便一些路口设有数字显示器，面对宽阔的交叉路口，行人也往往难以对能否在规定时间完成横穿马路做出正确判断。由于缺少行人安全岛的庇护，老年人和携儿童的家长战战兢兢地立于滚滚车流中的现象尤为常见。

以上对街道安全性的考察，主要是基于交通事故已然发生或可能发生的情况。在通常的研究中，研究者们更多关注交通事故中的重大伤亡，却对非人性化的街道对行人和非机动车骑行者，特别是老年人、儿童、残障者等弱势群体造成的不适及对身心的伤害缺少足够的关注。不容忽视的是，在实际发生交通事故的统计数据之外，还有千千万万个市民在日常频繁穿越城市快速路和城市干道时所承担的巨大身心压力。这些群体在街道使用的过程中尽管并没有发生通常意义上的交通事故，但这种对身心的压力和伤害却是真实存在的，且日复一日地出现在他们的日常生活中。

5.1.3 街道的包容性

街道的包容性，是指街道所适宜开展的市民活动的丰富度。当然，本书并不否认交通作为街道的主要功能在实现城市有效运转方面的重要作用，也并非欲将功能的多样性作为评判街道的至上标准，而是主张在尊重历史传统、考虑到城市居民对街道空间的合理权益的情况下，街道能够在一定程度上承担与交通相兼容的一些社会功能。特别是在某种社会功能还体现了城市中相当数量居民的利益诉求或者对社会最不利成员给予了特别关照的情形下，本书认为对这种社会活动街道空间权益的主张还具有一定的正当性，在街道规划设计时应当给予充分的考虑，并在综合平衡街道各种社会活动之后能够在一定程度上促进这种活动的实现。

在以机动车为主导而规划设计的现代城市道路体系建立之前，街道作为城市居民日常生活的公共空间，具有更为丰富的功能。这主要是因为，与公园和广场等公共空间相比，街道这一公共空间在城市中更为普遍存在且便于使用。在我国，交通设施用地面积通常占到规划建设用地的10%—30%，且城市道路网络通达至城市的每一个社区。居住在任何一个社区的居民都可以方便地参与到街道的公共活动中来。具有不同身体特征和经济状况的城市居民，会根据自身日常生活的需求和偏好，有选择地在街道上工作、休息、交谈、娱乐、锻炼或购物。城市居民使用街道空间的成本较低，这种低成本不仅体现在城市居民进入和使用街道并不需要付出太多的物质或时间上的成本，还体现在城市街道因其多元功能而呈现出的规模优势能够让城市居民在有限的时间内满足多种需求。正是因为街道的这些特性，使之成为城市居民参与多种社会活动的公共空间，更是小商铺、游商小贩、街头艺人、行乞者等社会群体所依赖的生存空间。

梅塔（Mehta）在一篇文章中将街道比喻为生态系统，阐述了城市街道功能的多元化状况：

街道反映了城市的特征和形象：近距离地考察街道，我们可以解读一座城市的社会、文化和政治生活。街道是个人和组织表达的舞台，是交换信息和交流思想的地点，是对话、辩论和争论的场所，是宴会、休闲、表演和展示的空间，是经济幸存者和庇护者的地方，是一个相互接近、连接的系统，是一个体现城市本质的环境。实现上述街道的功能，街道将会按照自身的逻辑运转并具有自身的系统。（Zavestoski et al., 2015）[94]

本书重点关注街道空间对沿街传统商业活动的包容性。与适应于汽车文化的大型商场和购物中心不同，沿街商贩可以在提高城市活力的同时促进社会公平：第一，这些数量众多的小商铺在供需两端都具有更多的地方根植性，因而为其生存和发展创建更好的街道有利于发展地方经济。与能够进行全国甚至全球采购的大型超市相比，这些店铺更多地售卖本地产品，进而帮助地方小农户、小作坊提高收入水平。第二，数量众多的沿街小商铺雇员、游商小贩和街头艺人多为非正式就业人员，此类人群在市场人力资源的竞争中往往处于弱势，包容的街道为他们提供了谋生的空间，丰富的街道功能有利于缓解当地贫困。第三，沿街林立的小商店，可以为城市居民提供更丰富、更多样的产品和服务，能够更好地满足不同群体（特别是低收入群体）的消费需求。第四，游商小贩更具灵活性，可以根据时间和地点的变化做出积极的调整，既可以充分利用更多的社会闲置资源，也可以更好地满足特定区域内特定群体对一些特殊商品和服务的需求，而这些商品或服务很可能超出了沿街店铺固定经营项目之外。第五，沿街布局的店铺可达性更好，有利于持家的女士、行动不便的老年人和残障者就近就便购买日用商品，一些熟悉社区情况的游商小贩甚至还可以按照人们的日常作息和出行规律为特定顾客提供更便捷的商品和服务。第六，沿街林立的小商铺为邻里提供了社会交往的机会和平台，也能够促进街道使用的安全性，这两个方面的功能在雅各布斯《美国大城市的死与生》一书中已有充分阐述，在此不再赘述。

在传统街道之上，城市居民可以开展除交通之外的多样化公共生活，沿街商业活动尤其丰富。林立的店铺位于熙熙攘攘的人行道旁边，货物和服务甚至可以延伸到人行道上，还有一些商贩推着手推车在街道上摆放摊位。在一些发展中国家的传统街道上，被现代主义者视为管理无序的街道生活，更清晰地展示了街道现代化改造之前的多元功能图景。邻里商业街不仅承担着购物、娱乐等多种服务功能，而且还作为丰富的公共空间在邻里的运作中发挥着核心作用。梅塔（Mehta）研究了印度传统街道公共生活的丰富性，并进行了生动的描述：

> 一些情况下，商品在店铺之外的街上出售……其他与商业有关的活动和行为有制作和修理商品，包括制作钥匙的修锁匠、修理和制作鞋子的制鞋匠、修理车辆的人、制作陶器的陶工。支持交换和互动的土地混合用途被其他形式的活跃的土地用途所强化，如娱乐、占卜、卖食物的小贩、小的家用商品销售等活动。小商贩的经营活动为人们坐下来喝杯茶或吃点心、聚在一起抽根烟、打听关于板球比赛的评论等提供了场所，

因此，小商贩在为静止活动创造节点定位方面发挥着重要的作用……更重要的是，他们扩展了商品和服务的范围，并让街道成为一个对更多的人而言适用、有益和有意义的地方，这进一步增加了街道的多元性和差异性……（Zavestoski et al.，2015）[100]

印度的传统街道还具有以机动车为主导的现代街道所不具备的弹性和适应能力，这不仅体现在特定的时段内街道的不同部位承载着多样化的活动，还体现在不同时段内同一个地点能够举办不同类型的社会活动，也就是说其街道空间的使用状态能够根据居民在不同时段需求的变化而进行适时的调整：

在白天，商店前面的空间是展示商品的溢出区域；到了晚上，就售卖新鲜牛奶。到了夜晚，同样的空间就被转换为被私人占用的空间，摆放上了小床供雇员睡觉。（Zavestoski et al.，2015）[100]

梅塔认为，尽管西方建设购物中心的潮流影响了印度的城镇，但印度城镇居民对于本地采购仍然有持续的需求，这得益于邻里商业街的保留和发展。这种邻里商业街满足了多数居民日复一日的购物、休闲和社会需求。梅塔论述了印度十分普遍的邻里商业街对于社会公平的意义：

对于那些大量移动受限的群体而言，如女人、儿童、长者和穷人，邻里商业街的存在并非只是一个本地商业场所，更是一个充满生机的城市公共空间……通过展示街道的生态系统，凸显了印度街道多元和差异的品质，正是这种品质让印度街道成为更平等、正义和可持续的公共空间。（Zavestoski et al.，2015）[98-99]

这样的邻里商业街对于那些一天中大多数时间在街上度过的人而言尤其重要：

其中许多人居住在不太大的房子里，靠微不足道的收入度日，甚至其中一些人失业或无家可归。对他们而言，街道，特别是天气好的时候，就是一个好去处。对小贩而言，街道是一个能找到客流的地方。有一些人经常访问街道来寻找机会，在这里他们拥有社会资本，可以得到朋友的帮助。（Zavestoski et al.，2015）[111]

近年来，一些发达国家的城市也开始反思将街道改造为"交通机器"的做法对城市活力和多样性的损害，并采取各种措施鼓励人们利用街道开展包括商业在内的各种社会活动，甚至允许街边店铺在不影响交通的情况下将货物和服务延伸到人行道上（前提是人行道足够宽敞），允许游商小贩在街道上摆放摊位甚至推着手推车销售。为了更好地促进上述活动，一些城市还反现代主义规划理念而行之：通过对现代主义理念下设计的街道进行再改造，以实现对机动车交通的限制，增加交通之外的社会活动空间。

但在调研的几个城市，街道改造实践却在现代主义规划理念指导下渐行渐远。街道这一公共空间被从形态设计和使用规则两方面进行了重建，街道的复合功能由此被简化为单一的交通功能。以机动车为主导而建设的城市快速交通网络不仅排斥了除交通之外的一切社会活动，还进一步将以步行为尺度的传统城市割裂为不同的碎片，唯有依靠一辆机动车才能够安全而便捷地获得更多的城市社会资源。在现行的国家规范标准中，城市街道也被定义为城市道路，并以机动车设计时速作为主要参数来改造街道，同时根据以机动车设计时速而定义的道路等级对非交通活动施以不同程度的控制。在调研的一些城市中发现，城市规划部门将街道改造为"交通机器"的现代主义规划理念与城市管理部门对街道非交通活动的监管是如此一致与普遍。这些城市仍然固守现代主义规划理念，将街道简化为道路，甚至简化为以机动车为主导的交通空间，从形态设计上不断对传统街道进行拓宽改造，并实施与之相匹配的使用规则。

从街道改造层面来讲，对沿街商业活动的不利因素可以归为两类：一是在将街道改造为"交通机器"理念的支配下，为了保障机动车交通，拆除了大量的沿街店铺，并驱赶游商小贩。在城市快速路和干道网络上，这种现象更为显著。二是对步行和骑行空间的破坏导致了沿街传统商业形态的衰落。街道商业活动主要发生在沿街建筑之内及人行道上。由于不同出行方式与街道活动的联系各不相同——行人与各种街道社会生活的联系度最高，骑行者次之，而机动车驾驶员则通常难以参与街道公共生活——当街道被改造得越来越不适宜步行和骑行，街道也就失去了发展传统商业的可能。

街道拓宽改造对传统商业最为直接的破坏，就是拆除了大量沿街商铺。为了建构以机动车为主导的城市快速交通网络，太原市近些年在街道改造的过程中拆除了大量的沿街小商铺。这既是拓宽街道之需，也有利于减少对机动车交通的干扰。当街道被简化为道路，接下来就是将一切交通之外的活动从街道上排除出去，将一切影响交通的事物从街道上清除干净。当以快速路和主干道为主体的城市快速交通体系将滚滚车流引入中心城区，为了缓解机动车数量增多而导致的交通拥堵，太原市政府又将街道改造深入小街巷。在此过程中，又有不少沿街商铺被拆除，其中大量商铺以非法经营的名义被取缔，甚至很多路段的商铺的门和窗户被水泥永久性地封闭起来。为了维持交通秩序，城市管理部门还对商铺在人行道上摆放货物的行为以及游商小贩严加限制，这进一步削弱了街道商业活力。

太原市对被改造的城市干道周边街巷的改造声明，清晰地展示了生活性道路的商业活动随着主干道的建设而受到负面影响的内在逻辑——当传统街道被拓宽改造为城市主干道后，引入的滚滚车流反而加剧了中心城区的交通拥堵（包括日益突出的停车难问题），于是城市政府便将进一步拓宽主干道周边的背街小巷提上议事日程。太原市将五一路和解放路拓宽改造之后，又将目光放在了这两条道路周边的街巷上。2016年8月，太原市城乡管理委员会（2016a）发布以下消息：

> 今年分批对21条小街巷实施扩容提质综合改造，现已有14条开工，

年内将完工,其余7条正加紧筹备,近期将开工。此次改造的20余条道路,主要集中在解放路、五一路等主干道周边。规划红线范围内的违法建筑都要拆除,使机动车道适当加宽,增加通行能力。有的小街巷还将成为五一路、解放路周边的微循环路,分流主干道的交通压力。

当政府将街道拓宽延伸到所谓"背街小巷"之后,几乎在所有街道上都能感受到机动车增多带来的压力,太原市中心城区著名的商业街——柳巷,亦不能幸免于机动车的冲击。

柳巷是太原市具有三百多年的商业老街,一年四季,无分昼夜,人流量密集,是太原居民和外来游客购物和娱乐的首选地之一。柳巷的路面为一块板路面,为了缓解交通,柳巷多年来为单行道,仅有非机动车和公交车可以双向行驶。由于行人和非机动车较多,且有很多行人随意横穿马路,因此柳巷时常拥堵。在这种情况下,经过此地的机动车往往车速较慢,行人可以随意横穿马路而不必担心会与机动车发生碰撞。在繁华的商业街,行人之所以横穿马路是因为这更符合购物者的行为偏好。在调研中,笔者跟踪了一些横穿马路的行人,其中有一对青年男女,他们从柳巷一侧的一家珠宝店出来,直接横穿马路向街对面的另一家珠宝店径直走去;有几位男士横穿马路是因为他们只是想到体育用品店去买运动服和运动鞋而对其他店铺毫无兴趣;有几位女士横穿马路是因为她们只是想到对面的几家服装店逛逛。

2018年10月,市政府在柳巷设置了护栏,两侧为勉强供两辆自行车并排骑行的非机动车道,中间为双车道的单向机动车道,并禁止公交车自南向北行驶。街道设计的改变对商业街的发展造成了一些负面影响:首先,设置机动车专用道并加装护栏限制了行人和非机动车对机动车的干扰——在专用的机动车道内机动车可以更快速地行驶,机动车道两侧的护栏会提高行人随意横穿的难度,行人很难像此前一样根据自己的购物偏好来横穿马路。调研发现,尽管仍然有一些行人会翻越护栏,穿过机动车道到街道对面,但由于机动车车速较快且护栏有一定高度,与之前横穿马路的行人相比数量已经大大减少。如果从步行街的功能来考虑,行人购物便捷性和安全性的削弱会降低街道商业活力。其次,取消了公交车双向行驶的权利,公交车与私家车一样只能由北至南单向行驶。不便的公共交通会降低柳巷作为商业街区的吸引力。而这一切代价,都是为了让私家车能够快速通过此处。

步行和骑行条件的恶化则进一步破坏了街道商业的生存环境。笔者所调研的几座城市,街道改造几乎无不是以增加机动车道并挤压人行道为取向的。有研究表明,行人、自行车骑行者和公共交通使用者通常会比汽车驾驶员在当地零售业务上花更多的钱(美国全球城市设计倡议协会等,2018)[24],对街道经济有更积极的促进作用。调研中也发现,城市中很多的街边购物是行人和骑行者计划之外的行为,这些人可以根据自己的观察和需求随时停下观察商品情况并询问价格进而决定是否购买。

这种偶发的消费行为，对于增加零售额、帮助非正规就业者和提升社会弱势群体生活水平，均具有重要意义。与之相反，机动车则很难参与到街道商业活动中来，其原因主要有两个：一是机动车行驶速度较快，对沿街景观感受度较弱。如果不是对街道环境特别熟悉的驾驶员，很难在驾驶的过程中注意到沿街小店铺的经营项目，对于一些游商小贩就更加难以发现了。二是机动车停车购物会影响交通从而受到交管部门的严格管制。在某些情况下，即便驾驶员有停车购物的需求也无法实现。因此，在一些被拓宽改建为主干道的道路上，沿街小商铺的营业额会受到极大影响而难以生存，曾经活跃于传统街道的游商小贩也难见踪迹。太原市五一路上某便利店经理反映：五一路被改造为主干道后，该店客流量下降了约三分之一。

当街道被定义为道路，交通也就成为街道设计的唯一功能。街道上丰富的社会活动不仅从空间形态上被排斥，关于道路交通的相关法律法规也进一步对此进行了强化。《中华人民共和国道路交通安全法》第三十一条规定："未经许可，任何单位和个人不得占用道路从事非交通活动。"在道路上摆摊设点、展销商品、福利募捐等都成为需要被许可的行为。在具体的实施过程中，一些城市做了适度的变通，按照城市道路的职能和等级进行分类管理，在以机动车为主导的所谓高等级或主要道路上加以严格的限制，而对于一些小街小巷则采取默认的态度。当然，城市政府依然保留着将非交通活动从街道上完全排除出去的最终权利。

太原市在2017年开展了城市管理全面提升行动，其中包含了对占道经营整治这一内容。其基本的思路是：将道路等级和职能作为是否允许占道经营的标准。其中，快速路、主干道为严禁区，严禁各类占道经营行为；次干道及背街小巷等区域为严控区，区域内各个市场限定时间、限定区域，规范经营，实行重点时段严管严控；在不影响市容、不影响交通的背街小巷、居民小区等区域，可以根据需求，设立临时便民市场，规范管理。对于太原整治占道经营，不同市民表达了各自的观点。在一位更关注交通的市民眼中，街道上的商贩因干扰了正常交通而应当被彻底清除。这位女士说道：

过去，山医大（山西医科大学）二院门口遍布各色小吃摊贩，卖面皮碗托的、卖臭豆腐的、卖鸡蛋灌饼的，俨然一个集贸市场。摊贩们扎堆堵在路上，新修的五一路咋能通畅起来啊？（山西晚报，2017）

交通是城市街道最为重要的功能，对街道的包容性设计也应当将交通置于一个重要的位置，因而在此无意为商贩干扰交通行为进行辩护。引用这位市民的谈话是想从另一个侧面说明以下两点：其一，该女士描述的这些售卖小吃的摊贩均为非正规就业者，他们以此谋生，养家糊口；其二，医院对这些摊贩具有更为旺盛的市场需求，以至于"俨然一个集贸市场"，医院雇员、病患及周边的众多消费者也从中受益。交通功能固然在街道设计中应具有一定的优先性，但在将街道上的一切商贩清除出去外，还可以有一些更为人性化的措施。山医大二院对面一家鲜花店老板在肯定了街道整治后环境整洁了这一点之后补充道：

以前饿了就在门口买个盒饭，价格便宜而且省事。现在只能走路去临街饭店，一顿饭比以前贵了不少，这对于我们陪护人员来说，花销也不少。（山西晚报，2017）

伴随着大规模的街道拓宽改造，街道丰富的社会功能正日益成为一个功能单一的交通空间，街道的包容性越来越差。街道商业，特别是非正式商业活动被压制，曾经活跃于传统街道的小商铺、游商小贩、街头艺人等群体的生存空间因人行道越来越窄而被不断挤压，同时也因城市管理部门为维持交通而被持续清除——这两个方面其实是相互关联的。街道如此改造和管理所引发的一个后果是，随之出现了迎合机动车消费习惯的郊区化、大型化商场。对占道经营的大面积清理，给城市居民的日常生活造成不便，于是城市政府将配建大型便民市场作为主要应对之策，将市民的日常消费限定在有限的专业化空间之内。这种功能分区的思想，就是一种典型的现代主义规划理念。

在人行道设计存在诸多缺陷的情况下，街道已不再是一个适宜老年人进行散步、下棋等社会活动的场所，也不再是一个适宜儿童或青少年玩耍的地方（与图5-7、图5-8形成鲜明对照）。街头的休闲体育活动也被日益限制在职能单一的专业化场馆中或是小区的院落中（如果有的话）。在上下班高峰期，太原的大街小巷满是滚滚车流；而短暂的高峰期过后，受物质形态和使用规则所限，为机动车而设计的街道难以开展交通之外的活动，于是变得冷冷清清无人问津，街道空间资源处于闲置状态。

图 5-7　太原市坝陵北街在传统街道上娱乐与社交的长者们

图 5-8　太原市坝陵北街在传统街道上开展体育活动的儿童

将街道空间对传统沿街店铺和商贩的包容性作为街道包容性的主要方面给予评价，既考虑到街道传统商业在社会正义方面的积极作用，也是因为对于街道应促进商业功能这一观点具有更少的争议性——无论是学界还是民众都越来越普遍地认识到街道在促进社会公平和城市繁荣等方面的积极意义。此外，街道传统商业形态的发展与街道空间便捷性（主要以步行为尺度）、安全性等方面总体而言是相互兼容的。总体而言，当一条街道被设计得适宜传统商业形态发展时，这一条街道通常也是能够被行人和骑行者安全而便捷地使用的。可以说，街道商业的发展繁荣既是街道更具包容性的表现也为更具包容性的街道提供了条件。

当街道被定义为道路，特别是快速路、主干道和次干道被定义为机动车快速行驶的通道，这些街道便不再是城市居民进行社会生活的公共空间，反而成为分割不同社区的边界。特别值得警惕的是，在城市规划的教材，尤其是各类居住区规划教材往往将城市干道作为社区的边界而不是公共生活的中心，并进一步教育和要求学生，将这个社区视为城市中一个具有一定独立性的单元予以规划设计，俨然设计的就是一个与外界联系无几的小城镇。尽管很多方案在被城市干道围合的居住区之内设计了社区生活中心，但居住区内的所谓公共空间其公共性显然不及街道空间，因为其使用权归属于小区业主（以公摊的形式由业主购买），并由物业公司代为管理，因而具有一定的封闭性，无法承担传统城市街道所能够提供的多元的公共空间职能。

5.1.4 社区集体权益

所谓社区集体权益，是指某些居民因共同居住在同一社区而具有的共同权益。这种集体权益主要基于共同的居住空间，因而有别于此前所讨论的基于某种身体状况或社会特征的群体权益。尽管这种社区集体权益并非对居住在该社区中的所有居民具有同等价值，但因为这种权益对该社区绝大多数居民所产生的影响是如此普遍且与周边其他社区存在显著不同，在这种意义上，我们称之为社区集体权益。

作为城市建成环境中的某一社区群体，在发展过程中形成具有一定共性的生活和消费时空模式，他们彼此就近共享政府配置的公共资源及其政府提供的基本公共服务，就近获取城市社会提供的各种生活资源。但在城乡规划知识的建构和街道改造实践中，某一条道路的设计通常要服从于城市路网体系的整体安排，城市政府往往对道路周边居民的日常生活考虑不够，甚至因城市快速路和主干道的建设而割裂了该社区与城市主体的有机联系。随着城市街道不断被拓宽改造为城市快速路和主次干道，城市建成环境的整体性被破坏，进而增加了街道两侧居民获取资源和社会交往的成本（图5-9，主干道北大街上的过街设施相对较远，两位市民隔

图5-9 太原市北大街隔着主干道护栏聊天的住户

着护栏,在滚滚车流中聊天);一些社区因与城市主体分离而被边缘化,从而导致社区居民集体权益受损。

在被街道改造所边缘化的社区中,甚至还会导致"城中半岛"之极端现象。所谓"城中半岛"是指这样的社区:社区规模本身较小,且被城市快速路、主干道以及与该社区功能不兼容的建筑物或构筑物所围合,导致该社区对外交通非常不便,极端情况下该社区只有一个通道与城市主体保持联系,社区居民普遍难以获取日常所需的各种资源。在基本公共服务配置方面,由于此类社区人口规模有限,城市政府往往基于效率方面的考虑不会在社区内部配置基本公共服务设施,该社区居民只能到社区之外才能获取基本公共服务;在市场化服务供给方面,过小的社区规模又不足以满足市场资源配置机制中商业盈利的最低门槛,因此社区内普遍缺少居民日常所需的各类公共服务设施,该社区居民对外部公共服务设施和市场配置资源具有依赖性。另外,尽管此类社区还可能位于中心城区,但却由于很少有本社区外居民所需的日常生活资源,因此也就很少有该社区外市民主动造访此处。

城中半岛式居住区的形成原因较为复杂,其中多数与以机动车为主导的街道快速化改造存在密切关联。城市政府对某一条街道的改造,更多地考虑以城市快速路和主次干道为核心的城市道路网络的整体布局,对街道周边居民日常生活的影响考虑不足。一些社区被城市快速路和主干道切割,再加之周边与其居住功能不兼容的土地功能或不利的地理条件限制,遂成为城市中的半岛。在城市快速交通体系建设的热潮中,太原等城市大量居住区在不同程度上沦为"城中半岛"。这些居住区对外连通度本身较差,当为数不多的对外通道被拓宽改造的快速路或主干道进一步阻隔后,该社区居民出行更为不便,也就难以就近享有各类基本公共服务和社会资源。

中铁六局太原铁建建南 10 号院就是一个典型的案例。该社区位于太原火车站南侧,对外交通本就不便。其北侧为太原火车站用地,为了管理便利,太原火车站建起了围墙,居民无法从北侧进出;东侧为封闭的铁路线,居民无法穿越;南侧为朝阳街,但可能由于历史原因该居住区并未有直接面向朝阳街的出入口;西侧为建设南路,该居住区居民由此方向与城市主体保持联系。在建设南路改造之前,该居住区通过建设南路出入还相对较为便利。2014 年,太原市实施建设路快速化改造。建设路被设定为加强型城市主干路(主要节点立交,直行交通连续),主路设计速度为 60 km/h,辅道设计速度为 40 km/h,出入口匝道设计速度为 40 km/h。改造后的建设路道路全线不设红绿灯,地面道路双向 10 车道通行,高架桥双向 6 车道通行,建 7 座跨线桥,2 个下穿通道,红线宽 56.5 m(山西日报,2014)。为了达到设计时速,中铁六局太原铁建建南 10 号院西门从地面横穿建设南路的路口被封闭,只在朝阳街附近新建了过街天桥供行人横穿建设南路使用。从此,该社区对外交通状况急剧恶化。由于该社区规模较小，位置偏僻，社区内商业无法发展，建设南路靠近社区一侧的商铺又被拆除，基本公共服务配置又相对短缺，社区居民获取日常生活所需不仅得绕行，还必须爬上爬下人行天桥。人行天桥设计也存在很多缺陷，没有电梯，甚至扶手也被用于推行非机动车的坡道阻隔而无法使用，给社区居民日常生活带来极大不便。

虽然上述中铁六局太原铁建建南10号院案例具有一定的特殊性，但太原市在城市快速交通体系建设过程中导致大量居住区被边缘化并非危言耸听。太原市享堂小区被近年来拓宽改造的三条城市快速路和主干道所围合成一个呈三角形的独立地理单元——东侧被城市快速路涧河路及铁路线所阻隔，南面和西面分别为城市快速路北中环街和城市主干道五一路。享堂小区占地面积和人口规模均较中铁六局太原铁建建南10号院略大，对外交通条件也相对更为便捷，居住区内布局有学校、药店、银行、幼儿园等公共服务设施。但是，随着城市快速交通体系的建构，该居住区被从城市整体环境中分割出来也是无可争议的事实。太原市迎泽西街为太原市主干道，2018年太原市又对虎峪河两岸道路进行了快速化改造。路段东西向并行的快速路和主干道主体部分平均距离不足200 m，部分路段距离甚至不足50 m。距离过近的两条快速路对城市两侧社区的完整性造成了非常严重的破坏。太原理工大学为山西省唯一的211工程高校，被虎峪河两侧的快速路和迎泽西街一分为二，该校区学生日常往返于相距350 m的两个校园，竟然必须横穿一条快速路和一条主干道。

尽管一些城市在街道快速化改造中损害了一些社区的集体权益，但对于社区内不同的居民而言，其受到的负面影响也大不相同。在这些社区之中生活的居民，特别是对于一些行动不便的老年人、照顾儿童的家庭妇女以及残障者而言，无论是政府配置的公共资源还是市场配置的社会资源，根本不可能实现以步行为尺度的各级生活圈规划。调研发现，街道改造对于一些独居老人，特别是爬上爬下台阶已经存在困难的老人而言，如果家庭成员不能对其日常生活提供足够的支持，街道拓宽改造而加剧或造成的城中半岛效应会对他们的日常生活产生灾难性的影响。

讨论"城市半岛"现象的正义问题，必须对其成因进行分析并加以区别对待。如果在类似社区居住和生活是出于市民的主动选择，也就是说居民选择在此类社区生活之前"城市半岛"现象已经形成，尽管政府有促进基本公共服务均等化的责任，但居住在该社区的居民并没有主张政府给予补偿的正当性。但如果是街道的快速化改造造成或加剧了"城市半岛"现象，那么城市政府就应当给予在此社区中居住的市民合理的补偿。这种补偿类似于日本土地征收过程中对私人财产补偿中的少数残存者补偿——当因大型公共事业建设而导致建设地区社会遭受破坏，只有少数几家可能残存下来，但由于共同体被破坏，少数残存者因离开生活共同体而造成的损失，政府对其给予一定的补偿（毕保德，2015）[239]。

因城市街道改造而造成的城市半岛现象，城市政府应当根据情况或是对少数残存者进行一定的补偿，或者适当增加基本公共服务就近供给，以保障社区群众能够维持正常生活。

除了对街道两侧社区完整性的割裂，以机动车为主导的城市街道改造还可能会给街道两侧社区带来空气污染、噪声污染和房地产价格下降等负面影响。户外空气污染是当前影响公共健康的主要原因，可造成呼吸系统等疾病。以机动车为主导的街道改造加剧了空气污染，其对哮喘等呼吸系统疾病的相关性已经被健康学家所证实（杰夫·斯佩克，2016）[31]。如果继续实施以机动车为主导的街道改造模式，那么就会鼓励更多的城市居民放弃更清洁、低排放的步行和骑行改为私家车出行，从而加剧户外空气污染。以机动车为主导的街道改造加剧了噪声污染。机动车噪声是城市噪声污染的主要来源之一，噪声会导致很多健康问题，如睡眠障碍、心血管问题、工作效率低下和学业表现不佳及听觉障碍等（美国全球城市设计倡议协会等，2018）[28]。当街道被拓宽快速化之后，街道两侧住宅受到的噪声污染将会显著加大。城市中的快速路、主干道和高架桥会抑制街道周边房地产的价格，以机动车为主导的街道改造还会因其带来的空气污染、噪声污染、视觉污染、出行环境恶化等负外部性而导致沿街两侧房地产价格下降。以机动车为主导的街道改造还会减少街道两侧居民接触自然的机会。街道是人们每天使用的公共空间，街道树木和景观美化可以使人们接触自然、改善情绪、保持心理健康（美国全球城市设计倡议协会等，2018）[28]。但在一些街道拓宽改造的过程中，大量行道树被清除以便为交通提供空间，从而降低了街道公共空间质量。以机动车为主导的街道改造还会增加不公平的公共财政负担。为机动车交通创造更好交通条件的街道改造花费了巨额的公共财政，行人和骑行者需要因此为开车的人付费。

5.2 街道改造与身份建构

苏格兰斯特林老年痴呆症服务中心前主任玛丽·马歇尔（Mary Marshall）在为伊丽莎白·伯顿和琳内·米切尔所著的《包容性的城市设计——生活街道》一书所写的序言中，以老年痴呆症患者为例，指出了街道等公共空间对这一群体的社会排斥及社会身份的建构：

对于老年痴呆症患者而言，普通的生活环境并非为他们设计，环境对他们的不包容限制了他们的行动，令他们看起来更"无能"。然而事实上我们应该反省，他们的"无能"并不是自身的原因，而是环境对他们的包容性不够。我们应关注生活中的弱势群体，包括老年痴呆症患者、患有听觉和视觉障碍的人、行动不便的残障人士等；当我们体会到这些弱势群体的需求，真正地从他们的角度出发进行外部空间设计时，他们才能够更多地参与到社会活动中来。（伊丽莎白·伯顿等，2009）[序]

基于不同身体状况的群体有其特有的街道使用行为能力和习惯。令人遗憾的是，当下诸多城市街道不断被拓宽改造进而生产了大量老年人和残障者使用时间成本高昂甚至于无法使用的街道。老年人因难以正常使用街道而成为失能的老年人，残障者亦因无法使用街道而成为无法融入社会的残障者。街道的拓宽改造，也成为一个同步生产老年人和残障者的社会过程。本书将通过分析街道建成环境和使用规则的改变对一些群体街道使用行为能力和习惯的影响，探讨街道改造是如何具体地参与出行方式"地位化"以及老年人、残障者等群体社会身份的建构过程。

5.2.1 街道改造与出行方式的社会隐喻

不同出行方式不仅有其自身特有的技术性特征，还具有被社会所建构的文化性特征。不同的人群根据出行目的、交通状况、个人偏好、选择能力以及维护自身社会形象等各方面的综合权衡来选择适宜的出行方式。经过社会文化的建构，出行方式已不仅仅只是一种从甲地到乙地的技术手段，而是具有了更为丰富的社会隐喻内涵。社会建构了一种属于成功人士和强者的汽车文化，步行和骑行的价值被社会文化所贬低，甚至还存在一定程度的社会污名化。

汽车文化的形成因素是多方面的，在此仅对其街道规划设计方面的根源进行探讨。汽车文化的塑造在一定程度上可以归功于汽车公司的商业广告。在城市无处不在的商业广告中，汽车代表着男性气质和对自然和时间的征服，价格不菲的私家车还象征着财富和地位。不可否认，这种汽车文化是建立在一定物质基础之上的。与非机动车和步行相比，机动车速度更快，也确实能够为个人提供更好的庇护——免受风吹日晒雨淋，在酷暑严寒时节可以使用空调让身体保持舒适，在发生交通事故时也能够比非机动车提供更好的保护。同样不可否认的是，开车出行这种比骑行或步行更有尊严的汽车文化同样有街道设计方面的现实基础，我们的街道改造强化了这种汽车文化，其中含有不正义的街道空间生产过程和结果。在街道的形态设计和使用规则中，骑自行车或步行被视为一种落后的交通方式或者专属于收入较低阶层的交通工具，而驾驶机动车则享有更多的街道空间特权。这种文化促使一些市民通过将出行方式从步行或骑行转换为机动车出行，以此来摆脱低人一等的社会形象。

这种不平等的汽车文化由来已久，与中世纪的马车文化可谓一脉相承。刘易斯·芒福德（2005）[387]在《城市发展史——起源、演变和前景》一书中就如此描述巴洛克时期大街上不平等的马车文化：

富人沿着康庄大道的中央轴线迈进，穷人靠边站，站到路旁排水沟旁去；最后终于为普通人修建了一条特殊的步道，即人行道。富人瞪着眼睛，穷人张着嘴站在一旁，傲慢无礼的家伙们，盛气凌人，欺贫肥己。

在机动车还是新生事物的早期，无论是城市管理部门还是普通民众都往往对其采取一种限制其路权的态度，并认为在交通事故中机动车应当无条件地承担主要责任。但随着机动车数量的增加，几乎所有的国家都逐步开始采取措施对行人实施限制，并让行人注意避让机动车。在20世纪30年代，随着南京、北平（今北京）、青岛、上海等城市机动车的逐渐增多，大量的交通事故随之发生。这些城市政府开始对行人实施限制。在当时，尽管也出现了"横断步道"（即现在的人行横道）这样的新生事物，以便让行人"循此路线安全横过车道"，但似乎并未从法规上禁止行人在没有横断步道的设施上过街，只是认为行人过街时应当谨慎避让机动车。例如1931年公布的《青岛市陆上交通管理规则》第十条明确规定：行人须避让一切车辆；第十一条规定：行人欲越过马路或经过交叉路口时，须注意左右行车不可冲过（内政部警政司，2018）[237]。同时期公布的《北平市行人车马行走马路规则》第六条规定：行人在人行便道欲经过马路者，须避让往来车辆以免碰撞（内政部警政司，2018）[181]。随着城市交通变得日益复杂和拥堵，街道空间被按照交通方式进一步细分，行人只能通过规定的人行道或过街设施才可以合法过街，宽阔的机动车道由此成为机动车的专属空间，行人随意横穿则会被贴上不道德、不守法纪的标签，甚至还要接受一定的行政处罚。珍妮特·萨迪-汗等（2018）[67]曾指出了纽约等城市中行人被污名情况，并对此进行了反思：

　　20世纪早期，城市街道上开始出现疾驰而过的机动车辆，导致伤亡和拥堵，居民、学校和各类城市组织担惊受怕，试图去限制车速。然而，机动车行业却勾勒出截然不同的场景：行人才是伤亡事故的罪魁祸首。为私人机动车辩护者创造了jaywalker一词（意指不顾危险地横穿马路的人）；他们在校园里发起安全行动，并且分发教育材料，强化了道路服务于车辆的观念。在他们看来，行人应该为自身的安全负责，应当惧怕并远离道路。司机认为道路是属于他们的，他们只在碰到红灯而不是行人时才停车。这样的道路运行规范一直持续到今天。

　　时至今日，这种小汽车享有的种种街道特权的汽车文化与20世纪早期相比有过之而无不及。以机动车为主导的通达全城的城市快速交通网络为机动车提供了便捷的服务——尽可能少的信号灯、尽可能少的平面交叉、尽可能少的建筑立面干扰、尽可能多的机动车道、尽可能大的拐角半径、使用越来越不便的过街设施等。在以快速路和城市干道为主体的快速交通网络中，以步行为尺度的完整的城市日常生活空间被频繁切割，行人和骑行者常被置于更为不便捷和不安全的交通环境中。如前文所述，当街道被不断拓宽改造为以机动车为主导的道路，从而导致传统街道商业形态的整体衰落，取而代之的是现代主义大尺度的功能分区和城市政府对公共服务设施规划布局的大型化和郊区化状况，在这样的城市中，如果公交、地铁等公共交通不能满足市民日常所需的话——公共交通的机动性无法与小汽车相比，也唯有拥有一辆机动车才能够在城市中纵横驰骋，也唯有驾驶机动车出行才有可能在有限的时间内获得更多的社会资源。

在步行和骑行环境不断恶化的城市中，交通事故更为频发。当机动车与非机动车或行人发生碰撞时，受伤的骑行者或行人躺在道路上呻吟，伤害的不仅是非机动车或行人的身体，还有他们脆弱的自尊。在人行道和非机动车道缺失或者被占用的街道，行人和骑行者只能小心翼翼地从路边通过。在没有人行道的路段，按照街道竖向设计，为了防止街道积水结冰，街道从中线向两边逐渐降低，当该路段因下雨积水时，行人和骑行者有时只能在污水中穿行，但机动车道却因地势较高排水便利而畅通无阻。即便有人行道，在排水不畅的情况下行人横穿马路也往往需要涉水而行。在一些宽阔的交叉路口，行人日常过街还往往要承受巨大的身心压力。为了避免机动车与非机动车或行人交会，城市政府建设了使用不便的地下通道或过街天桥让行人爬上爬下，迫使骑行者绕远道而行。这些街道设计方式和使用规则，无不宣示了机动车比行人和骑行者更为优先的街道权益。在这样的街道上，驾驶机动车比步行和骑行更有尊严。

如前所述，在流行的高校教材甚至城市规划师执业资格考试的教材中，有一种甚为流行的观点，认为机动车代表了时代的进步，是一个国家现代化的象征，而步行和骑行终将被历史淘汰。但荷兰和丹麦等发达国家的经验表明，无论是对机动车的过度依赖还是汽车文化都不是历史发展的必然。在这些国家，城市政府通过合理的街道改造，为骑行和步行构建了安全、便捷的交通空间，并将步行和骑行置于比机动车更优先的地位，从而建立了一种自行车文化——城市居民不会将骑行视为一种落后的生活方式，骑车上路的人和行人甚至能感受到比机动车更多的尊重。

在荷兰的很多城市，政府为自行车设计了尺度宽松的专属空间，骑行者受到以自行车为中心的相关道路使用规则的严格保护，因此在荷兰骑行是一件容易的事情。人们不必担心骑行戴头盔会破坏发型——因为骑行足够安全，没有戴头盔的必要。在荷兰，当发生了包括骑行者在内的车祸时，保险公司会参照荷兰公路安全法典（The Dutch Road Safety Code）第185项"严格赔偿责任"。该条款的核心要义是：机动车主通常至少要赔偿骑行者及其自行车在车祸中损失的50%。荷兰的骑行者感到有权力、有尊严，在荷兰的城市中骑行是一件令人愉悦的事情。尽管荷兰也有马路车祸发生，但很少涉及重型机动车、糟糕的交叉口和危险的驾驶员。荷兰人甚至视自行车为生命旅程中可靠的伙伴，所以自行车的耐用性对荷兰人而言尤其重要。拥有一辆破旧的老自行车会为一个人增光添彩，因为这被认为代表了长远和持久的爱。

哥本哈根不仅重建了完善的自行车交通环境，甚至在一些容易发生机动车和非机动车碰撞交通事故的地段让自行车享有优先权。例如在交叉路口涂上蓝色的自行车过街路线，还为自行车设置了专用信号灯，在汽车被允许启动行驶前的6 s变成绿灯以便让自行车先行通过。在哥本哈根，由于骑行环境的极大改善，骑行者不仅有更好的骑行体验，而且骑着自行车出行成为一种安全、环保、低成本和有尊严的方式，并由此形成了一种新的自行车文化。儿童和老人、商务人士和学生、带着孩子的家长们、市长和皇室成员都骑着自行车出行，骑行被普遍认为是一种更健康、更环保的交通方式。在哥本哈根，每日有超过一半的哥本哈根人骑自行车出行（扬·盖尔，2010）[10]。下雪时，哥本哈根的骑行人数竟然还会增加，这是因为政府会优先清理非机动车道上的积雪，骑行上班的大众感受到了政府的尊重和善意。

当下，中国一些地方城市政府也在积极倡导更具可持续性的出行方式。其中主要的方式就是政府官员偶尔骑车上班以作为示范，但并未深入街道设计和交通规则层面。2009年12月，新浪网转载了一则关于某中部省份市长"微服私访骑车体验市民出行生活"的新闻。这个标题至少反映出：在很多人看来，一位有社会身份的人通常情况下是不会骑行出行的。国内一些专家纷纷对此表示肯定，认为应当通过宣传教育的方式提升自行车和步行社会形象，但这种单纯的教育并不能根本改变当前根深蒂固的汽车文化。一些国内学者在介绍荷兰、丹麦等国家的自行车文化中，也强调政府采取的所谓"名人效应"，认为政府官员骑自行车出行具有重要的榜样作用。显然这只是基于中国汽车文化的过度解读——正是荷兰和丹麦的自行车文化中形成大批日常骑自行车出行的民众，才使得任何一个城市领导者都不可能忽视这些数量众多的选民。由于政府为骑行者设计了有尊严的街道，骑行已经成为包括政府官员在内的众多民众的日常选择。那些官员骑行上街，绝不是偶尔故作姿态的走秀，而是一种与选民具有共同街道使用理念的表达与宣示。未来中国若要发展可持续的出行方式，最根本的措施之一，还是要通过街道形态和使用规则的改变，让行人和骑行者能够获得步行和骑行作为传统出行方式的权益与尊严。

5.2.2 街道改造与老年人身份建构

人口老年化是一个自然衰老和社会建构共同作用的过程。在一般的老年化研究中，通常将人口老年化区分为生物性老年化和社会性老年化，前者是指人体随着年龄的增长而出现的机能退化，后者是指在文化上与某一特定的年龄相维系的规范、价值和角色的变化。生物性老年化是任何人都无法回避的自然进程，但街道建成环境和使用规则却深刻地参与了社会性老年化进程。只不过由于生物性的老年化与社会性的老年化相互纠缠在了一起，在一定程度上遮蔽了街道在促进社会性老年化中的重要作用。

在老年化的社会建构中，人们往往将老年人与失去生活自理能力和生产能力紧密相连起来。老年人的自嘲和无奈中最常用的一句话就是："老了，没用了。"随着年龄的增长，个体的移动能力会逐步减弱，这一自然过程在一个人的生命周期中无可避免。毋庸置疑的是，对于绝大多数个体而言，其移动能力的减弱通常表现为一个逐渐退化的过程，但现代主义街道改造理念则往往显著加剧了这一进程——以机动车为主导的街道改造模式让很多老年人更快地失去了移动的能力。当这些老年人无法通过街道安全而便捷地融入城市时，也就意味着他们失去了独立生活和劳动的能力。实地调研发现，老年人往往是对现代主义街道改造理念持反对态度比例最高的群体。令他们感到沮丧和不满的是，他们发现这种街道改造模式有损于其积极主动地塑造和重新界定自己身份的能力，但自己对此却无能为力。无论是在现代化国家城市还是在发展中国家城市，现代主义街道改造理念都会造成同样的后果。杰夫·斯佩克（2016）[16]通过对美国等发达国家城市的观察发现：

> 空巢家庭……人口接近65岁……郊区的房子会产生社会隔离，特别是上了年纪眼睛昏花、动作迟缓，开车去哪里都不方便。对这代人中的许多人而言，自由意味着生活在一个适宜步行，公交便捷地连接诸如图书馆、文化和医疗站等公共服务设施的社区。

笔者调研了几个城市发现，城市街道改造越来越不利于老年人出行——越来越宽的机动车道、越来越少的交叉路口、越来越多的过街天桥和地下通道、狭窄不平且经常堵塞的人行道、短促的过街步行信号时长、以机动车稳定性为主设计的转弯半径等，致使很多老年人在街道上行走提心吊胆，一些腿脚不便的老年人爬上爬下过街天桥和地下通道举步维艰甚至于无法逾越（图5-10，图中使用辅助工具出行的长者根本无法使用五一路新建的地下通道），穿越城市快速路和主次干道犹如虎口脱险。老年人被进一步限制在被城市快速路网所分割的狭小空间之内，难以获得日常生活所需的资源，进而成为社会性的老年人。

图5-10　太原市五一路需要辅助工具出行的老年人

太原市五一路和建设路改造通车之后，笔者进行了调研，质疑街道改造者中以老年人居多。为了确保五一路作为城市主干道的设计标准，政府设置了护栏，封闭了原先与五一路交叉的几个交叉路口，其中五一路从府东街至新民中街之间约600 m路段没有过街设施。一位老人感叹道："以前，每天早上到对面去买早点，现在那些店铺也被拆了。就是不拆，我们老胳膊老腿的也过不去了。"在调研中经常能发现一些老年人利用一切可能翻越隔离带横穿马路，处境相当危险。另一位老人指着坝陵北街附近的地下通道，表达了对政府让行人由路面过街改为从地下通道过街的不满：

> 我（膝盖）关节不好，孩子们不在身边。没有修路前，我自己还能去旁边医院，现在修了个地下通道，我下不去。要去医院还得兜一圈，太麻烦了……你看，地下通道也没有扶手，台阶上还有积水，冬天结了

5　街道改造的后果与空间正义 | 139

冰，谁敢走啊！"

在一些城市，政府禁止电动三轮车上路。实际上，老年人对载人电动三轮车有切实的需求。一些老年人外出购物、接送儿童上下学、带年长伴侣上街闲逛，往往倾向于选择电动三轮车，这是因为老年人平衡性较差和腿部力量较弱，较之于两轮非机动车，电动三轮车能够在临时停靠时为老年人提供支撑。此外，一些腿脚残障人士也需要电动三轮车作为代步工具。但在街道改造中，过街天桥和地下通道往往成为三轮车不可逾越的天堑。

图 5-11　太原市五一路推重物的长者

街道改造后，面对狭窄甚至断裂的人行道、没有电梯的天桥与地下通道、间隔越来越远的过街设施、越来越宽阔的机动车道，处境更为艰难的是一些需要独立生活的孤寡老人和拾荒的老人。那些时常需要购买日常生活物资的老人，推着重物（图 5-11），日常艰难地往返于对他们越来越不友好的街道上。那些推着人力平板车谋生和补贴家用的老人（图 5-12），连同他们的平板车，并不受现代主义将街道改造为"交通机器"理念的欢迎。

图 5-12　太原市五一路拉平板车谋生的长者

一些政府还建构了与年龄相关联的街道使用规范和价值观，欲将达到一定年龄的人群排斥在街道使用之外。那些普遍面临着人口老龄化问题的国家，在建设适宜老年人使用的街道方面几乎已经成为共识。《全球街道设计指南》提出，要为 95 岁以下的自行车骑行者设计满足其骑行的街道，以保障舒适度。但一些城市政府不仅未能对日益排斥老年人的街道改造进行反思，反而将一些交通问题未加分辨地归咎于老年人的低素质和低能力。不可否认，一些交通事故确实与部分老年人安全意识淡薄和缺少交通安全知识有关，但街道规划设计方面的根源同样不应忽视。

2017 年 8 月，台州市公安局写了《致全市老年交通参与者的一封信》《致全市电动车主的一封信》和《致全市机动车驾驶员的一封信》，共计 200 多万份，在全市范围内发放。在《致全市老年交通参与者的一封信》中，台州市公安局先是列举了一串"触目惊心"的数字："2015 年至 2017 年 6 月，台州市交通事故死亡人员中 60 岁以上死亡 703 人，占死亡总人数的 37.3%。"为了确保老年人交通安全，该信中提出了"老年人出行不骑乘电动车,可让子女接送或者乘坐公交车等其他交通工具"等建议,在该信的结尾,又号召"广大老年朋友增强交通安全意识,抵制交通陋习"(台州市网上公安局,2017a)。在另一封《台州市公安局致全市电动车主的一封信》中,台州市公安局奉劝电动车主:"弘扬孝道文化,关爱父母长辈,劝导60岁以上老人尽可能不骑电动车。"(台州市网上公安局,2017b)

　　这两封信体现了一种歧视老年人的文化。实际年龄并不能代表年长者的身体状况。在60岁以上的年长者中,很多人身体健康,具有广泛参与社会生活的现实需求和能力,承担了日常接送儿童上下学等家庭责任,甚至还有相当比例的老年人依然在岗工作。但这两封信却将60岁以上的老年人一概视为一种需要被照顾、缺少单独骑电动车上路能力的群体,并暗示这个群体会扰乱城市交通秩序,给他人带来麻烦。此外,政府还将社会责任转移给了家庭——责备老年人不够自重,年轻人对长辈缺少关爱。

　　随着我国家庭结构的小型化,出现了越来越多的独居老人,由于缺少年轻人的陪伴和关照,他们对街道的便捷性和街道作为交往空间具有更多的需求。再加之国家人口政策的调整以及育龄人口的高龄化倾向,越来越多的老年人承担起了照顾儿童出行和上下学的责任。街道是城市中使用最为频繁、最为重要的公共空间,在适宜年长者生活的社区建设中具有特别重要的价值。建设适宜老年人居住的城市,最为重要的是保障老年人使用街道的便捷性与安全性。随着我国人口老龄化程度的不断加深,老年人口越来越多,占总人口的比重越来越高,无论是从社会公平正义角度还是从功利主义的计算角度,建设适宜老年人生活的街道都应当成为一个重要的议题。随着年龄渐长,每一个个体都会出现不同程度的动作迟缓、听力衰退和视力昏花等情况,开车出行会非常不方便,营造一个适宜老年人步行的街道环境,降低其通过步行和公共交通使用公共文化、医疗卫生、休闲娱乐等公共服务设施的成本,为老年人在街道这一广泛存在的公共空间中创造相遇和休闲的条件,几乎符合每一位市民的潜在利益,应当作为街道规划设计应对人口老龄化的重大课题。

5.2.3 街道改造与残障者社会建构

　　城市街道改造对残障者的社会建构过程,是通过街道设计对残障者空间权益的漠视甚至空间排斥而实现的。英国身体伤残者反隔离联盟(Union of Physically Impaired Against Segregation, UPIAS)在其宣言《残障基本原则》中,主张严格区分"伤残"和"残障"。所谓伤残,是指"肢体的一部分或全部缺失,或者身体的某一肢体、器官或机制有缺陷";所谓残障,是指"某个当代社会组织对有身体伤残的人士有欠考虑乃至完全漠视,导致这些人士的活动处于弱势或受到限制,从而排斥其参与社会主流活动"。(安东尼·吉登斯,2009)[231]

据中国残联推算数据，2010年末我国残障者总人数为8 502万人，其中视力残障1 263万人，肢体残障2 472万人（此为官网可查的最新数据，其中未区分上肢与下肢残障情况）。但无论是笔者的社会调查还是民众的直观感受，人们很少能在街上看到盲人和下肢残障人士的身影。这一现象与此类人群在总人口中的分量显然是不成比例的。不可否认，这些群体要能够融入社会，需要社会各方面的全面支持，但仅从公共空间规划设计而言，城市中的街道网络整体而言对盲人和行动不便的残障人士并不友好。

在城市街道改造领域，无论是在知识建构层面还是在社会实践层面，由于残障者几乎没有真正的话语权和参与决策权，因此残障者出行的权利便很难得到认真的对待。在笔者调研过的一些城市街道中，很多人行道难以供轮椅使用，主要问题有人行道崎岖不平、过于狭窄、缺少平缓的坡道、缺少连续性、过街设施相距太远且轮椅无法通过（如那些没有电梯的过街天桥和人行通道）；盲道则普遍存在缺失或间断、设计布局不合理、长期被机动车或非机动车占据等问题。残障者基本的移动能力不仅没有能够得到保障，反而还设置了更多的移动障碍，从而生产了社会意义上的"残障"。

很多人基于资源配置效率方面的考虑，不赞同对残障者的出行权给予高度评价。一些功利主义者认为，城市中的残障者毕竟只是少数，城市街道空间资源又是如此稀缺，如果在街道规划设计中给予他们使用街道的条件，那么会造成大量公共空间资源的低效配置甚至浪费，进而降低城市全体居民福祉的净余额。在功利主义者看来，如果将为残障者提供街道设施的资源用于为其他人服务或者用于城市建设的其他方面能够产生较大的社会满足净余额的话，这一政策就是正义的。还有一些折中的观点认为，可以通过为残障者提供足够的补偿以弥补其出行权的缺失。也就是说，城市道路的人行道和过街设施不需要特别考虑这些群体的需求，公共财政可以用由此节约的基础设施建设费用或投资于其他方面而带来的功利补偿其缺少的移动权，以便让残障者足不出户或在较小的社区范围之内就可以满足其基本的生活所需。

但如果我们认可罗尔斯的公平的正义理论（尽管罗尔斯并未直接讨论残障者的基本权利问题）和纳斯鲍姆的正义的能力理论，认为城市所有居民基本的自由移动权是坚定不移的，那么就不能将残障者移动权的价值与社会对其的补偿混为一谈。在罗尔斯的正义理论中，"自我实现感"被视为一种重要形式的人类善。依此观点，在街道的规划设计中，应当将残障者对街道空间的移动权视为一项基本权利，为残障者提供使用街道的基本条件，为其积极融入城市社会和获得各种社会资源提供必要的基础设施。至于残障者实际使用街道空间的状况如何，这是残障者关于街道权利的价值问题，受到社会诸多现实因素的复杂影响。但残障者在街道移动权的自由是不可逾越的，不能将残障者是否实际使用了街道空间作为前置条件，更不能以残障者街道权利的价值较低为由剥夺他们的自由。除为残障者使用街道提供基本条件之外，政府和社会还需要进一步做的，是通过公共政策提高残障者使用城市街道的价值。

残障者的个人需求和残障程度各不相同，街道改造也不可能为所有的残障者创造出同等的出行条件。罗尔斯（2009）[77]的差别原则也指出："差别原则当然不是补偿原则，它并不要求社会去努力抹平障碍，仿佛所有人都可期望在同样的竞赛中在公平的基础上竞争。"在城市街道改造中，我们不可能建立一种街道改造模式，凭此可以让包括各种残障者在内的所有城市公民享有同等便捷的出行条件。但是，城市街道的改造必须应更多关注那些天赋较低和处于较不利社会地位的残障人士。就街道作为一种公共生活空间和交通空间而言，应当尽可能在社会可以承担的前提下让残障者拥有进入的权利和通过这一空间获取城市社会资源的能力。因此，街道改造至少应当将安全便捷的轮椅通道和盲道纳入街道改造之中。不应将现实中很少见到残障者和盲人使用街道作为忽视他们街道使用权利的理由——空间供给产生需求，很少有残障者使用街道在一定程度上已经是不正义之街道改造的结果了。残障者和盲人可以不行使其使用街道的权利，但他们应当有可以使用街道的自由选择权。

罗尔斯（2009）[347]曾指出："也许最为重要的基本善是自尊的善。"街道改造应当让残障者在使用街道时能够对自己有恰当地使用街道的能力自信。我们时常可以在网络媒体看到这样类似的新闻：当一位残障者拄着拐杖或坐着轮椅艰难地穿行于宽阔的交叉路口时，交通警察或路人及时为残障者提供了帮助，或者机动车主纷纷耐心礼让残障者先行，并认为这体现了一种社会美德。某媒体曾报道了一名善良的交通警察如何帮助一位残障者横穿马路的事迹：

18点30分左右，执勤民警发现在路边想穿过马路的残疾人，考虑到他腿脚不方便走地下过街通道，为了保障安全，民警立即上前帮忙，一边用手势拦停车辆避让，一边小心翼翼地扶着这位残疾人通过了路口。确认安全后，民警随即回到执勤岗位继续工作。小举动，大温暖，生活中的这种正能量温暖人心。（十堰广电，2018）

这则报道，从另一个侧面真实地反映了街道改造如何生产残障者的社会现象。如果是在街道改造之前的平面交叉路口，该残障者完全可以从地面横过马路——他已拄拐行走至此，并完全有能力根据交通信号灯情况依法独自完成从地面过街行为。但随着街道物质形态和使用规则的改变，情况已经大不相同。在新的街道中，这位残障者和其他行人一样均不具有从地面横穿该路口的权利。若想合法过街，这位残障者只有通过地下通道或绕行至更远的地面过街设施，但这对于腿脚不便的人来讲是非常困难的。因而，他选择了从地面过街，但这种过街行为是不合法的，往来车辆从交通法规层面而言便没有对他施以避让的义务，因此才会让他暴露在危险的滚滚车流中。这位残障人士本来可以独自应对的过街行为，却因街道规划设计没有赋予其应有的权利，而让他成为众目睽睽之中需要帮助的残障者。

任何人都不会否认这位善良的交通警察及时对残障者伸出援手是一种美德，更不会认为应当任由残障者被滞留在滚滚车流之中或强制该残障者从地下通道过街。但却很少有人能体会到：作为需要接受帮助的弱势群体被他人在公众场所凝视和帮助，这可能是对其自尊的一种深深的伤害。对自尊的伤害，将激励残障者尽可能减少外出行为，从而让其无法参与到社会主流活动中来。笔者曾经在建设南路太原火车站附近看到一位拄着拐杖的残障者艰难地爬上爬下高耸且扶手难以使用的过街天桥（图5-13），也看到那位残障者躲闪的目光和内心的不安。笔者本想向他简单访谈几句，但又觉得无此必要。他蹒跚的步履已经说明一切，便不忍心再去让他诉说自己的困窘。

图5-13　太原市建设南路正在艰难地过天桥的拄拐者（左一）

5.3　街道改造与空间竞争

通过对城市街道形态的重塑并通过相应的交通法规予以约束，城市政府希望市民能够按照其所设定的规则使用街道。但在现实的街道中，政府通过空间细分并在此基础上制定的交通规范并没有被所有人遵守，不同群体之间围绕街道公共空间权利而进行的竞争在城市居民的日常生活中不断上演。诚如米歇尔·福柯（2018）[202] 所言：

权力永远都不是单方面的。不会是说掌握权力的一方突然使权力作用于毫无权力的一方。显然，在权力得以运用的普遍战争中，有一个社会阶级占领了特权地位，因此可以强制推行自己的战略，获得一些胜利，累积起来,得到对自己有利的超权力的影响,但是这个影响不属于超支配。权力不是僵化的。从某种角度来说,权力从来都不会被某些人完全掌握。权力常常会以微小、分散的方式运作,伴随着地方的颠覆、区域的失败和胜利、暂时的报复。

在此需要区别的是:街道上普遍存在的空间竞争中,有的在官方所制定的空间规则之内(如在不违反交通法规的前提下,某驾驶员驾驶汽车超过另一私家车以实现占用更通畅机动车道的行为),有的则突破了官方所制定的空间规则(如行人为了走近路而非法横穿马路)。两者相比,前者属于资源稀缺情况下的普遍现象并具有一定程度的不可避免性,与街道规划设计关系不大;而后者则有街道规划设计方面的根源,并具有一定的社会正义内涵。基于预设之目的,本书仅将关注后一类型的空间权益竞争。

本书对城市街道空间竞争的正义评价,不是以官方建构的法定规则作为道德准则对违反规则的行为主体进行谴责,而是希望能够从社会层面,特别是从不同市民日常生活的时间地理视角,对发生在街道空间中的竞争和冲突进行解读,并从城市街道改造的知识建构和权力关系中反思诱发或促进竞争和冲突的不正义根源。罗尔斯(2009)[86]曾提出,要求一个人履行一个制度的规范所确定的他的职责,必须满足的第一个条件是"这一制度是正义的(或公平的),即它满足了正义的两个原则"。因此,本书的基本观点是:为缓解街道空间的各种社会冲突,应寻找隐藏的街道空间生产的不正义根源并对其进行改变,因为只有正义的街道才具有让市民遵守相应规则的充分正当性。当然,本书对以下观点持审慎态度:即认为如果街道改造是不正义的,那么受到不正义对待的个体有权利不履行官方所设定的街道使用规范。关于对不正义街道的不服从问题,本书暂不讨论。

5.3.1 作为交通空间:不同方式出行者之间的路权冲突

街道中不同出行方式之间不可避免地存在相互交会之处,进而产生冲突的可能。不仅如此,面对稀缺的街道空间资源,一些群体还会无视城市政府按照不同出行方式对街道空间的划分,进入不被允许的其他交通方式专属街道空间之内,从而形成不同出行方式之个体间的路权竞争与冲突。其常见的表现形式主要有:行人或非机动车未通过法定过街设施横穿马路、非机动车在机动车专用道骑行、机动车非法占用人行道和非机动车道停靠、右转机动车与直行的行人和骑行者抢行等。这种竞争与冲突中,有一些行为具有街道规划设计方面的诱因,打破了街道空间权利配置的法定格局,造成了街道空间使用的无序状态。

尽管表现形式有所不同,不同出行方式市民之间围绕路权而进行的竞争在诸多国家城市普遍存在。珍妮特·萨迪-汗等(2018)[157]在其《抢街——大城市的重生之路》一书中谈到了部分纽约市民对骑行者的厌恶，甚至还列举了一些市民对骑行者的陷害行为。美国运动网（Deadspin）评论员威尔·莱奇（Will Leitch）在2012年发表的关于《超急快递》（Premium Rush）电影的影评中谈到了一些市民对骑行者的态度，引起不少驾驶机动车出行市民的共鸣：

无论如何形容我对纽约的骑行者有多么讨厌都不过分……骑行者接管了这个城市，他们随意横穿马路，粗鲁而不屑一顾……骑行者抱怨纽约的小汽车多么危险……自行车可比小汽车危险多了。我从来没有见过小汽车在街道一侧逆行，从来没见过小汽车厚颜无耻地闯红灯，从来没有见过小汽车突然随心所欲地出现在人行道。但我却看到骑行者每十秒钟就会做出以上行为。（Zavestoski et al., 2015）[77]

当然，并非不同出行方式市民之间的所有竞争都与街道设计有关。其中一些恶性竞争，主要是当事个体的交通法规意识不强或缺少社会公德心所致，并导致交通的无序和混乱。街道上最为常见的此类现象是：一些私家车车主将机动车非法停靠在人行道或非机动车道上，导致行人无法正常使用人行道以及骑行者无法正常使用非机动车道；由于人行道通行不畅，一些行人便行走在非机动车道上，并对停靠在人行道上的机动车多有抱怨；骑行者无法顺畅使用非机动车道，且与行走在非机动车道上的行人时有摩擦，其中一些人便选择在机动车道上骑行；机动车与非机动车混行于专属于机动车的机动车道上，机动车主对骑行在机动车道上并对其正常行驶造成干扰的骑行者相当不满，很多机动车主甚至会谴责甚至谩骂这些骑行者不讲规则或素质低下，但一些车主却对将机动车停靠在人行道或行驶在非机动车中的行为不以为然。如果缺少有力的监管或者市民不能够将规则内化为自己的出行准则，那么在任何街道上都可能出现以上混乱的交通状况。

尽管部分市民交通知识和规则意识的缺乏是导致路权冲突的主要原因之一，但也应当认识到，很多交通空间失序问题具有街道规划设计方面的根源。当然，本书不会关注街道规划设计方面的所有缺陷，而只是关注具有社会正义内涵的规划设计问题，特别是以机动车为主导的城市道路体系建设所造成的一系列后果。如果不从这一层面进行反思和改进，只是一味地对不遵守现有规则的居民进行道德谴责或行政处罚，那么不仅难以从根本上缓解频频发生的路权冲突，而且还存在道德正当性方面的重大缺陷。正义是社会制度的首要德性，当不正义的街道成为加剧城市路权冲突的主要诱因，即便现实中这类冲突尚未表现出来，也不应对这些问题视而不见。如果合理地设计具有道德正当性的街道，那么很多冲突是可以得以缓解甚至完全避免的。因此，从空间正义的视角来审视引发社会冲突的街道规划设计根源，还有促进社会团结的作用。

行人路权的缺失是造成恶性竞争的常见诱发因素。在很多城市中，当传统街道被拓宽改造为以机动车为主导的交通性道路时，通常也伴随着人行道不断被挤压的过程。特别是当街道两侧拆迁遇到一定困难时，街道改造难以在有限的空间之内完全按照公示中的街道横断面方案施工。在此情形下，城市政府通常会优先保障机动车路面，进而造成人行道过窄甚至缺失的情况。在太原等城市调研发现，在一些新改造的街道上，人行道不连续、未按照标准设计的情况比较常见。除此之外，还存在人行道被机动车和非机动车过度占用等情况。失去路权的行人不得不承担受伤的风险行走在非机动车道甚至机动车道上，从而引发如前所述的一连串恶性竞争。不正义的城市街道改造不仅直接损害了行人的街道空间权益，交通管理部门还会通过行政处罚来让其承担不正义街道改造的后果。此外，当行人走入非机动车道或机动车道后，一旦发生交通事故，行人在受到身体伤害之后还要承担事故的主要责任。

太原市五一路桥头街路口附近路段非机动车频频骑入机动车道，其主要诱因便是该路段人行道过于狭窄，相对于其处于繁华商业街区的人流量，1.3 m 宽的人行道根本不能满足行人需求。人行道设计的缺陷与不正义，导致大量行人在非机动车道上通行，一些骑行者发现在非机动车道难以正常骑行于是便骑入机动车道。交通管理部门虽意识到了该路段交通秩序的混乱，但并未从街道规划设计方面来纠正这一问题，而是将机动车道上的骑行者视为不遵守交通规则的市民。在相当长一段时间内，为了惩治骑入机动车道的非机动车，交通警察不是选择在交叉路口监管督促，而是选择沿该路段后退 100 m 左右对骑行在机动车道上的非机动车进行拦截处罚，这一执法方式时常会引发市民与交警的激烈争执。一些市民骑行至此，迎面碰到执法交警，无处可躲，于是只好认错受罚；另有一些市民远远看到交警，便调转方向逃离此处，这又进一步增加了发生交通事故的风险。

斑马线是行人和机动车发生冲突的主要空间。按照交通法规，机动车应当在斑马线处礼让行人。但调研发现，往往只有在安装摄像头取证并对不礼让行人的机动车主实施行政处罚的情况下，机动车驾驶员才能够较好地遵守礼让行人之规则。在没有安装摄像头的斑马线上，机动车与行人之间的冲突就时有发生，行人因对安全的担忧而等待机动车先行通过的情况普遍存在。在此情景下，没有红绿灯的斑马线对于行人和骑行者而言就非常危险。特别是随着街道拓宽改造后，机动车时速越来越快，进一步增加了机动车减速并礼让行人的技术难度。

很多发生在斑马线上的交通事故当事人具有相似的心理动机和行为习惯。2018 年 12 月 1 日，深圳发生了一起机动车碾压儿童致死案。事发时，一名女子正牵着 4 岁女儿的手过斑马线，当她看到一辆轿车驶来时，该女子便举手示意要先行通过。但该轿车并未减速，而是直接撞向该女子和儿童，并将这名儿童卷入车轮下致其死亡。在这一交通事故中，该司机应当承担全部法律责任，但综观网络评论发现，尽管很多网友对这位妈妈的丧女之痛感到惋惜，但仍然有部分网友对这位妈妈进行了谴责，让这位妈妈承担了很多的道德责任。一篇网络文章颇能代表社会的

主流观点。该文章在简单责备了那个疏忽大意的司机之后,以一种质问该女士的口吻发问:

为什么要着急那一两分钟,不等车开走后再过马路?为什么要有侥幸心理,觉得伸手示意了,车子就必然会减速让行?为什么要把孩子的安全,寄托在一个不知名的陌生司机身上?为什么不再小心一点,再谨慎一点?……有太多疏忽大意的家长,正在把孩子的生命,残忍地交给了车辘辗。(腾讯网,2018)

相信该网友的态度是善意的,也许孩子的妈妈更谨慎一点便能够避免这一悲剧的发生。但斑马线上机动车与行人之间的冲突并非个案,致死致残的恶性交通事故还时有发生,因此就非常有必要系统思考街道物质形态和使用规则方面可能存在的缺陷。在斑马线上发生的机动车冲撞行人并致死致残的案件中,机动车行驶速度普遍较快,而这又与以机动车为主导的街道拓宽改造密切相关。

《全球街道设计指南》中提出了根据人体极限设计机动车行驶速度的准则,认为机动车以 30 km/h 以下的速度碰撞不会对行人造成致命的伤害,并建议将人行横道处的转弯速度降低至 10 km/h(美国全球城市设计倡议协会等,2018)[189]。但在当下诸多城市的街道改造中,越来越多的城市街道被拓宽改造为以机动车设计时速为核心指标的城市快速交通体系。通常情况下,快速路的设计行车速度为 60—80 km/h,主干路设计行车速度为 40—60 km/h,即便是兼有生活性服务功能的次干路的设计行车速度也通常会达到 40 km/h。城市政府改造街道的目的是为了让机动车行驶得更快,却又希望在斑马线处能够礼让行人,这是不太兼容的两个价值取向。在如此之高时速的街道上行驶,如果又缺少信号灯提示的话,机动车礼让行人在技术上确实存在一定的困难。

交通规则方面,政府倡导的机动车礼让行人之规则,在缺少监控取证并加以行政处罚的情况下,还未得到社会的普遍遵守,行人与机动车主沟通失败的情况还较为常见:行人认为机动车应当礼让自己,于是招手示意先行,但机动车却并未礼让而是呼啸而过。这一规则能否成为城市居民街道使用中的例行化特征,不仅有赖于严格的监控取证和行政处罚的促进作用,还受到社会互动的权力变化及后果的影响。显然,不遵守交通规则的机动车碾压行人致死案件尽管会让驾驶员更为警醒,但就其所造成的社会恐慌心理而言对于机动车礼让行人规则的社会实践不利。

在交叉路口,右转车辆与直行的行人和非机动车抢行的现象更为常见。按照我国《中华人民共和国道路交通安全法实施条例》第五十一条第(七)项之规定:拐弯车辆应让直行车辆先行、机动车辆应避让行人。然而,在很多城市街道的交叉路口,右转机动车与直行的行人争夺通行权的现象极为常见。与路段中间的斑马线不同,交叉路口的红绿灯给予了直行的行人更充分的合法信号,让行人认为绿灯时间过马路是自己的正当权益,因此交叉路口等待过街的行人通常不会像路段中斑马线上的行人过街时那般小心翼翼，而是更为理直气壮些——当然这也与机动车转弯时通常会降速有关。此外，行人和骑行者无不希望能够在信号灯所允许的有限时间内快速通过路口，没有人想被滞留在机动车道中间或被迫等待下一轮绿灯。因此，行人和骑行者在交叉路口具有在有限时间内快速直行通过路口的合法性和紧迫感。以上各种原因使得右转机动车与行人或非机动车抢行的现象非常普遍。

尽管这种现象与驾驶员的个人道德素养有关，但也有街道规划设计方面的根源——以机动车为主导的街道改造为机动车抢行提供了便利。当街道转角半径较小时，机动车通常需要以较低的速度才能保障安全右转，因此行人和非机动车往往能够利用优先通过的合法性及启动快的优势得以先行通过。《全球街道设计指南》建议，城市街道应尽量将转弯半径从 3 m 至 5 m 的标准降低至 1.5 m，以创建具有安全转弯速度的紧凑型交叉路口。但以快速路、主干道或次干道为主体的快速交通道路体系，主要是根据机动车的时速而设计的。当传统城市街道不断被拓宽改造为快速路、主干道或次干道时，为了确保高速行驶中车辆右转的安全性和舒适性，交叉路口的转弯半径也越来越大，行人则需要在有限的时间穿过大型化的交叉路口。尽管直行的行人先行过街具有合法性，但街道设计却进一步增加了其过街的难度和紧迫感；右转车辆应当礼让行人直行，但街道设计却赋予其右转更多的便捷性——不仅较大的半径让其更容易在保持较快速度的前提下右转，而且更多的机动车道作为接收车道给机动车加速抢在行人和非机动车前右转提供了更多空间。法律所赋予行人和骑行者直行的权利与街道设计为机动车右转提供的便利彼此存在张力，从而加剧了不同方式出行者之间利益的冲突。

现实中常见的且更为危险的情况是：由于转弯半径较大，行人和骑行者往往在直行的绿灯未亮即亮时便开始过街，但此时会有右转的机动车加速进入较远的接收车道，以便在行人和自行车进入机动车道之前完成右转，另有很多机动车驾驶员心照不宣地彼此紧紧尾随，这些首尾相连右转的机动车流会阻碍行人和骑行者过街，从而导致行人和非机动车难以在有限的绿灯时间内完成过街行为。直行的行人或骑行者能够明显感受到与机动车抢行带来的威胁，身心处于高度紧张状态。一些电动自行车车主有时会利用启动快的优势，试探性地与右转机动车抢行。尽管多数机动车会急刹车，但彼此之间产生的不愉快和摩擦是必然的，甚至还会导致交通事故发生。在与机动车抢行的混乱中不能在规定时间内过街的行人和骑行者，要么退回原处等待下一轮绿灯，要么强行过街。那些强行过街的行人和骑行者受到右转机动车的干扰，不得不承担被滞留在滚滚车流中的风险，并会对侧面正常行驶的机动车造成干扰，进而造成交通秩序的混乱。《交通事故纠纷：案例与实务》讲述了一个耐人寻味的案例：

2001 年，孙某某被一辆出租车撞伤，事发后司机给了他几百元……

于是在接下来的9年时间里,孙某某碰瓷经历达上千起,受害司机158名,碰瓷收入达到13万余元。其作案手法为:一般都在右转弯的路口,推着自行车佯装过马路,当有汽车向右拐的时候,瞅准时机将自行车推到汽车上,然后自己摔倒在地,由此要求汽车驾驶人赔偿医疗费等各项费用……孙某某属故意碰撞机动车,并骗取了相应的金钱赔偿。而按照《中华人民共和国道路交通安全法》规定所有司机都不应承担赔偿责任,由此按照《中华人民共和国刑法》规定,孙某某构成诈骗罪,2010年被北京市东城区人民法院判处有期徒刑7年,并处罚金7 000元。(何龙,2015)[12-13]

此类案件绝非偶发,而是具有街道设计方面的诱因。无论是调研所亲历城市还是网络新闻,依规直行的自行车或行人与右转机动车之间的冲突相当常见。事实上,除了公安机关所通报的案件之外,现实中很难区分真正的交通事故与恶意碰瓷事件。鉴别的标准主要是根据骑行者一方是否频繁成为此类事件的当事人以及蓄意造成财产损害的假象——网上案例多为行骗者在事发时有意将已经损坏的手机等财物摔在地上。不论是有意诈骗还是无意造成的交通事故,这均可视为行人和骑行者为争取合理路权而付出的社会代价。当然,每一个有正义感的人都不会赞同此类诈骗行为。但毋庸置疑的是,之所以这种行为时有发生且屡屡得逞,与当前机动车在右转时不肯礼让行人之行为和街道规划设计存在必然联系。在既没有可靠的交通信号进行调节,又没有强制性法律要求机动车右转礼让行人的情况下,尺度越来越大的机动车转弯半径和越来越多的机动车道将会进一步加剧此类交通摩擦。

上述两个案件所导致的意外社会后果存在重大差别。当"碰瓷"案件被城市居民发现或了解后,一些机动车驾驶员、行人或骑行者可能会积极地将这种知识纳入他们的日常交通行为。机动车驾驶员会意识到不遵守礼让行人的交通规则可能出现的后果,行人或骑行者如果不是有意索要讹诈钱财便会在穿过交叉路口时更加理直气壮。在调研中能时常观察到有直行的骑行者或行人对要抢行右转的机动车寸步不让,并冒着被右转机动车剐蹭到的风险抢行,甚至还有人对机动车驾驶员大声斥责。然而,当发生行人在无信号灯的斑马线被撞身亡之类的重大伤亡事故案件,并被城市居民知晓后,行人或骑行者将会更谨慎一些。此类案件实则会将行人和骑行者置于更不利的地位,并可能在心理上对其争夺街道权益造成不利影响。

街道的快速化改造激化了路权冲突并将行人置于法律和道德上双重不利之位置。街道的拓宽改造,往往体现为路权从行人和非机动车向机动车转移的过程,因而通常是以牺牲行人和骑行者街道使用安全性和便捷性为代价的,具体可以通过城市街道改造前后的对比清晰地反映出来。太原晚报于2017年1月8日刊发了《市民反映:漪汾街改造后行人乱穿马路 交通隐患不少》的文章,反映了在太原市快速交通体系建设过程中，随着街道拓宽改造，路权从行人向机动车转移并造成空间恶性竞争的过程。

2016年10月，太原市完成漪汾街的改造。改造前，漪汾街为双向4车道，机动车道宽15 m，街道两旁商铺云集，酒店、商场、超市、大型活动场所一应俱全，是一条综合性的商业化老街巷。改造后，漪汾街成为太原市的又一条主干道，机动车道为双向8车道，机动车道及双向车道中间的分隔带共宽31.5 m（山西晚报，2016）。街道改造之后，为了达到主干道机动车设计时速，一些横过漪汾街的过街通道被封闭，行人横过漪汾街尤为不便。很多行人选择在没有过街设施的路段横过马路，这一情况在文兴路口和千峰路口之间的路段更为严重。该路段原先的过街设施被取消，此处800 m的路段全程没有供行人横过的通道。而在这一路段，有山西省心血管病医院、北美枫情小区、华宇购物广场、漪汾苑大型居住区等，人流量较大。街道改造后，行人权益被削弱，机动车与行人之间的路权冲突加剧。一位车主向报社反映多次险些撞到行人的情况。街道改造对居住在该街道两侧的居民，特别是日常需要步行穿越漪汾街的居民造成了极大的不便。路人闫女士反映，其本人每日需要横穿马路乘公交，如果冒险从绿化带穿行则不到30秒，但按照现有规则就需要走10多分钟（杨晶等，2017）。鉴于路权冲突之频繁和造成后果之严重，太原市政府在此路段建设了一个过街天桥。

在关于此类冲突的社会舆论中，街道改造对行人和骑行者权益的损害被淡化甚至忽略，人们更愿意按照改造后的街道形态和使用规则从道德上对非法横穿马路的行人进行谴责。报道该消息的记者对行人面临的困境有所关怀，也通过政府热线建议缓解行人过街难的问题；报料人张先生也善意地建议应增加过街设施。但在将已有的街道形态和使用规则作为思考背景的情况下，行人因未能遵守交通规则而被置于不利的法律和道德境况。在该报道中，记者多次使用"肆意穿行""乱穿马路"等话语对行人横过马路的行为进行负面评价。报料人张先生提出的建议，也与当下诸多城市政府的解决方案相一致。这一解决方案完全体现了机动车优先的思路：为了保障机动车的畅通，一方面通过新建使用不便的过街天桥或地下通道供行人过街；另一方面在绿化带中加装更为坚固的隔离网，以避免行人和非机动车对机动车交通的干扰。在机动车与行人和非机动车的空间竞争中，行人和非机动车落了下风。

上述解决行人和非机动车干扰机动车快速行驶的方案，正在被很多城市反复实践。城市中快速路、主干路和次干路等按照机动车高时速设计的街道越来越多，平面交叉路口就越来越少，即便是新建了一些地下通道或过街天桥，也存在间距过远、使用不便等情况。特别让人难以接受的是，这些过街天桥或地下通道对于那些使用轮椅的残障者和老年人、骑行者、推婴儿车的女士、推平板车的低收入者等个体而言，简直无法逾越。当以步行和骑行为尺度的日常生活空间被不断切割，行人和骑行者日常生活的时间成本便不断增高。或是由于对此前生活习惯的依赖，或是希望能够节约出行时间成本，一些居民并不愿意按照改造后的街道使用规范进行生活，于是选择通过非法横穿马路等形式来争取路权。城市快速路和城市主干道的部分路段成为行人频繁非法横穿马路的高发区。由于此类城市道路机动车行驶速度较快，一旦机动车碰撞到行人，往往会导致行人死亡或重度伤残等恶性事故。

路权的争夺，是造成城市快速路、主干道上行人致死致残交通事故多发的主要原因。但现有交通法规并不会考虑行人路权被剥夺的情况，在机动车无明显过错（如酒驾、超速等）的情况下，行人仍然需要为此承担主要责任。《中华人民共和国道路交通安全法实施条例》第七十五条规定："行人横过机动车道，应当从行人过街设施通过；没有行人过街设施的，应当从人行横道通过；没有人行横道的，应当观察来往车辆的情况，确认安全后直行通过，不得在车辆临近时突然加速横穿或者中途倒退、折返。"按照法律规定，行人在没有人行横道的地方横过马路，负有确认安全后再通过的义务。但随着城市街道的不断快速化，行人过街设施越来越远，车速越来越快，行人在没有过街设施的路段横过马路的现实需求越来越多的同时也越来越难以对过街的安全性做出合理的判断。《中华人民共和国道路交通安全法》第六十三条规定："行人不得跨越、倚坐道路隔离设施。"行人承担的安全义务被进一步强化。如前文所述，中环路开通的19个月内，机动车与行人相撞的死亡事故20起，造成22人死亡，占中环路死亡事故总人数的44.9%（搜狐网，2015c）。其中，北中环富力城附近某地就发生过多起交通事故。网络媒体在报道此类案件时，也通常会从道德层面谴责横穿马路者：

> 2014年8月1日晚，一辆商务车由东向西快速行驶时，突遇3名女子由南向北横穿马路，双方避让不及发生碰撞，3名女子当场死亡。事发路段道路中间设置有隔离带，而隔离带被踩出一条小路。2015年5月22日晚，一名年轻男子翻越路中央护栏横穿马路时，被一辆本田雅阁轿车撞倒，致其当场死亡。而令人感到遗憾的是，现场不远处就有一座天桥……行至北中环街时，他并没有从距离现场五六十米远的过街天桥通过，而是图方便冒险翻越路中央隔离护栏横穿马路。这时，正好本田雅阁轿车行经此处，司机猝不及防，将这名男子撞飞，致其死亡。（搜狐焦点网，2015）

研究者于2019年6月25日至北中环事故发生地进行调研，发现这一事故多发路段已经竖起了比其他路段更高更坚固的隔离带。难以翻越的物质空间隔离设施，使得行人无法在此横穿马路，但这却是以中环路该路段两侧居民日常生活的不便为代价的。事发地点为北中环街与富安路交叉口。为了保障机动车的行驶速度，富安路被东西向的北中环街分割为两条断头路，行人和机动车无法直接在路口横过北中环街。沿富安路横穿北中环街，原本不到半分钟的步行距离，现在却需要通过距此路口约两百米的天桥才能合法通过，距离增加了近乎9倍，再加之上下天桥不便，实际通行时间还要更多。北中环街的建成切割了原有社区，对当地居民日常生活造成极大的不便，这成为行人横穿马路的重要诱因。在调研中发现，尽管富安路被加高加固的隔离带所阻隔以致行人无法穿行，但在北中环街其他路段，如北中环街享堂南街路口附近，行人破坏隔离物并横穿马路的现象仍频频发生。

关于不正义的解释应当考虑个人责任和结构成因两方面的因素（Zavestoski et al., 2015）[78]。个人责任的立场将非正义归因于不良的个人行为；结构成因的视角则认为许多不正义具有制度或结构方面的根源。要致力于改变不正义现象，前者更强调对个人能力和素质的提升，而后者则强调共同的行动以改变物质或社会环境。对不同方式出行者之间路权争夺的评判，当然不应忽略人们是否遵守既有街道空间形态和法定使用规则所限定的空间纪律，但还应当深入探讨街道规划设计本身所造成的空间不正义的问题根源。

然而，当前对街道空间冲突的解释却通常只停留在个人责任层面，如机动车驾驶员是否酒驾或分心、摩托车骑行者是否戴头盔、自行车骑行者或行人是否随意横穿马路等，对街道的空间形态或使用规则是否正义缺少应有的重视。在太原市北中环富力城附近频繁发生的行人横穿马路被机动车撞击致死案例中，无论是网友评论还是实地调查，尽管有一些市民对此表达了惋惜，但多数市民对死者的评价却可以概括成八个字：素质低下，咎由自取。网络媒体在报道了交通事故之后也多会强调在此不远就有一座过街天桥。在实际调研中，往往只有居住在事发路段旁边的居民才会关注街道设计的非人性和不公平，但这种声音往往被不同的舆论所淹没。当然，笔者并不想否认违反交通规则的人应当承担一定的责任，但更坚信对此类问题的关切应当在城市整体环境中思考和追问街道改造的正义问题。

频频发生的路权冲突也与交通设计部门和交通管理部门之间缺少必要的协作有关。在调研中，笔者曾多次向正在执法的交通警察反映街道设计存在的缺陷，但交通警察认为：交通警察属于执法部门，如果认为街道设计有问题应当向规划部门反映。交通管理部门对交通秩序的维护、对交通事故的处理和对交通违法行为的纠察都是建立在现行空间形态和使用规则之上的。交通警察通过交通监管或行政处罚来纠正市民违法行为，政府有关部门也通过媒体或学校教育将违反交通规则的驾驶员、骑行者和行人视为缺少规则意识的低素质人群。

但如果从城市整体建成环境和街道形态的视角来重新审视机动车和非机动车的冲突，我们不难发现很多冲突绝非偶然。无论是国外发达国家城市还是国内城市中的所谓"高素质"群体，当街道设计没有充分考虑行人的需求时，就会存在横穿马路等违法现象。萨迪-汗在《抢街——大城市的重生之路》一书中，描述了纽约曼哈顿街头的横穿马路者。中部晋城市市政府办公大院在该市主干道北侧，市政府门口有一个地下通道，但绝大多数市政府工作人员并不会使用地下通道而是选择在路面非法横穿主干道[②]。如果将中外很多城市中行人和骑行者频繁违反交通规则的行为简单归因为个人素质问题，那么不仅是对生命和不正义街道的漠视，而且还无助于现实冲突的解决。

当行人和骑行者权益受损并通过非法手段争取街道空间时，一些城市虽然通过行政执法和强制隔离等方式加强了对行人和非机动车的管理并缓解了路权冲突，却付出了巨大的行政成本和社会成本。任何人都很难赞同如下观点，即如果市民认为街道设计和使用规则是不正义的，那么他们就有权拒绝遵守。不赞同的理由是，如果市民纷纷通过违反交通规则的方式为自己争取权益，那么街道必将陷入混乱无序的状态，这对城市中每一个人而言都可能造成灾难性的后果。在不是那么正义的街道中按部就班，也远远胜过没有秩序的街道。但为了维护自身合法性，城市政府如果要让市民接受现有的交通规则，那么就应当首先证明现有的街道空间生产及使用规则是正义的。

5.3.2 作为生活空间：不同功能使用者之间的空间冲突

街道空间是稀缺的，因而其所能够承载的社会活动类型和规模也是有限的。毋庸置疑的是，交通是城市街道必须具有的主要职能之一。城市管理部门对街道上一些社会活动加以调节和限制，以维持承载交通功能的街道的通畅，这对于保障城市居民的日常生活具有显而易见的重要现实价值。不仅如此，街道属于城市的公共空间，任何居民都不具有根据自己的喜好随意占用街道空间的权利。任何一位市民，若要证明其使用街道空间的行为具有正当性，要么能够证明其行为能够被一种公共性道德所允许，要么能够证明其行为不会对正当使用街道的其他市民造成不必要的干扰。因此，不应将城市管理部门对街道上所有非交通性活动的限制和排斥一概视为不正义。基于以上考虑，本书将重点关注沿街商贩（包括坐商和行商）、少年儿童和流浪乞讨者计三类人群在使用街道的过程中所产生的具有一定社会正义意义的空间冲突现象。

城市管理部门和沿街商贩之间的空间冲突是不同功能使用者之间空间冲突中最为普遍而尖锐的形式。城市管理部门与沿街商贩，特别是与游商小贩之间的冲突长期以来一直是困扰城市管理的重点难点问题，其中的一些突出案例（例如执法过程中造成的人员伤亡、对妇女和年长者的粗暴执法等）时常会引发社会的热烈讨论。在城市街道上，商业活动受到城市管理部门不同程度的限制甚至禁止，而街道商贩则普遍具有违法占用街道的冲动。

商贩更倾向于尽可能地接近行人和骑行者经营，因而产生显而易见的功能冲突。为了最大限度接近潜在顾客，坐商们希望能够将商品摆放在人行道上或者直接在人行道上提供服务，而行商则更倾向于占据行人密集的路段甚至交通繁忙的交叉路口经营（图5-14）。可以说，街道上沿街商贩希望能够接近顾客的行为恰恰也成为阻碍交通的原因，从而造成部分市民及政府管理部门的反感。

通常而言，城市管理部门对商贩加以限制或禁止的程度在不同街道具有一定差异，而这种差异化的管理充分体现了机动车交通优先的

图5-14 太原市三墙路道路交叉口的游商

原则。在按照机动车设计时速而划分的城市道路等级体系中，机动车设计时速越高，道路等级也就越高，对交通之外的商业活动控制就越严格。当然，城市管理部门可以声称，在级别较高的道路对街道商贩加以限制，是为了避免更为严重的交通事故，因为在这样的路段机动车驾驶速度更快。但不正义的是，中心城区的快速路、主次干道往往由传统的街道拓宽改造而成，持续的道路快速化改造排斥了街道商业活动。这种排斥既是拆迁等直接行为所致，也是挤压行人和骑行者的街道空间后的间接结果。如前文所述，当街道被不断快速化改造从而不再适宜步行和骑行时，传统街道商业形态也就失去了生存和发展的基本条件。此外，当沿街商铺被拆除之后，新的街道立面通常难以作为商铺之用，于是形成大量与街道公共生活无关的空间。沿街商铺总量的减少以及多样性的缺失进一步加剧了街道商业的衰落。即便一些成为街道立面的民宅等建筑被改造为"门面房"，城市管理部门也通常会以不符合规定而将之强行封闭。因此，这种空间排斥即便不是城市街道改造的直接目的，也是其造成的间接后果。当然，在吉迪恩等人的现代主义街道改造理念中，就明确提出应当通过限制街道商业活动以避免其对机动车交通的干扰。此外，在行人和车流量较大的医院、学校等公共服务设施所在路段，街道商业与城市管理部门之间的冲突也较为激烈——城市管理部门为保障交通秩序会对街道商业施以严格限制，而这些区域恰恰也是对传统街道商业需求最为旺盛的路段。

为保障以机动车为主导的交通秩序，很多城市都开展了整治马路市场行动。2016年初，太原市在全市范围内对"马路市场"进行整治。整治的目标是"还省城一个干净、整洁、靓丽、有序的道路环境，为省城人民营造一个良好的节前出行条件"。整治活动从主干道、人流量密集场所、党政机关等地点开始，逐渐深入次干道及背街小巷。太原市城乡管理委员会（2016b）要求基层执法单位积极推行延时执法，每年5月1日至10月31日，延时执法至22时；11月1日至次年4月30日，延时执

法至20时。

整治"马路市场",主要工作是驱赶游商小贩和限制街道商铺占用公共街道空间。当街道传统商业形态受到抑制甚至被排除,市民的日常生活所需也就难以得到满足。城市政府较为普遍的举措是建设大型化、专业化的农贸市场,将部分业态的街道传统商铺和游商小贩迁入农贸市场集中管理。如前文所述,街道是城市居民进入成本低且使用效益高的公共空间,让市民到集市中购买日常所需生活消费品,不仅需要改变日常的出行习惯,还会因增加了居民使用成本而不受欢迎——市民通常在上下班或接送儿童上下学的路途中就可以沿街购买的一些物资,从此需要专程到农贸市场购买。如果没有城市管理部门的行政执法,很多沿街商贩便不会搬入政府配建的大型农贸市场。商贩此举,既有经营成本方面的考虑,也迎合了市民的消费行为特征。搜狐网(2021)曾报道过一则某村委会在寒冷的冬季用洒水车驱赶街道商贩到新建集市售卖的新闻:

近日,网传济宁泗水一村发生用洒水车驱赶商贩事件。发现相关舆情后,杨柳镇纪委高度重视,立即会同有关方面组成联合调查组开展调查。经核查,杨柳镇杨柳村新集市近期建成投入使用,但部分商贩因担心客流影响,不愿搬迁进入新址,仍在旧址摆摊经营。12月23日上午10点30分左右,杨柳村支部书记、村委会主任孔某某,对集市旧址路边商贩进行引导劝离,在劝离过程中孔某某用正在附近作业的洒水车向摊位喷水。

沿街商铺和游商小贩受到街道改造后的空间形态和使用规则的双重排斥。在这场围绕街道空间的竞争中,城市管理部门通过强大的行政权力主导着街道空间的使用规则。沿街商铺不可占道经营,而游商小贩则不得不躲躲藏藏,在时间和空间的夹缝中生存。城市管理工作人员执法时,暴力冲突甚至流血伤亡事件时有发生。

游商小贩在这场空间竞争中,没有话语权,而只能被裹挟着前行。新型冠状病毒防控期间,为了促进经济复苏和市民就业,成都市于2020年3月14日出台了《成都市城市管理五允许一坚持统筹疫情防控助力经济发展措施》,同意在不占用盲道、消防通道等前提下,允许设置临时占道摊点摊区;允许临街店铺越门经营;允许大型商场开展占道促销;允许流动商贩贩卖经营(成都日报,2020)。同年6月1日,李克强总理在山东烟台考察时对地摊经济、小店经济在提供就业促进居民增收方面的贡献给予了肯定。6月3日,国家住房和城乡建设部积极响应,向各省级相关城市街道管理部门转发了成都市出台的上述文件,要求各地结合本地实际学习借鉴、推进相关工作。

然而,事态的走向却出乎意料。尽管此后有一批城市积极响应,允许或默许摊贩占道经营,但该政策很快就被紧急叫停,地摊经济也就不了了之了。其原因是多方面的,有城市管理部门对于卫生等方面管理的困难,有摊贩(行商)与店铺经营(坐商)之间的利益冲突,有城市政府对税收方面的考虑，有店铺房屋业主对租金的担忧，有摊贩与城市民众之间的利益冲突（如扰民、影响通行等），有配套设施的不足（如公厕缺乏而普遍出现随地大小便等情况），还有城市街道规划设计方面的缺陷——在街道不断拓宽改造的过程中，人行道被不断挤压，在保障行人基本路权以及不影响沿街店铺正常经营的前提下，摊贩几乎很难有生存的空间。当然，北京日报、人民日报和央视财经等具有重要政策影响力的官方媒体的表态，对地方城市政府的政策走向也发挥了重要作用。

雅各布斯在《美国大城市的死与生》一书中提出了街道对于儿童社会化的作用，认为应当允许儿童在人行道玩耍和成长。雅各布斯认为，少年儿童确实需要各种不同类型的活动场地供其运动、玩耍和学习，但街道作为儿童活动的公共空间有其独特的价值。其主要的考虑是：处于成年人的注视和监管之下，人行道上玩耍的儿童更为安全，而且和街道上的陌生人相处还能够得到社会化的教益。雅各布斯认为，街道是儿童更容易进入的公共空间，它能够让儿童随时随地地在成年人的关注下安全地玩耍，而且街道上丰富多彩的活动对儿童也更有吸引力。

但现代主义规划理念下的街道改造实践，普遍排斥少年儿童在人行道上运动嬉戏。随着机动车数量的不断增多以及大量街道被改造为以机动车为主导的交通性道路，机动车不断侵占着人行道空间，也就同时侵占了孩子们在街道上的玩耍空间。雅各布斯（2006）[77]对纽约的经验研究发现："如果人行道不够宽，跳绳则会成为第一个牺牲品。接下来的会是轮滑、骑三轮车和自行车。"当人行道变得过于狭窄，运动嬉戏的空间被挤占，会出现少年儿童与机动车通行的空间冲突。但这种空间冲突的结果，便是少年儿童的伤亡。街道已日益变得不安全，甚至是在街道边经营的坐商和行商都难以在照料生意的同时照护好自家孩子的安全。

对机动车侵占少年儿童街道空间权益的抗争在很多国家的城市中不断上演，一些城市的居民为儿童安全发动了一场反对机动车的"战争"（Zavestoski et al., 2015）[81]。在西欧和北欧的一些国家，对机动车的抗争获得了一定程度的胜利，但更多国家的通常做法是将以机动车为主导的交通规则通过对少年儿童的教育使之内化，从而培养了越来越多认为街道就是专用于交通的民众。得到金融业和政治界精英支持的汽车利益集团和大众媒体操纵并改变了社会话语，并建构了以机动车为主导的城市街道体系的合法性。为了约束家长和儿童在街道上的非交通性行为，利益集团借助媒体、学校和警察等的帮助将街道的性质塑造为一个对儿童危险的空间，通过教育和规训等方式让儿童在社会化的过程中内化他们构建的街道使用规则。权力，以法律的形式告诉儿童在街上玩耍是不合法的，以教育的方式告诉儿童在街上玩耍是不文明的，并在居民中建立起一种遵守街道使用规则的文明观——不懂得街道使用规则的人被视为不够文明的人，不遵守街道使用规则的人被视为道德上有缺陷的人，但却回避了街道设计不正义的事实。城市街道不仅不再适宜少年儿童运动嬉戏，而且此行为也不被交通法规和社会文化所允许。

当然，不能根据存在对少年儿童使用街道的诸多限制，便认为社会对下一代的成长漠不关心。在此只是强调，当少年儿童街道权益与机动车交通发生冲突时，处于弱势的少年儿童不再有此前使用街道空间进行非交通活动的合法性。再加之对街道安全性的忧虑以及不断发生的恶性交通事故，让少年儿童和那些易受伤害的市民不同程度地被迫减少街道公共生活，这进一步削弱了这些群体的福祉，因为街道曾经是他们最重要的公共空间（Zavestoski et al., 2015）[84]。一些城市政府在学校和公园建设了专业的运动场，这在某种程度上也是作为少年儿童不能在街道空间运动嬉戏的弥补。当然，建设更为专业化的运动空间具有积极的社会意义，如便于少年儿童更好地开展对运动设施有较高要求的专业化运动。但不可否认，街道空间权益的调整导致了少年儿童活动空间的压缩和体育活动多样性的减少。少年儿童的日常体育活动被从街道上排斥出来，除了在校时间可以使用学校的体育空间和在配建有体育空间的社区之外，少年儿童的体育活动往往只能局限在小区之内或需要到正式的体育场馆。但往往容易忽略的事实是，专业化的公共体育空间并没有传统街道空间的公共性：专业化的公共体育空间资源更为有限因而更具竞争性，很多专业性较强的室内公共体育空间还需要收取一定的费用，而且很多城市偏好于建设郊区化、大型化的公共体育场馆，这进一步增加了少年儿童使用的难度。那些缺少家长陪伴的孩子、那些父母没有私家车的孩子、那些家庭收入较低的孩子、那些年龄较小无法独自出行的孩子，是很难使用或消费这些体育资源的，这必将产生新的不平等。

是否允许流浪乞讨人员将公共空间占为己用，一直是城市管理中颇具争议的另一社会话题。对流浪乞讨者的态度，既与特定社会文化对流浪乞讨者的社会认知以及流浪乞讨者的行为有关，也体现了街道不同类型使用者与流浪乞讨者的利益冲突，而这种利益冲突具有街道形态和使用规则方面的根源。

道路设计时速影响着流浪乞讨者与驾驶出行者的利益冲突。对于流浪乞讨者而言，开着私家车出行的人往往意味着具有较高的收入水平和更为慷慨的施舍可能，但处于驾驶状态的驾驶员和乘客很难关注到街道上的行乞者，在级别较高的城市道路中尤其如此。为了达到行乞目的，乞讨者往往会等待在交叉路口，在车辆降低速度行驶或者停车等待通行的间隙，行乞者至车窗处行乞，并穿行于车辆之中。由于这一行为容易导致交通事故，并且容易引发车道的堵塞而遭到城市管理部门的严格限制。近些年来，已经很难看到机动车道上的行乞现象。在基于机动车设计时速而确定的城市道路体系中，道路的等级越高，这种行乞行为对机动车的干扰就越大，造成的后果就可能越严重，因此城市管理部门施加的限制就更严格。深圳市罗湖区市容环境综合考核实施方案就根据道路等级施以不同力度的处罚："流浪乞讨、露宿人员出现在主干道（严管路），次干道（重要路段）和其他城市道路（控制路段），将对城管分别给予 2 分 / 人，1 分 / 人和 0.5 分 / 人的扣分。"（中国青年网，2012）

人行道的宽度也影响了商铺和行人对行乞者的态度。在流浪乞讨人员未采取反复纠缠、强行讨要等滋扰他人的方式乞讨的前提下，如果人行道足够宽，行乞又不会明显干扰到商铺经营和行人通过的时候，店主和行人通常会对乞讨行为表达出一定程度的宽容。但在人行道较窄的路段，由于行人对行乞者避让存在一定困难，行人对行乞者的宽容度就会降低。流浪乞讨者不仅没有相应的消费能力，其个人糟糕的卫生状况和衣衫不整的着装还会影响店铺的经营，因而店主普遍不愿意乞讨人员靠近自家商铺。如果人行道过窄，店主认为行乞者影响了其正常经营，那么还会对行乞者表达厌弃之感甚至直接驱赶。如果地方城市的管理法规中，没有对沿街行乞行为与商铺的距离有所规定的话，更容易引发店主与行乞者之间的冲突。

对于普通民众而言，如果乞讨者和流浪者能够约束自己的行为，那么通常会对他们在街道上的行乞行为持宽容态度。深圳市罗湖区对城市管理工作人员提出要求：如果在其管辖的街道上有乞讨者和流浪者，那么需要将他（她）劝走；如果流浪乞讨者不走，那么将会根据新出台的市容环境考核标准对城市管理工作人员进行相应的扣分惩罚。央视《民生调查》栏目曾对这一话题进行了网络调查。236 位投票的网友中，有172 人（占到总人数的 72.88%）对此驱赶行为持明确反对态度，57 位网友支持，另有 7 位网友不置可否。反对者中，有 103 位网友持实用主义态度，认为此举不能解决实际问题，反而会引发暴力执法等行为；69 位网友认为城市的文明程度应该与对待弱势的态度挂钩。就如何规范城市道路上的流浪乞讨者行为的态度中，有 124 位网友（占总人数的 52.54%）认为，与职业乞讨和乞讨相伴随的一些违法犯罪须禁止。在如何管理流浪乞讨者的四个选项中，近一半网友（47.46%）认为应鼓励流浪者自由职业、小摊小贩经营（央视网，2012）。总体而言，网友对依赖街道生存的流浪乞讨者表达了较为普遍的宽容，虽然超过半数的被访者认为应当严格控制其违法犯罪活动，但绝大多数被访者仍然认为流浪乞讨者可以依赖街道这一公共空间维持生计，甚至同意其在街上经营小摊小贩谋求生存。

在一些西方发达国家的现代化城市中，流浪乞讨人员也仍然具有一定的空间权利即依赖街道生存。米切尔·邓奈尔对于纽约人行道使用情况的社会学研究，很好地揭示了流浪乞讨人员的街道权益是如何被裹挟在社会权力的斗争中的。1981 年，华莱士提出了一条对《一般性贩卖条例》的修正案："本条规定不适用于任何不使用手推车、展台、棚子或车辆来贩卖或发放报纸、杂志或其他出版物的人。"（米切尔·邓奈尔，2019）[163] 这一修正案能够让那些流浪人士在无须获得行政许可的前提下按照一定要求售卖书籍和报纸以谋生计。据华莱士解释，他主要是基于保障言论自由的考虑，修正案的目的在于保护政治小册子的作者及发放者不会因无证经营为由被捕。但出乎意料的是，《纽约时报》《每日新闻》和《纽约邮报》等新闻媒体不仅对此给予了支持，他们甚至还想为出售他们报纸的报贩提供更多的自由。公民自由联盟的亚瑟·艾森伯格认为，拟议的修正案还做得不够，因为没有明确规定人们可以使用手推车、棚子或车辆出售出版物，因而未能保护宪法第一修正案规定的全部权利范围，他声称：

根据第一修正案，个人有权在城市人行道上散发传单、请愿书或以其他方式传播印刷品，只要这种传播基本不妨碍行人交通的安全通行……必须根据具体情况进行调查，才能决定在具体情况中，第一修正案所保障的使用折叠床或棚子的活动是否对行人交通造成重大障碍。（米切尔·邓奈尔，2019）[165]

由于官员们的政治活动需要报纸行业的支持，因此在这些新闻媒体的推动下，这一项修正案得以顺利通过。这一修正案允许将印刷品销售者从一般出售条例中免除，并规定了印刷品销售者所使用的桌子大小等标准。1982年7月，市长爱德华·科赫签署通过了《一般性贩卖条例》的华莱士修正案，作为当年的《地方法33号》写入了市政法典。《地方法33号》为摊贩、拾荒者和乞丐们在街道通过贩卖印刷品谋生提供了法律依据。

反对这一法案的人士从社会公平的视角提出以下意见：首先，允许街道商贩的存在对那些租了店面来销售类似商品并且需要纳税、承担最低工资和房租的人来讲是不公平的；其次，街道是公共空间，这些摊贩没有权利将之占为己有。摊贩们更为青睐的地点为街角，因为街角的交通最为繁忙，销售的机会也就更多，因而更容易引发摊贩和行人之间路权的冲突。街道流浪者和乞讨者确实也对街道商铺日常经营造成了一些负面影响。一些业主组成商业改善区，通过对街道公共空间的局部改造和管理，对人行道上的摊贩和乞丐进行排挤。1993年，《地方法案45号》通过，该法案认为出于保护公众健康、安全和福祉等目的，应当对摊贩的位置和地点加以限制，并强制规定了摊贩的桌子与街角、建筑入口以及地铁入口的合法距离（米切尔·邓奈尔，2019）[293]。

新的法案尽管并没有禁止销售印刷品，但所提出的空间要求实际上将摊贩从一些街道中排除出去。其实际结果就是：大多数摊贩从此在街道上消失了。在新的法案下，整个城市的印刷品都必须摆在桌子上销售，并至少留出12 ft（约3.7 m）宽的人行道，不得在任何建筑物的入口20 ft（约6.1 m）之内的地方摆摊，也不得在公交车站、出租车站、地铁入口或街角10 ft（约3 m）距离内摆摊（米切尔·邓奈尔，2019）[294]。通过对空间的具体规定，为行人保留一定的人行道，让包括流浪者在内的摊贩与街道商铺保持一定的距离，以减少摊贩对行人和街道商铺的影响。一些商业改善区还获得了交通部门的许可，在人行道上种行道树，即通过减少人行道可用空间的宽度来排斥摊贩。

城市的街道形态塑造着城市居民的日常生活。伴随着城市街道不断被拓宽改造为以机动车为主导的交通性道路，街道也就越来越成为其他活动无法使用的空间。在按照机动车设计时速排序的城市道路等级体系中，城市道路的等级越高，城市管理部门对非交通性行为的限制与排斥就越强，街道功能也就越单一化为交通技术空间。以机动车为主导的街道改造缺少足够的弹性，特别是在一些快速路和城市干道上表现得尤为突出。当城市道路按照上下班高峰期机动车的通勤需求设计时，这些空间就很难适用于一天中其他时段可能的社会活动。在这些道路上，上下班高峰期间要么车流汹涌要么拥堵异常，但在其他时段却冷冷清清、无人问津，已不能够适应多元城市经济社会活动的开展。在这样的街道上，非交通性活动与交通性活动之间的冲突销声匿迹了，而这一切都是空间竞争的结果。在这场抢夺街道公共空间的斗争中，欲将街道作为购物、社交、运动、娱乐等非交通空间使用的居民节节败退。当城市街道不断被拓宽改造为机动车的专属空间，街道的公共性也就被不断削弱了。

5.4 本章小结

作为公共空间的城市街道，不仅是一个具有不同生理和社会特征以及不同利益诉求的城市居民权益角逐的舞台，还是城市权力关系的空间可视化表达。城市社会生产了特殊的街道形态和使用规则，社会也为特定的街道形态和使用规则所建构。然而，现代主义理念指导下的街道改造实践中的权力关系，通常是隐蔽的，它通过一套现代性话语，建立了一个以机动车为主导的城市道路网络和交通体系，并声称这是人类向往且又无可避免的未来。现代主义的街道改造，还构建了一套与之相匹配的制度规范来体现自身的意愿，并以社会和法律的名义要求城市居民遵守。在时间的长河里，通过对一代又一代居民的教化以及日常的反复实践，人们将街道的空间形态和使用规则视为理所当然，从而忽视了街道空间形态和使用规则具有诸多方面的空间不正义性。通过相应的规范性权力话语，街道设计的不正义性被遮蔽，城市居民只能作为既定街道形态的使用者和既定空间纪律的遵守者而存在。任何无知或不遵守街道空间纪律的人，都将被视为不文明的或低素质的人。

面对城市街道规划设计的不正义性，很多城市居民不是通过有目的地给具有决策权的政府机构反馈或提出建议，而是通过违反街道使用规则这一个人化的方式来表达自己对街道空间权益配置的不认可。但无论是社会的道德评判还是空间竞争中所造成的种种结果，都对处于弱势的群体更为不利。因为人们普遍会基于已有的街道形态及使用规则对其行为进行道德评判，却未曾对其日常生活的地理与不正义的街道空间之间的关系进行思考。人们通常不会认真讨论街道形态和使用规则给行人、老年人、残障者、推婴儿车者等个体造成的空间不正义问题，而是将不遵守交通规则者的动机与行为作为交通事故的主因。违反交通规则的个人不仅要承受交通管理部门的行政处罚和社会舆论的谴责，甚至还可能付出受伤甚至失去生命的代价。

  街道改造的种种不正义现象，有街道设计层面的诱发因素，这些因素具有更深层次的道德根源。一些城市的街道改造，往往基于功利主义正义观或提高交通效率的技术中性主义，没有尊重每一位公民都应拥有的基本权利，在空间资源的不平等配置方面也没有给予社会弱势群体特别的关照，甚至没有对街道改造的负外部性给予合理的补偿。在此道德逻辑之下，城市政府以促进城市经济社会发展或提升交通效率之名，让那些处于不利地位的人们放弃自己对于城市街道空间的权益。那些处于不利地位的城市居民也不得不接受更差的城市生活前景——至少在街道空间权益方面的确如此。对此，我们可以肯定地说：这是不正义的！如果不从街道设计的层面来思考街道改造后造成的诸种不正义的后果以及由此加剧的空间竞争与冲突，而只是一味地从道德层面进行谴责并从制度层面给予行政处罚，那么不仅成本高昂且收效甚微，而且还存在道德正当性方面的重大缺陷：作为城市公共空间的街道规划设计忽略了应当体现的最为重要的价值维度——空间正义。

第 5 章注释

① 2021 年，市政府对该片区进行了改造，坝陵北街社区卫生服务中心搬迁至坝陵路（原址往南约 100 m）。

② 2021 年 9 月，笔者再次调研发现：为了市政府工作人员及来往群众的安全，该市在市政府门口增设了红绿灯和斑马线，供行人和骑行者横过主干道使用。原本无人使用且造价高昂的地下通道被彻底闲置。

6 寻求正义街道的道德准则

> 文化批评家的角色在于精确地揭示"现实性"与"合理性"之间的差异,暴露事物实然存在和应然存在之间两相对立的隔阂。
> ——理查德·沃林(2007)^{中文版序言}

正义之街道的道德准则涉及知识建构和社会实践两个层面。知识建构旨在提出街道改造的应然性,这种应然性接受能够得到广泛共识的正义原则指导;社会实践旨在促进这种应然性的实现,主要通过一系列程序性正义原则予以保障。本章重申,正义作为公共政策的首要德性,应当作为评判街道改造知识建构和社会实践的首要价值维度。如果街道这一公共空间的生产是不正义的,那么就应当对其进行改变。

当然,不同个体对何为正义之街道存在不同的认识甚至争议。技术中性主义、直觉主义和功利主义作为三种不同的正义理论在不同的社会背景中指导了街道改造。本书将进一步澄清这三种不同的正义理论在指导街道改造知识建构中的政治哲学逻辑,并结合生活中我们某些深思熟虑的确信进行比较研究。此外,还将罗尔斯的公平的正义理论应用于街道改造领域,探究将其作为街道改造空间正义基本原则的合理性。对于公平的正义理论在街道改造领域的合理性讨论,将通过进入罗尔斯的"原初状态"并结合对现实的思考,审慎地得到证明。在公平的正义理论的指引下,形成平等的和有理性的人们能够一致同意的街道改造道德准则,并通过对城市街道规划设计所造成的后果的反思,使得道德准则与社会实践能够达到相互的支持。在关于正义街道实现之程序方面,哈贝马斯的话语伦理学给予我们启迪。哈贝马斯提出了如何通过民主参与以达成共识的程序性正义原则,在那里所有热心的参与者都有机会阐发自己的见解,而对于公共政策给予赞成的规则是在公共话语中得到认可的规则(理查德·沃林,2007)[11]。尽管对于政治哲学正义理论的借鉴更多地体现为对街道规划设计的原则性讨论,但这些原则的达成却能够解决街道改造的基本正义问题,至少能够避免街道改造中出现较为严重的不正义问题。

6.1 街道改造若干主流正义理论批判

尽管人们难以否认空间正义应当作为街道改造的重要评价标准,但却往往因正义观的不同而对何为正义的街道纷争不已。将关于街道改造的正义观与政治哲学的正义理论相对照发现，指导街道改造的主流正义理论通常包括以交通效率为目的的技术中性主义、街道改造应服务于一些不可通约之维度的直觉主义以及以城市总体福祉最大化为目的的功利主义。

6.1.1 技术中性主义

技术中性主义将应然的合理性建立在性能优化原则基础之上：为了获得性能而增加输出，减少输入（让-弗朗索瓦·利奥塔尔，2011）[154]。不同技术中性主义者对"中性"之理解存在一定差异。一些技术中性主义者认为，其所处理的问题只限于技术层面，因不涉及价值判断因而是道德中性的；另有些技术中性主义者声称，即便其技术对不同的人有不同的影响，但因其未将偏倚任何人作为思考前提，因而是中性的。但无论基于何种考虑，技术中性主义本质上都是一种"去道德化"逻辑，即将输入输出比作为知识评判的标准，回避了技术应用中权利和义务配置的道德伦理问题，而这些问题在现实中却是客观存在的。在城市规划领域，技术中性主义赋予不同的城市空间不同的功能，而知识的作用就是通过最有效的规划设计满足这种功能。对于街道改造而言，技术中性主义通常将街道简化为交通的技术空间，进而将交通服务的投入产出比作为评判的核心标准。将街道改造为"交通机器"的现代主义理念，就是一种影响最为广泛的技术中性主义。

通常而言，交通效能往往通过道路服务水平和道路通行能力两个指标来体现。不同规划专家对这两个指标的内涵具有不同的理解。在目前高等院校城市规划专业普遍使用的《城市道路与交通规划》教材中，对这两个指标给予了如下说明："服务水平一般由下列要素反映，即速度、行程时间、驾驶自由度、交通间断、舒适度和方便及安全……道路通行能力是指正常气候和交通条件下，道路上某一阶段或交叉口单位时间内通过某一段面的最大车辆数或行人数。"（徐循初，2005）[30] 对于有限的公共空间资源而言，在街道规划设计之时，不仅需要权衡不同出行方式之间的服务水平和通行能力，还需要权衡交通功能和其他非交通公共活动，这些都具有显而易见的社会正义意义。但深受现代主义规划理念影响的规划师或工程师，在知识建构中更多地将以私家车为主导的机动车交通指标作为街道设计的核心指标。在这种技术主义指导下的街道改造知识建构中，为了提高城市街道的交通效能，即主要是保障机动车交通在速度、行程时间、驾驶自由度、交通间断、舒适度等方面的水平，普遍采取了减少交叉口、拓宽和增加机动车道、将机动车道封闭以减少干扰和扩展机动车道转弯半径等措施，而这一切通常都是以驱除城市街道的其他传统功能以及恶化行人和非机动车出行条件为代价的。

在街道设计领域，现代主义建筑师柯布西耶和吉迪恩称得上技术中性主义的代表人物，其将街道改造为"交通机器"的应然性论证如下：

前提1：没有什么永恒不变……而发展则无法拒绝（勒·柯布西耶，2011）[21]。

前提2：未来是汽车文明、机器时代。

前提3：相对于机动车交通而言，街道实在是过多；道路交叉口出现的概率太高了。（柯布西耶，2011）[35]

结论：传统街道必须消失，使车辆和行人间交通机能的混杂得以分隔（吉迪恩，2014）[573]。控制（林园大道）沿线边界……所有住宅、商业房屋和工厂均不得沿线构筑……林园大道乃为未来城市发展必要的先驱：即废除通廊街。再不会有任何地方允许在一排排的房屋中间有繁杂的街道存在（吉迪恩，2014）[573]。

在此，前提1和前提2并不为真：柯布西耶不应当将"发展"抽象化为一个人类社会无法掌控、自为的客体，城市居民对速度和汽车文明的向往并不意味着对其他出行方式的全然放弃，而且也忽略了有限的城市街道空间只能够容纳有限数量机动车的事实。前提3则显然是基于机动车优先的价值判断，忽略了道路交叉口对行人和骑行者出行便捷性的意义。在此基础之上建构的城市道路应主要服务于机动车交通的结论，不过是"一种社会筛选工具，筛除了那些没有自己的车轮的人"（马歇尔·伯曼，2003）[398]。

柯布西耶和吉迪恩并没有完全无视街道改造的价值维度，但遗憾的是：他们均从不同视角对此采取了回避态度，并将街道改造知识的有效性建立在技术人员无可置疑的权威之上。

柯布西耶关于技术人员权威之有效性的论证：

前提1：不要涉及政治社会学领域的诸多问题。他们是非常复杂的……我们还没有能力讨论如此错综复杂的问题。（柯布西耶，2011）[33]

前提2：我们日常研究中……缺乏科学的精确性，我们必须寻求，在物理与化学领域探索到充分的真知。（柯布西耶，2011）[29]

结论：以技术人员拟定的规划为前提。技术人员会告诉我们该往哪个方向走，如何去实现我们的愿望，也能够让我们真正进入发展的快车道。（柯布西耶，2011）[25]

吉迪恩关于技术人员权威之有效性的论证：

前提1：将大城市当作一个技术问题。（吉迪恩，2014）[534]

前提2：工程人员往往只关心城市躯体本身的重新组织，不会迷失于城市政治社会诸问题。（吉迪恩，2014）[566]

结论：技术人员会制定超乎大众所能预期的各种先见方案。（吉迪恩，2014）[534]

柯布西耶和吉迪恩均主张技术人员的绝对权威，但依据却大不相同。前者基于技术人员知识的局限性和技术知识较之于社会科学知识的精确性,而后者却基于技术人员的理性和前瞻性,两者所提供的依据显然是互相矛盾的。在柯布西耶的著作中,他对于工程技术人员能够掌控城市发展并建设未来美好城市的自信流露于字里行间。因此,如果认为此处不过是柯布西耶言不由衷的客套,不能作为论证前提的话,那么我们也很难赞同其城市只是一个技术问题的判断,更不会相信一个不关注道德伦理的技术人员有绝对的权威引领城市美好的未来。柯布西耶指出政治社会知识不像物理学那样具有精确性的论断,但这绝不应成为回避讨论政治社会问题的充分理由。

将城市简化为技术问题以逃避道德伦理的凝视,无法回应其所造成的种种不正义之现实问题。柯布西耶和吉迪恩所主张的与价值无涉的技术主义,就是认为:机动车代表了一种现代化的交通方式因而应当成为城市交通的主导方式。技术中性主义者将其有效性建立在一种现代性神话之上,给新技术戴上了代表更进步之未来的面具,坚持机动车所代表的速度就是一种现代化的生活方式,并坚信机动车数量的增加是经济社会发展的必然结果。尽管很多技术中性主义者认为在城市交通规划中应当根据具体情况对机动车数量施以必要的限制,但总体而言仍将小汽车的逐渐普及视为一种规律性。在高校广泛使用的教材《城市道路与交通规划》中,作者将小汽车发展的历程分为起步、普及、快速增长、成熟饱和以及后小汽车交通时代计五个阶段,并将各个阶段与欧美发达国家人均国民收入水平逐一对应。尽管作者认为,后小汽车交通时期体现了一种人本主义思潮和对环境保护的重视,欧美发达国家的政策取向也转到推动行人、自行车和公共交通发展上来,但仍然认为小汽车出行的加速增长是欧美发达国家城市交通必然要经历的阶段。作者认为,在小汽车的快速增长阶段,"受汽车工业发展和道路建设投入的拉动,城市的布局和结构已经在形态扩张时,适应了小汽车交通"(徐循初,2005)[249]。但这一规划思路无法回避的事实是,城市街道形态不仅会因塑造了城市居民的出行习惯而具有一定的文化惯性,还会因高昂的纠错成本而难以改变,适应了小汽车交通的街道和城市形态已很难再适应步行和自行车交通的发展。将越来越多的小汽车视为经济社会发展的必然结果或者现代化的应有之义,正在束缚工程师们的思维。调研知悉,某省规划院一位工程师正受托于中部某县县政府,为该县城解决停车难的问题。据该工程师反映,这个问题相当棘手:因为根据模型预测,随着经济的发展未来该县小汽车保有量仍将大幅增加。

技术中性主义者认为,效能体现了性能优化原则,这一原则反映在街道规划设计层面就是更高的交通效率。技术中性主义者主张,交通效率是中性的技术指标,既不能从科学真理的视角来评判,更不能从社会正义的视角来评判。但基于技术主义对街道规划设计的知识建构,不过是将主体自身的价值观隐藏其中罢了——也许在一些情况下这种隐藏是知识建构主体的无意识之举。秉持技术中性主义的现代主义规划理念,并没有认真对待不同消费能力的社会群体和不能或不愿驾驶小汽车的个体，因此，基于这一认识而规划设计的城市道路显然将这些阶层和群体边缘化了。街道规划设计的知识建构者，通常而言也是具备私家车消费水平和出行能力的群体。不仅如此，以提高机动车交通效率为目标的城市街道拓宽改造还通常涉及巨大的利益分配，机动车及相关产品和服务的制造商也会对技术主义价值取向产生实质影响。技术主义在一定程度上成为"富人的游戏……财富、效能和真理之间出现了一个方程式"（让－弗朗索瓦·利奥塔尔，2011）[156]。

以机动车为主导的技术中性主义街道改造所造成的后果就是：那些无法跟上现代技术脚步的人，甚至于无法诉说自己的不幸。就像面对摩西建设的纽约高速公路的现代男女们，"他们感受到了现代性的鼓舞人心，相信现代性的美好前景，即便是在他们发觉自己是现代性的障碍的时候"（马歇尔·伯曼，2003）[417]。留待未来才能验证其合理性的观点不能不让人疑虑，为压制民众的异见，技术中性主义者坚持柏拉图的反民主理论，即认为"正义就是由在自己干得最好的岗位上各司其职的所有人和事物构成的"（威尔·金里卡，2015）[65]，依此逻辑，显然只有城市规划人员才能洞悉城市美好的未来。因此，柯布西耶（2011）[内封]将其《光辉城市》一书献给"权威人士"，希格弗莱德·吉迪恩（2014）[534]则呼吁"每一位伟大的规划人员……不惜一切代价"以实现其绘制的技术蓝图。如果城市规划的目的在于为人民创造美好的城市生活，那么我们就必须从正义维度对新生技术的社会意义进行讨论，并充分听取民众的诉求和评判。正如亚里士多德（1965）[149]所言："在某些技术中，创作者不一定是最好的评判家，当然更不是唯一的评判家……对于一席菜肴，最适当的评判者不是那位厨师，而是食客。"城市居民是城市的主人，是城市街道的使用者，因而也只有他们的评判才构成街道正义的现实基础。

6.1.2　直觉主义

正义理论的直觉主义是指一种含有一组不能再追溯的最初原则的理论，那些最初原则必须通过询问我们自己来衡量，并在我们深思熟虑的判断中确定哪种平衡最为正义。直觉主义理论有两个基本特征：首先，它们是由一些最初原则构成的，这些最初原则可能是相互冲突的，在某些特殊情况下给出相反的指示；其次，它们不包括任何可以衡量那些原则的明确方法和更优先的规则，我们只能靠直觉来决定如何衡量（罗尔斯，2009）[27]。根据这两个基本特征，可以将一些街道改造的正义理论归为直觉主义。具体而言，就是提出一组关于街道改造的正义准则，例如在保障交通安全、提高交通效率、促进城市繁荣、减少碳排放等方面提出相应的正义准则，规划人员希望在这些准则之间实现一种平衡，根据这一平衡在不同群体之间配置空间权益。

直觉主义在指导空间正义中遇到的最大困难，在于其相关原则会受到社会权力关系和知识建构主体特殊性的影响而陷入纷争——尽管这两者在很多情况下并不能清晰地加以区分。就权力关系的影响而言，对街道具有不同利益诉求的人总是会强调那些能够促进他们权益的准则。例如依赖私家车出行的居民可能更强调提高机动车交通效率的准则，希望街道改造能够拓宽机动车道，并尽可能减少交叉口和沿街其他活动对机动车交通的干扰；依赖步行或不需要使用机动车通勤的城市居民则希望街道的规划设计对行人更为友好，通过步行便可以满足日常生活所需。就知识建构主体的影响而言，不同认知主体关于街道的认识存在差异，学界对不同价值取向的街道改造所产生后果的认识也处于不断变化之中，并据此提出相应的不同准则。例如，看到机动车的广泛使用给人们移动性带来的巨大变化，很多学者认为机动车将是一种现代化的交通方式，因而在知识建构中将机动车交通视为未来城市交通的主导模式；但随着人们认识到尾气污染及温室气体排放所造成的严重环境问题，规划专家意识到超出个体城市的环境正义问题，也越来越重视减少化石能源的重要性，并提出适当限制私家车交通的街道设计准则。显而易见，基于直觉主义正义观建构的街道改造正义理论因为社会对权益的竞争和认知主体的立场不同而通常难以形成共识，不存在一个能够被一致同意的优先规则来决定不同准则之间的平衡。

简·雅各布斯是现代主义城市规划理论的著名批判者，其经典著作《美国大城市的死与生》对西方城市规划理念变革产生了巨大影响。关于现代主义街道设计价值取向的反思，可以说是该书最为突出的贡献之一。在雅各布斯看来，一个城市最为重要的品质是多样性和活力。基于这一考虑，雅各布斯认为城市街道除了承载交通之外还应当有许多别的用途。这些除交通之外的用途是城市正常运转必不可少、无可替代的要素。据此，雅各布斯进一步阐述了人行道在安全、交往和儿童的同化等方面应有的用途，提出了街道规划设计在功能多元化、短街段、保留适当沿街的老建筑和保持足够高的人流密度等方面的要求。尽管雅各布斯没有使用空间正义这一词汇，但其对于街道用途和价值的反思较多地考虑了行人、妇女和儿童、居住在街道两侧居民等群体的利益以及小商店、低收益企业等发展的诉求，因而在空间正义方面具有积极的意义。

雅各布斯关于街道改造价值取向的影响力是毋庸置疑的，但同时也因其直觉主义的政治哲学基础而饱受争议。雅各布斯对街道功能的认知与其自身的个体特征、日常生活地理等方面存在着密切的关联。本书选取雅各布斯关于街道设计知识中最为重要的三个准则进行阐述。

雅各布斯关于街道安全原则的论证：

前提1：野蛮行为已经占领了很多城市的街道。（雅各布斯，2006）[26]

前提2："单调乏味的人行道……很少有人走"，这为野蛮行为提供

了条件。（雅各布斯，2006）[34]

结论：人行道旁边丰富的街道商业能够让街道保持活力，产生的足够多的人流对公共空间的关注可减少野蛮行为。

雅各布斯关于街道交往原则的论证：

前提1：街道公共生活增进了人们之间的信任和帮助。（雅各布斯，2006）[48-49]

前提2：人们需要彼此信任和帮助。

结论：街道设计应当促进人们交往。

雅各布斯关于街道作为儿童同化空间原则的论证：

前提1：儿童需要一个非专门的户外活动场地，可以玩耍、嬉闹并且形成对世界的认知。（雅各布斯，2006）[72]

前提2：在公园和游乐场玩耍的儿童常受到暴力欺凌。（雅各布斯，2006）[66-69]

前提3：儿童在人行道经常被使用的老街区玩耍更安全。（雅各布斯，2006）[67]

结论：人行道应足够宽，以便为儿童锻炼、玩耍和社会化提供空间。（雅各布斯，2006）[76-77]

雅各布斯关于街道设计应然的正当性判断，建立在其基于自身视角对街道生活的观察和理解之上。透过《美国大城市的死与生》一书，可以发现雅各布斯作为认知主体具有以下基本特点，这些特点对其关于街道改造的理念产生了显而易见的影响：

第一，作为女性，雅各布斯对街道公共安全给予了更多的关注。雅各布斯是一位女性，也拥有很多向其反映街道安全问题的女性友人。女性在身体上的弱势显然促使她对街道安全这一问题有更多的关注。因此，雅各布斯将安全作为人行道最为重要的特征，并引发了雅各布斯对街道相关功能的探讨。雅各布斯在全书的第一章就对街道的安全性进行了详细阐述，这与任何男性书写的关于城市街道设计的著作都有所不同。迄今为止，还尚未发现有任何一位男性工程师或规划师会将人行道的社会治安（非交通方面的安全）视为街道设计中最为重要的方面予以考虑。

第二，雅各布斯的日常生活对传统街道有更多的依赖。雅各布斯是一位居住于哈德孙街道两侧的普通居民，包括雅各布斯本人在内的居民之间具有较为频繁的日常互动，因此雅各布斯将"交往"视为城市街道最为重要的功能。但毋庸置疑的是，部分上层人士往往更加关注自身的隐私，并不愿意和邻居产生密切的互动或寻助行为，所以不太可能像哈德孙街上的居民一样"从杂货店主那里借一元钱"或"从杂货店里得到一个建议"。

第三，作为一名需要照顾儿童的母亲，雅各布斯希望街道能够承载儿童社会化功能。雅各布斯是一位经常陪伴孩子的母亲，经常带孩子上街或去公园，因此对街道能够在儿童的社会化方面发挥怎样的积极作用有切身的体会。雅各布斯的儿子在空旷地脱险的经历让她心有余悸①，因此雅各布斯希望能够建设适宜儿童嬉戏的街道，这样就能够将儿童的行为，特别是潜在的欺凌甚至暴力行为置于街道上成年人的监控之下。当然，对于开车或骑行经过此地的人（甚至包括一部分行人）而言，是不欢迎儿童在人行道上嬉戏玩耍的，因为在这类人看来人行道上的儿童不仅会影响交通秩序，而且还有随时跑到马路上进而导致交通事故的可能。在现实中，这种对立的需求在街道有限的空间内往往难以调和。

第四，因与被改造街道的关系不同而具有不同的利益诉求。雅各布斯作为居住在一条公共生活非常丰富的街道——哈德孙街上的一位居民，对社区的完整性有较为深刻的体会，对沿街底层的小商铺的多元化价值以及对街区活力和繁荣有较为深刻的认识，并因自身从中受益而有更多的认同。因此，雅各布斯对任何割裂这种联系的街道快速化改造方案都深恶痛绝，理所当然地反对将生活的街道改造为以机动车为主的城市干道或快速路。但那些不在该街道附近生活，仅是驱车路过此地的人，通常不会赞同雅各布斯的观点。

基于知识建构主体不同个体特征而形成的不同街道改造观念，在雅各布斯的著作中从另一个侧面得到了清晰的展示。该书记载，一些改革者对在街上度过闲暇时光的居民表达了同情，认为他们如果有一个更隐秘的个人空间或更大一点的林荫遮蔽的户外空间的话，他们就不会出现在街上了。这是对不同认知主体价值取向差异的最好例证。我们很难怀疑这一观点的真诚性，但雅各布斯却对这种观点表达了不满，认为有些人得出这样的判断不过是"对城市深刻的误解"（雅各布斯，2006）[48]。显然，这不应当视为一种误解，不同居民的个体和社会特征以及日常生活地理各不相同，因而自然会形成对街道应如何改造的不同认识。雅各布斯（2006）[109]自己也充分认识到，那些在某一条街道居住和工作的人看待这个地方的角度，与那些"只在上班的路上经过这里，或在每天的报纸上读到过这个地方的人，甚至在城里的办公桌上做出关于这个地方的一些决定的人的角度是不同的"，但她认为街道改造就应当为生活在街道上的居民服务，因而并不怀疑自己所提出的街道规划设计原则的正当性。

因此，雅各布斯对于街道改造的三个准则带有其身体特征和社会特征以及差异化日常生活地理的深深烙印。她提出的安全原则主要与雅各布斯作为女性在身体上的弱势有关；交往原则与雅各布斯的生活习惯、社会阶层和居住空间有关；儿童同化空间原则主要与雅各布斯的儿子被欺凌的经历有关。我们很难怀疑雅各布斯观察的真实性和表达的真诚性，但考虑到街道作为公共空间的事实，将雅各布斯那含有显著认知主体特征的直觉准则不经讨论地应用于街道改造实践，显然不够充分。当然，这并不是说，雅各布斯基于个人视角所建构的知识不具有任何正当性，而只是说若要将其应用于街道改造这一公共空间，其正当性仍有待于从主体间视角进行论证。这种主体间视角，就是一种关于街道改造的公共道德准则。

以雅各布斯为典型建构的基于直觉主义理论的街道设计知识，因其对认知主体特征的深刻依赖而难以形成较为广泛的共识。只要各认知主体对城市街道改造有不同的认识，就不可避免地会产生不一致的判断。正因如此，雅各布斯作为认知主体的个体特征便很容易成为异见者攻击的目标。如著名城市史学家芒福德曾在《纽约客》上撰写了一篇名为《雅各布斯大妈针对城市癌症的家庭秘方》(Mother Jacobs' home remedies for urban cancer)的文章对雅各布斯进行嘲讽和攻击。从这篇文章的题目不难看出，芒福德认为雅各布斯基于女性、非专业人士等认知主体特点建构的城市规划知识具有无可避免的狭隘性。特别是在实证主义思潮影响之下，认知主体基于自身生活视角的体验和价值判断被认为是知识建构的障碍而受到排斥。因此，尽管雅各布斯的著作及观点在城市规划等相关学科受到一定的重视，但并没有被普遍纳入以城市规划学科相关教材和国家规范为主要载体的知识体系中。

以直觉主义为指导的街道改造实践存在诸多缺陷，特别是因其受认知主体个人价值观的影响而受到指责。街道作为城市居民日常生活的重要公共空间，其规划设计知识的建构理应从一种主体的视角转为主体间的视角。但不可否认的是，认知主体必然是主观的，任何正义理论也都不可能完全避免直觉。在城市规划学科涉及规范研究的领域，认知主体的价值观不仅不可能从知识建构中被完全排除，更不应当将其视为知识建构的缺陷。知识建构主体的不同生活视角和价值判断，是我们了解城市的社会现实意义进而探讨如何共同生活必不可少的前提。建立在特定个体日常生活基础之上的直觉观念也具有应然的有效性——城市居民对城市权益的诉求有其天然的合法性基础。

但直觉主义正义观在探讨空间正义时遇到的困难也是显而易见的：主体性差异必然使得在正义原则确认及权重赋予上固执己见、纷争不已。面对城市史学家芒福德的嘲讽和攻击，雅各布斯也武断地批判异见者对城市存在深刻的误解。要减少这种冲突，就必须在道德评判时尽量减少对直觉的依赖，并就判定原则的优先性问题达成一定程度的主体间共识。

与直觉主义不同，功利主义和罗尔斯的公平的正义理论建立了大众化的道德标准，致力于提出具有一定概括性的、合理的且能够被广泛认同的道德观。如果我们认可功利主义或罗尔斯的公平的正义理论，那么便可以根据各自建构的正义原则，确定包括直觉主义所提出的街道改造的正义观在内的一系列准则的优先次序或权重，并据此做出明确的选择。两者不同的是，功利主义试图通过对超越了个体利益的社会成员满足总量的最大净余额进行计算来解决个体间纷争，罗尔斯的公平的正义理论则将一个超然于我们日常地位的、抽象而简化的原初状态作为理想环境以免受主体特殊价值观的影响。但必须指出的一点是：无论是功利主义对具体功利的计算，还是罗尔斯对其道德理论的证成，都离不开我们对何为正义之街道的直觉判断的支撑和检验。

6.1.3 功利主义

功利主义认为，一切正义的问题也都是利益的问题，因此基于功利之上的正义是一切道德最神圣最具约束力的部分（约翰·穆勒，2014）[74-80]。功利主义进一步主张，正义的标准时常不可调和，为了避免正义立场的随意性，只有根据社会的功利才能够做出合理的取舍（约翰·穆勒，2014）[72-73]。基于以上逻辑，功利主义提出其评判社会制度的正义标准："如果一个社会的主要制度被安排得能够达到所有社会成员满足总量的最大净余额，那么这个社会就是被正确地组织的，因而也是正义的。"（罗尔斯，2009）[18] 功利主义因其暗含的集体主义色彩和清晰的道德逻辑而得到不同国家诸多城市政府的采纳。在即将拆迁的街道上悬挂的诸如"舍小家，为大家""为了城市更好的明天"等横幅就是功利主义正义观的经典表达。城市政府认为，街道改造将促进城市的整体繁荣，城市居民将从中获得最大化的净收益，因而街道改造具有绝对的正当性。为了实现这一目标，任何个人所做出的任何牺牲不仅是值得的，而且还是正义的。功利主义关于街道空间正义观最有争议的论证如下：

前提1：社会功利应当作为道德义务不相容时的取舍标准。

前提2：个人可能的牺牲（舍小家）促进了城市的功利（福万家）。

结论：个人的牺牲是正当的。

暂时将社会满足总量净余额最大化目标的正当性论证搁置一旁，仅仅从基于这一正义理论所指导的街道设计所造成的种种后果来看，功利主义的正义观也是不能够令人满意的，主要表现在以下几个方面：

首先，功利主义没有认真对待城市居民基本的街道空间权利。在功利主义的正义逻辑中，城市居民个体没有任何基于正义的不可侵犯的权利，只能服从于社会满足总量净余额最大化或者说城市发展这样的宏大目标。这种功利主义正义观认为，为了城市的发展和繁荣（即"为大家"）让任何一部分人付出代价（即"舍小家"）都是正当的。功利主义正义观指导下的街道改造实践最大的不正义在于：行人、老年人、残障者、低收入者等城市群体的移动权不能得到基本保障。按照功利主义计算，如果为盲人、依赖轮椅出行的残障者等少数群体提供基础设施的机会成本是如此之高，以至于将这些资源用于机动车交通设施或城市建设其他方面能够更好地促进城市经济社会发展的话，那么功利主义就不认为此类群体移动权的缺失是不正义的。在现实中，这种以城市发展之名的功利主义正义理论相当强势，即便一个人发现自身权益受到损害时，也很难对此给予驳斥。采访中，一些腿脚不便的老人，面对街道改造后无法逾越的过街天桥和地下通道，感受到了街道改造给自身日常生活带来的巨大不便，却羞于对这种具有集体主义观念的正义理论提出反对意见。这些老年人在诉说了自己日常生活的不幸之后，通常还会愤懑而无奈地补充道："没办法，城市要发展。"这种顾全大局的态度——为了城市的发展而不为自己的权益争辩，被一些社会哲学家称之为"有教养的典礼"（politeness ritual）（戴维·米勒，2008）[53]，表达这种态度的人希望被别的群体看作是高尚的，但这并不能被认为是一种基于正义的表达。

一种功利主义观点还可能认为，如果盲人和使用轮椅出行的残障者的出行需求能够从城市的整体繁荣中获得补偿，以至于他们根本没有为满足一定生活水平而出行的必要，那么不保障这些群体出行的基本条件就更谈不上不正义了。但如果我们承认每位城市居民人性尊严的重要性，认为应当尊重每一位城市居民对生活方式的自主选择，那么我们就不会赞同功利主义的这种补偿理论。一些人还会声称，在街道的日常生活中很少发现有盲人或依靠轮椅出行的残障者，据此否定或削弱为这些群体提供出行条件的正当性。但之所以出现如此局面，在很大程度上已经是不正义的街道空间生产所造成的结果了。即便是在具备适当的出行条件下，盲人和使用轮椅的残障者并未实际地使用街道，这也不能构成反对为其提供出行条件的正当理由。玛莎·C.纳斯鲍姆（2016a）[19]在其正义的能力理论中曾富有洞见地指出："政治的恰当目标在于能力，而非运作，因为这样就可以为人类自由的行使留下空间。"因此，对于街道的改造而言，正义的街道在于确保每一位有意愿的居民具有出行的基本权利，而不应当纠结于是否有盲人现实地使用了盲道等类似的问题。

当然，一些持功利主义正义观的人仍可以根据功利主义原则提出不同意见，认为通过科学的计算，在城市街道改造中对城市居民基本权利的尊重和对弱者的关照能够增加社会功利。据此，某些持功利主义正义观的规划师也可能会关注对城市居民移动权等基本权利的保护，提出对弱者空间权利的关照，希望能够通过合理的街道改造方案为这些群体融入社会进而做出社会贡献创造条件。但这种考虑完全建立在社会功利的整体考虑基础之上，居民的基本权利仅被置于从属的地位，亦即只有在能够实现社会功利最大化的情况下才会被考虑在内，城市居民的基本权益没有作为空间正义的目标本身而得到充分保护。

其次，功利主义并不关心街道改造所产生的社会满足总量的增量如何在社会成员间的分配②。与关于分配的其他正义理论相比较，功利主义正义理论的突出特征是：它只关心社会满足总量的增加，而没有认真考虑满足总量在社会成员之间的分配情况。在这一正义理论指导之下的街道拓宽改造也不直接关心街道改造带来的满足总量在个人之间如何分配这一问题。根据功利主义正义理论，从社会满足总量这一最终目的来衡量，即便某一街道改造方案造成对个人基本权利的侵犯或对弱者利益的损害，只要该方案能够促进城市经济的繁荣，那么这种街道改造就是正义的，但对街道改造在社会福利方面是如何分配的问题却没有给予认真的考虑。

将社会最不利成员置于对其更为不利的生活前景之中，这一道德观点对于广大市民而言是难以接受的。在以机动车为主导的城市街道改造中，那些本应得到关照的社会群体，如需要使用轮椅的老年人和残障者、推婴儿车出行的父母及婴儿、推平板车谋生的人等，不仅没有得到一定的关照，其街道空间权益反而还被不断挤压。这种改造方案往往更有利于驾驶机动车出行的人，而步行和骑行以及生活在街道两侧的多数居民并未能在街道改造中同等受益，甚至其权益还受到更多的损害。暂且不论这种街道改造方案是否会彻底解决城市机动车交通拥堵问题，就其对步行和骑行条件的损害而言却是长期存在的。

功利主义指导下的街道改造中，关于城市发展等宏大目标的优先性在一定程度上类似于一种文化帝国主义，利奥塔在论及文化政治问题时对此进行了批评，认为"我们"的使用是一种语法暴力形式，其目的是通过将其融入世界人类的虚假承诺，否定和消除其他文化中"你"和"她"的特殊性。因此，我们必须避免使用"我们"一词（史蒂文·康纳，2007）[46]。同样，在城市街道的改造中，我们同样也应当避免将不同城市居民视为包含在城市这个整体性概念之中的无差异个体。街道改造应认真关切城市街道改造在不同群体甚至不同个体之间的权益分配问题，并避免让不利者陷入更不利的生活前景之中。

再次，功利主义关于社会功利的计算无法就街道改造方案达成共识。功利主义需要将利益总量进行合计，这需要"不偏不倚的同情的观察者"对所有人的满足进行必要的组织并转化为一个融会贯通的欲望体系。在此处，不偏不倚的同情的观察者被假定为这样的人——"他假定自己处在一个自身利益不受威胁的地位，他具有所有必要的信息和推理能力，处在这种地位就使他对受一定社会体系影响的所有人的欲望和满足抱有同等的同情"（罗尔斯，2009）[145]。基于这样的假设，不偏不倚的同情的观察者所赞同的就是正义的。

但不可否认的现实是，不同个体具有不同种类的偏好，而且各种不同种类的偏好也是不可通约的。因此，功利主义者既不可能在现实中找到被广泛认可的、不偏不倚的观察者，也不可能对街道改造涉及的复杂的现实环境进行准确且毫无争议的功利主义计算。按照功利主义正义观，若将街道在交通效率、身体健康与生命安全、商业发展与街道繁荣、空气质量和噪声、社会交往与团结、能源效率与全球气候变化等方面产生的功利进行毫无争议的通约计算，这绝无可能。

不仅如此，即便是从一个很狭隘的视角，即拓宽机动车道是否有益于交通这一点而言，也存在很大争议。《全球街道设计指南》调查显示，在正常运行的峰值条件下，不同模式下 3 m 宽车道每小时的容量存在着重要差别,其中私家车的承载能力是最低的,为600—1 600人/h;频繁公交往来的混合交通模式下为1 000—2 800人/h;双向受保护的自行车道为6 500—7 500人/h;公交专用道为4 000—8 000人/h;人行道为8 000—9 000人/h(美国全球城市设计倡议协会等,2018)[30]。如果从这个角度来讲,挤压非机动车道和人行道以拓宽机动车道的做法其实就是为少数人而设计的街道。至少单从这个角度而言,功利主义者也难以仅仅根据功利计算做出拓宽街道的决策。

当然,从观察者计算的层面来讲,功利主义者还可以声称,驾驶小汽车能够让市民更舒适而便捷地出行,因而驾驶私家车比步行或骑行具有更高等级的快乐。因而,当持功利主义正义观的规划师作为权威人士,将不同个体行为按照价值高下进行排序后再对街道改造所造成的个人功利进行汇总,仍然可能得出以下结论:尽管私家车的承载能力是最低的,但由于驾驶私家车具有更高等级的快乐,因此将3 m宽车道用于私家车出行仍然产生了最大的社会功利净余额。尽管我们不能否认驾驶机动车与步行、骑行等出行方式具有很多不同的体验,但将驾驶机动车裁断为高于步行或骑行,就是将喜欢驾驶机动车的人自身对快乐的体验及评判凌驾于他人之上。

这种价值排序会忽略街道公共空间使用多样性的现实意义,并往往掺杂了规划师的价值观而难以形成一致意见。例如,一些规划师将机动车交通视为现代化的象征或认为机动车交通能够给个人带来更大的满足,相应地将步行和骑行等视为不受欢迎的、落后的交通方式,认为街道规划应当为机动车提供更好的交通条件;另一些规划师则将步行和骑行视为可持续的交通方式,认为机动车交通因消耗了大量的化石能源,进而造成更严重的环境危机及社会正义问题,因此赞同建设适宜步行和骑行的城市街道并限制机动车交通。因此,尽管看起来功利主义正义观有一个清晰的平衡各方面的道德准则,但这一准则在街道改造领域却并不能够得到清晰的、毫无争议的应用。在功利计算方面,考虑到无数的特殊环境和不断变化的个人的相对地位,很难形成一个能够取得共识的计算方式和结果。

还需要注意的是:基于功利主义的街道规划设计的意义和价值往往是高度猜测性的,往往只有不能确定的概率上的真实性。即便是功利主义者最为核心的主张,即街道拓宽改造有利于城市经济增长,也并不完全符合事实。一些规划专家就指出,建设适宜步行和骑行的城市街道更有利于城市经济发展,因为行人和骑行者会更多地促进销售当地产品和服务的商业发展,沿街的小商铺也具有更强的地方根植性,而更多的机动车和汽油消费往往并非属于本地市场。因而,功利主义者声称的那种道德准则在理论层面的简洁性自然也就无从实现。

尽管功利主义正义理论存在诸多缺陷而难以让人接受,但在当下城市规划相关学科中却有更为广泛的应用。功利主义对于社会满足净余额的计算很容易被整合于经济学这一强势学科的知识体系中,功利主义对于正义理论的量化处理方式又很容易被误解为体现了实证主义精神,至少看起来会造成其标准比道德伦理方面的讨论更为精准的假象。裹挟于经济学等强势学科以及实证主义思潮中的功利主义正义理论由此得以广泛应用。当然,也许将功利主义正义理论应用于某些经济政策的评判是较为合意的,但从功利主义正义理论在城市街道设计领域的应用来看,以功利主义正义理论为基础的街道设计理念是无法让人满意的,即便是功利主义所标榜的优于其他正义理论评判标准的简洁性也并不真实存在。因为这一正义理论即不能在知识建构方面形成一定的共识,也因容易在权力关系方面形成话语霸权而应受到挑战。

6.2 知识建构准则:正义街道的内涵

追寻正义的街道应当接受何种正义理论的指导呢?威尔·金里卡(2015)[6]曾言:"任何正义理论都需要面临这样的最终检验:这种正义论不仅与我们对于正义的深思熟虑的确信相融贯,而且还有助于阐明这些确信。"同理,用于指导街道改造的正义理论,不仅要与我们对于正义之街道的深思熟虑的确信相融贯,还应当能够从理论上阐明这种确信。

通过对街道空间生产中存在的各种相互竞争的正义理论进行比较和评判,发现技术中性主义、功利主义和直觉主义在一些重要的方面与我们关于街道空间正义深思熟虑的确信相悖。在关于正义之街道的设想中,我们至少有以下几个方面的确信:(1)城市街道应当为步行、骑行、公共交通和私家车等多种出行方式提供安全、便捷之交通条件。其中,因步行和骑行是绝大多数普通市民更容易掌握并普遍使用的一项能力,因而应当在街道改造中得到优先保障。(2)城市街道是城市中最为重要的公共空间,我们承认街道交通功能的重要性,但不应将城市街道狭隘地定义为城市道路进而将传统街道复合之社会功能简化为单一的交通功能,而是应当建设更具包容性的城市街道。(3)城市街道改造应当为社会最不利成员提供一定的补偿,在交通功能中应当为盲人、使用轮椅的老人和残障者、推婴儿车者等不同群体提供体面的基本出行条件,在非交通功能中应当为传统街道商业形态中的非正式就业者、流浪者等依赖街道谋生的群体提供必要之街道空间,当然这种功能也应当与街道的交通等基础功能相兼容。考虑到为社会最不利成员提供基本的空间权益与为行人提供安全便捷的交通条件的要求具有很大程度的一致性,因此这进一步增加了我们对这一正义观点的确信。基于以上考虑,本书将罗尔斯的公平的正义理论引入街道改造道德准则的探讨中来,并进一步论证这一理论与本书为街道空间生产的正当性所做之辩护的融贯性。

6.2.1 应用公平之正义理论的说明

街道正义问题符合罗尔斯正义理论的主题。罗尔斯（2009）[6]所建构的正义理论的首要主题是基本社会结构，"或更准确地说，是社会主要制度分配基本权利和义务，决定由社会合作产生的利益之划分的方式"。基本社会结构的重要性在于其决定了对基本社会善的分配。所谓基本善，是指不论一个人的合理生活计划是什么都对他有用的善。在城市中，除了少数特例外，几乎每一位城市居民的日常生活都离不开城市街道。城市街道不仅是实现物质和人员流动的必然通道，而且是城市中普遍存在、方便可及的公共生活空间。城市居民既需要将城市街道作为交通的技术空间以实现通勤和获取日常生活所需之各类资源，也需要将城市街道作为公共空间来实现社会交往、愉悦身心甚至谋求生计等复合功能。可以说，城市街道对城市居民的日常生活产生着深刻而持久的影响，进而在一定程度上决定着城市居民的权利、自由、机会、收入、财富和自尊等方方面面的善。因此，不论每一位城市居民日常生活计划如何，居民在街道空间享有的基本权利都是对他有用的基本善，应当将其纳入城市居民基本的权利和义务体系中认真对待。相对于城市千千万万居民对有限街道空间的多样化需求而言，城市街道空间资源是非常稀缺的，因而城市街道必然是一个充满竞争的政治社会空间。城市社会需要通过相关制度，主要是通过对街道物质形态的重塑和对街道空间的细分并施以相应的规则约束，来分配街道的基本权利和义务。因此，我们可以说，城市街道改造作为公共政策，就是一种分配社会基本善的社会制度安排，符合罗尔斯"公平的正义"理论所探讨的正义主题，因而可以将城市街道规划设计的知识建构和权力运作视为社会结构的一个重要方面纳入罗尔斯的正义理论框架进行探讨。

罗尔斯的正义原则可以恰当地指导街道改造实践。对于分配社会基本善的社会结构，罗尔斯的"公平的正义"理论提出两个原则：第一个原则是平等自由的原则，即要求平等地分配基本的权利和义务；第二个原则是机会的公平平等原则和差别原则的结合，机会的公平平等原则坚持各种职务和地位平等地向所有人开放，差别原则认为经济和社会的不平等只有在其结果能给每一个人，尤其是那些最少受惠的社会成员带来补偿利益时，它们才是正义的。其中，第一个原则优先于第二个原则，而第二个原则中的机会的公平平等原则又优先于差别原则。在城市街道改造实践中平等自由原则的应用，是一个在将城市居民作为平等之道德主体的前提下，可以主张何种基本的街道空间权利的问题。这种权利具有正义的优先性，一旦得到确认将不可逾越，唯一的例外是为了避免某种更为严重的不正义。对于机会的公平平等原则的讨论，是指在现有的街道使用规则之下，街道空间的细分不应当导致对某些居民的空间排斥。对于空间排斥的讨论，应当将其区别于为保持城市街道必要的使用秩序而进行的调节。前者是一种非正义的社会制度问题，而后者则是一种与社会正义无涉的、必要的技术性安排——类似于有必要规定靠右行驶还是靠左行驶。尽管有时候很难确定调节和排斥的边界，但我们仍然有信心在某些重要的问题上做出较为明确的判定，从而避免一些严重的空间不正义问题。而对于差别原则的探讨，则是指在街道的改造中是否对最少受惠的社会成员给予补偿的问题。当然，对社会最少受惠群体的判定和补偿需要综合考虑各种因素，而本书对这种补偿范围的讨论仅仅围绕街道改造展开，并主要基于街道在居民日常生活中的基本功能和最少受惠社会成员对街道空间的潜在需求之间的匹配情况，因此本书在对最少受惠社会成员的判定上具有一定的局限性，不可能建立一个无所不包的综合指标进行评判。但考虑到街道对于城市每一位居民的日常生活是如此重要，对其进行讨论的积极意义也是不言而喻的。

　　进入原初状态是形成道德共识的理论背景。要应用罗尔斯的正义理论探讨街道空间正义问题，就应进入罗尔斯所设想的原初状态。罗尔斯（2009）[9]的公平的正义理论是在一种公平的原初状态中被一致同意的原则，即"那些想促进他们自己的利益的自由和有理性的人们将在一种平等的最初状态中接受的，以此来确定他们联合的基本条件"，这些原则将调节所有进一步的契约。罗尔斯关于原初状态的限定条件是与"无知之幕"相结合的。所谓"无知之幕"，是指原初状态中的人们"谁也不知道自己在社会和自然的偶然因素方面的利害情形"（罗尔斯，2009）[15]，以保证原则不会被裁剪得适合于个人的特殊情况和个人偏好。在罗尔斯看来，尽管设想的原初状态和"无知之幕"是一个较弱的前提，但在这个基点之上形成的道德原则在理论上更能被市民所广泛地接受。在这种状态中，人们知道街道对于城市居民日常生活的重要价值，但却没有任何人知道他在城市社会中的特殊地位——包括生活空间、收入水平、出行偏好、健康程度、生命阶段等，以确保关于正义街道的原则不会受到个人各种偶然因素的影响，这便构成取得广泛一致意见的前提。"无知之幕"作为限制条件，将保证任何人不会因其特殊的社会背景或偏好而对街道改造提出特殊的要求。否则，对于某一条街道而言，如果一个富裕的中年男性有长距离通勤的需求，且这条街是他上下班的通道，那么他可能会认为将街道改造得更适宜机动车快速通行是合理的；如果是一个日常需要频繁步行往返于该街道两侧的老年居民，那么他可能会极力反对将日常生活所在的街道拓宽改造的方案。因此，进入按照无知之幕限定的原初状态，将会得到平等的和有理性的人们在排除了自身偶然因素方面的利害后一致同意的正义原则，并可将其作为解释和评判街道正义与否的基本准则。

　　借鉴公平的正义理论的关键在于其理论能够在街道改造领域得以成功运用的前景。戴维·米勒（2008）[26]指出："一种成功的理论能够说服人们用它的原则去调节他们直觉性的正义感，并使这种希望得以实现。"

要实现这一目标，最为重要的是能够就某种正义理论所指导的街道改造原则达成一定程度的共识。较之直觉主义对不可化约之各项原则的权衡和功利主义基于社会成员满足总量的计算，罗尔斯的公平的正义理论更能够体现一种平等待人的原则。在其中，每个人都会感到他的基本而重要的合法要求得到了满足，从而避免了直觉主义和功利主义正义观指导下的街道改造实践存在的不确定性和分歧。本书并非一个纯粹的政治哲学课题，也无意通过街道改造这一领域的大众信念来检验罗尔斯的公平的正义理论，而只是想用罗尔斯的公平的正义理论启迪我们对于正义之街道的想象，并帮助我们阐述、调节和确认我们关于正义之街道的深思熟虑的判断。如果罗尔斯的公平的正义理论能够更清晰而系统地阐述我们对于街道改造的深思熟虑的基本原则——当然这种深思熟虑的原则也应当接受正义理论的指导，那么我们就在这种意义上将罗尔斯的公平的正义理论称为指导街道改造实践的成功理论。

  罗尔斯的正义理论的"不现实"与不完备并非正义理论的缺陷。有学者批评罗尔斯所设想的原初状态脱离实际，莱斯利·A.豪（2014）[49]就曾指出，道德原则不能脱离实质性观察，因为对于道德领域而言"不存在一种单独进行的、脱离实际的重建过程"。罗尔斯所设想的原初状态，通过假设做出决策的个体因对自身特殊状况的无知而与现实世界的实然性保持着距离，但绝不应当将其视为探讨道德伦理问题的缺陷。罗尔斯所讨论的是正当的理据，也就是据以判断正当与不正当的根据，而非正义的实践性或策略性理论（何怀宏，2017）[267]。也正是警醒地通过与现实世界的实然性保持一定的距离，正义理论才能够避免社会权力的左右从而将"现实性"和"合理性"区别开来，并最大限度激发我们对于正义之未来的想象。此外，罗尔斯所追寻的是一种具有普适性或共识的正义理论，而非面面俱到的完备性正义理论，因此我们不能寄希望于一旦运用罗尔斯的正义理论便可以找到绝对正义的街道或解决街道空间正义的所有问题。罗尔斯的正义理论的不完备性，从某种意义上而言正是其对正义原则一致性追求的必然后果。罗尔斯的公平的正义理论对于街道改造最为重要的价值在于：其在原初状态这一较弱前提下达成的广泛共识因为承载着对正义的共同理解而具有普遍性，这种普遍性意味着因为能够得到每一个人理论上的认同从而有望在实践中得以被广泛采纳，并通过平等自由原则、机会的公平平等原则和差别原则的应用避免严重的空间不正义问题。罗尔斯的正义原则体现了一种社会正义的底线思维，在其广泛共识的普遍性之外仍然为不同城市街道改造实践的特殊性留有空间。在接受罗尔斯的正义理论指导的街道改造实践中，也许仍然存在一些不正义的特殊情况，但鉴于紧迫的问题已经在罗尔斯的正义理论的指导下得以解决，并鉴于精力所限，本书不准备将其纳入讨论范围。

6.2.2 街道改造的几个道德共识

进入原初状态，我们可以围绕罗尔斯正义理论的两个正义原则推论出三个方面的基本道德共识，以作为指导街道改造的准则和判断街道改造正义与否的标准。其中，第一个道德原则具有优先性。

第一，对应平等自由原则，应当将每一位公民公平地使用街道公共空间的基本权利作为应当予以优先保障的基本城市权利。街道是城市居民日常生活中最为重要的公共空间：街道不仅是城市居民获取日常生活所需资源的通道，还是城市中最为普遍存在和进入成本最低的公共空间，更因为能够吸引很多市民日常频繁使用而具有获取价值的机会。因此，每一位城市居民都可以合理地主张基本的街道空间权利。所谓合理地主张是指，尽管这种权利归属于个人所有，但必须是每个市民都能够"平等"地拥有，这就要求在街道这一有限的公共空间内所主张的各种不同类型的基本权利能够彼此相互兼容。例如这种兼容性就要求：如果将移动权（通过街道从甲地到达乙地的权利）作为街道承载的必不可少的基本权利，尽管其他基本权利可以视不同城市中广大市民的诉求、街道使用现状等因素而定，但不应当将与城市居民广泛的移动权相冲突的要求同时作为基本权利予以优先保障。当这种基本权利一旦被确定，便具有基于正义的不可侵犯性，即便是以整个社会的福利之名也不能逾越。这种基本权利被剥夺的唯一的正当理由是为了避免某种更为严重的不正义，例如在紧急状态下为保障公共安全秩序依法实施的街道管控，这一情境中的居民在某些特定时段不再享有自由移动权。这一主张将基本权利置于优先地位，也就否定了功利主义将社会成员满足总量的最大净余额作为街道改造至高无上标准的正当性。

街道基本权利至少应当包含以下两个方面：一是要求同等地享有进入街道进而将街道作为特定用途空间的权利；二是能够在街道正常通行的基本权利。考虑到街道空间所承载功能的复杂性，尽管难以清晰地界定"进入"和"通行"这两个方面的具体内涵，但我们仍然可以在平等而理性的城市居民间就每个人平等地享有何种基本的街道权利达成某种程度的共识。在"无知之幕"后，知悉不同个体之间会存在特殊性但却对自身具体特征一无所知的人们，会对街道应当承担的社会功能提出一些共同的要求。

原初状态中能够达成的若干共识中最为重要的方面是：较之于建设以机动车为主导的城市街道，为城市居民创造安全、连续和便捷的步行空间具有空间正义方面的紧迫性。其核心论据有两个。首先，行走是一种人类的原始本能，因而能够被每一位城市居民普遍地加以应用；而驾驶机动车和骑行则需要掌握一定的技能，其中驾驶机动车比骑行门槛更高——要获得机动车驾驶证不仅需要满足更严格的年龄和身体状况要求，还需要达到一定的技术水平并通过资格考试以得到官方的认定。对于每一个在原初状态中的个体而言，都会意识到：步行不仅是每一个人会使用的出行方式，而且当自己处于人生阶段的童年和老年期往往还会对步行环境具有更多的需求。也许原初状态中的个体认为自己天生残障的概率较低，因而没有将社会资源向此类群体倾斜的强烈意愿，但当他们考虑自身可能有一定的概率因坏运气等原因而成为残障者，也会首先赞同应当优先保障行人的基本空间权益，因为作为城市中少数的盲人和使用轮椅的残障者与其他普通市民对步行环境的要求具有更多的一致性。其次，在某种程度上，每一位居民也都有选择包括步行在内的多种出行方式的自由以及依靠步行满足日常生活的实际需求。在现实中，无论选择何种出行方式，居民的每一次出行往往都以步行作为开始或结束。因此，原初状态中的任何一个人都将同意，建设安全、连续和便捷的街道步行环境符合城市中每一个人的利益。即便撤走"无知之幕"，一些更多依赖机动车出行的人，尽管会赞同将某条特定的街道改造为以机动车为主导的街道，但通常也不会对营造适当的步行环境持完全的反对态度——因为他们也会在特定的时空中作为行人出现在街道上。在不知道自己出行的特殊需求和能力的原初状态中，我们可以显而易见地得出他们将会赞同在城市中建设适宜步行之街道的观点。

面对现代主义街道改造理念指导下所生产的城市街道遗产，为了纠正以机动车为主导的街道形态和使用规则，从而给予行人街道空间权利以优先性，往往需要加强对机动车驾驶员的外部强制与自我强制。外部强制措施包括在需要保护行人的地方安装交通信号灯、交通标识和监控探头等；自我强制措施包括设球状体、铺鹅卵石、用凸起控制速度以及在道路交叉口设置环形道等交通安全措施。如果认可保障行人的基本街道权益是空间正义的应有之义，那么我们将认为，在机动车可能对行人安全造成伤害的路段对快速行驶的机动车施以一定的限制是必要的秩序调节，是对不正义街道空间的矫正，至少不应当被认为是对机动车的不正义限制。

第二，对应机会的公平平等原则，城市的街道空间应当向每一位城市居民平等开放。如果将街道视为城市公共空间，那么现代主义将街道改造为"交通机器"的理念至少在以下两个方面未能遵循机会的公平平等原则，削弱了街道空间的公共性。其一，将街道这一公共空间简化为交通的技术空间，进而将一切非交通性公共生活排斥在街道空间之外；其二，以机动车为主导的街道改造，形成对非机动车之外交通方式使用者的空间排斥。

现代主义以机动车为主导的街道改造价值取向，并没有向每一位城市居民平等开放，而是给予了机动车驾驶员和乘客更多的空间权益。通过不同街道模式的比较，可以更清晰地发现这种不平等。《镇上最繁忙的街道》一书讲述了这样一个故事：

阿加莎和欧拉莉是老朋友，她们分别居住在交通繁忙的拉石茂

（Rushmore）林荫大道两侧。有一天，由于厌倦了分割她们的交通，她俩在道路的中间摆上了椅子，然后坐在椅子上，玩着巴棋戏，吃着曲奇饼。这两位女士的行为引发了社区巨大的转变——街道的交通慢了下来，取而代之的是一个供邻里开展各项社会活动的公共空间。人们在街道上讨论社区事务，对街道进行绿化，孩子们在街道上愉快而安全地游戏，非机动车交通也随之发展起来。在这个故事中，街道空间的功能发生了根本性的转变：街道不再只是交通的技术空间，更成为一个社会交往和交际的公共空间。（Hartman et al.，2015）[21-44]

现代主义街道改造理念却主导了与上述故事截然相反的进程——将传统街道改造为"交通机器"，并通过制定相应的规则实现对非交通性公共活动的空间排斥。前文对现代主义街道改造所产生的不公平后果进行了讨论，在此不再赘述。尽管在此并不能证明《镇上最繁忙的街道》中所描述的街道模式就充分体现了机会的公平平等原则，但我们仍然可以得出一个基本的共识：这种街道模式比现代主义将街道改造为"交通机器"的模式更为平等。以现代主义街道改造理念指导的街道改造实践所造成的显而易见的不正义表现在：按照上下班高峰期机动车交通需求设计的街道，不同程度地对非交通活动产生了排斥，大量的机动车专属权益空间在更多的时段实际上处于低效利用甚至闲置的状态。随着新城市主义规划理念的发展，更多的规划师和城市管理者开始重视街道作为多元功能之公共空间在促进社会正义和城市繁荣等方面的重要意义，代表国际规划界主流观点的《新城市议程》对此也给予了认可。但在交通功能方面对于机动车之外出行方式的排斥态度却存在较多的争议，在此有必要进行一定的澄清。

通常人们会认为，按照交通方式将街道细分为不同的专属空间，既有助于形成有序、安全的交通，也符合正当概念形式限制的普遍性原则，意即这一规则并未对特定个体施加额外的限制，任何一位市民只要采用某一特定出行方式都可以进入相应的专属街道空间。尽管在规则的形式上，无论是机动车道、非机动车道还是步行道的使用规则都没有限制某一特定个体出行，但这种空间细分的方式却忽略了正义概念形式限制的一般性原则。以机动车为主导的街道改造，实则参照了偏好于开小汽车出行的特定个人或群体的需求。显然，并非每一位居民都有选择任何一种出行方式的现实能力或实际需求，再加之街道物理空间容量的有限性以及调节街道秩序的必要性，我们更不会认为每一位公民都具有驾驶机动车平等地进入街道空间的现实可能。当以机动车交通为主导的城市街道改造生产了越来越多的机动车专属空间，步行和骑行的空间则不断被过度挤压。因此，我们无法认同现代主义街道改造理念只是对不同交通方式进行必要调节，而认为这是一种不正义的街道生产模式。

将街道按照交通方式进行空间细分并施以严格的限制，并声称这是为了交通效率及行人的安全，似乎已经成为很多国家城市街道改造实践的通行做法。但在此有必要指出，尽管这一做法具有调节街道交通秩序的一面，但过于严格的空间细分在很多情况下并非必须，更遑论只是为了保障行人的安全。通过案例的比较更能够看出现代主义街道改造理念的偶然性。例如一些国家对"裸路"这一街道形态的探索，就更好地保护了行人。

裸路（Naked Streets）指取消道路上所有的标志（包括停车标志、红绿灯甚至是道路上的标线）。这种做法不仅不会造成混乱，而且无论在哪里试行，好像都能降低交通事故率。丹麦的克里斯蒂安斯菲尔德镇拆除了主要交叉路口所有的路标和红绿灯，然后观察到每年发生的重大事故数量从3起降为0起。英国的威尔特郡取消了一条狭窄道路的中心线，交通事故下降了35%。戴维·欧文说："对于很多人来讲，这听起来更像一个引发灾难的配方……尝试过此举的大部分欧洲城市以事实证明，增加城市道路空间的模糊性实际上会减慢车速、降低事故率并能够保障行人的生命安全。"（杰夫·斯佩克，2016）[115]

对"裸路"这一街道模式的引用，并非主张应将其作为街道改造的最佳模式予以推广。因为街道改造还需要综合考虑出行习惯、建成环境等各方面的现实情况。将其作为案例只是想通过比较得到这样的启示：在街道改造中，我们通常会以保护行人安全为由建设大量的过街天桥或地下通道，但这实际上只是更方便了机动车交通，由此削弱甚至剥夺了行人、骑行者、使用轮椅的老年人和残障者等个体平等进入街道空间的权益。如前文所述，发生恶性交通事故最多的路段也正是设置了过街天桥和地下通道的城市干道，因为在这样的道路中，机动车可以不受其他因素干扰而快速地行驶。以机动车为主导的现代主义街道改造理念并没有体现机会的公平平等原则。

第三，对应差别原则，街道空间权益的配置只有在其结果能给那些最少受惠的社会成员带来补偿利益时，它们才是正义的。差别原则的运用，最重要的指标是确定最少受惠社会成员在街道这一公共空间的所需与所得。对于最少受惠社会成员的确定，既要注重某一生活方面的特定情形，也要关注不同生活方面的综合权衡。

在街道改造领域，对最少受惠社会成员的补偿应当考虑以下三个方面：（1）城市社会中不幸运的人或处于特定人生阶段的人，因为收入较低或个人年龄、身体状况等方面的特殊原因，这些人在出行方式方面没有多样化的选择能力，特别是没有选择机动车出行的个人能力或经济条件；（2）由于对街道使用方式的主动选择而容易成为街道空间的弱者，例如偏爱步行或骑行的群体在发生交通事故时更容易受到伤害，因而成为街道使用中的弱者；（3）依赖街道而生存的部分群体，其中包括传统的沿街小商铺雇员、游商小贩、拾荒者等，当街道能够为此类群体提供基本的空间权益，也就为他们提供了非正式就业的机会，此外对流浪者和行乞者福祉也应当给予一定的考虑。

尽管在给予最少受惠的社会成员何种程度的补偿这一问题上存在分歧，但原初状态的社会成员并不会反对给予最少受惠社会成员补偿这一原则本身。因此，城市街道的规划设计应当关照社会最少受惠成员的利益——至少不能容忍街道的改造对于最少受惠社会成员的利益而言是一个负值。

从名义上来讲，将街道视为"交通机器"的现代主义理念只是按照城市居民的出行方式对使用街道的责任和义务进行了划分，并未将限制某一特定的城市居民个体作为先决条件。城市政府和规划师可以声称：私家车是一种现代化的舒适的交通工具，将街道拓宽改造后，任何驾驶私家车的城市居民都有权使用增设的机动车道。但显而易见，驾驶机动车出行这种公平平等的机会是无法实现的——不同城市居民在使用机动车出行的现实需求、基本技能和消费水平等方面各不相同，因此也并非每一位城市居民都具有公平平等地使用机动车道的权利。不仅如此，以机动车为主导的街道改造，通常还是以行人和骑行者的权益以及对传统街道具有更多依赖的小店铺和游商小贩的生存机会为代价的。尽管我们无法精确地论证上述个体无论从任何角度而言都是最少受惠阶层，但仅在街道改造这一领域，相对于驾驶着私家车出行的个体而言他们更可能是最少受惠的社会成员。

罗尔斯的公平的正义原则是以词典式次序排列的，在其对街道改造的指导中也应体现出一种优先序。首先，城市街道改造应当保障每一位城市居民的基本权利，特别是移动权。为此，城市街道改造应当优先保障行人能够安全地、便捷地和有尊严地使用城市街道。如果在某个城市中，市民对于骑行空间具有普遍的诉求，那么也应当将保障骑行者能够安全地、便捷地和有尊严地使用城市街道作为基本权利予以优先保障。其次，尽可能促进城市街道的包容性。尽管对街道交通秩序的调节是必须的，但应当避免将街道视为单一的交通技术空间，特别是应当避免在城市中建设过多的以机动车为主导的街道，以至于对机动车之外的其他交通方式和非交通性社会活动造成排斥。当然，这并非反对机动车交通本身，城市居民有选择包括私家车出行在内的多种交通方式的权利，而只是说应当避免为了更多的机动车交通而对步行和骑行以及街道非交通社会活动造成的过度排斥。最后，街道空间权益的配置不可能平等地兼顾到城市的每一个人或每一个群体，在这种不平等的空间权益分配中应当关照最少受惠成员，特别应当关照老年人、儿童、残障者等群体的基本需求。尤其是当街道改造对于最不利社会成员的福祉是一个负值时，这种街道改造在道德上便是无法被接受的。

6.2.3 作为补充的多数决策程序的应用

现实中，我们很难就街道改造的道德原则达成共识，即便是在道德原则方面达成共识也仍然可能会就如何将其具体应用于街道改造实践而争执不下。但最终实践于城市街道改造的只有一种完备性方案，也就是说：无论人们对于街道改造方案还存在怎样的利益冲突，他们最终都必须做出一个集体性的决定。而这也正是罗尔斯的正义理论在实践层面所面临的主要困境。罗尔斯的正义理论所寻求的是一种重叠共识，特别适用于思想自由领域。在思想自由领域，人们既可以让自己完备性的正义观念保持一定的独立性，又可以根据罗尔斯的正义理论指导就某些基本的方面达成共识。但任何一条街道只能以某一特定的物理形态客观存在，亦即城市居民认识到，无论他们怎样争执，都必须且只能用一种完备性的街道改造方案指导实践。在此情境下，就需要诉诸多数决策程序作为正义理论的补充。约翰·罗尔斯（2011）[363]就曾指出，在政治生活中应当包括对达成各种决定所需的大多数人程序或其他多元性投票决策方式。

多数决策程序必然会在一定程度上压抑少数人并非毫无理性的诉求，因而可能会造成一些不正义的结果。但当这种多数决策程序只是作为一种补充性手段而发挥作用时，在实施这一手段之前，依据罗尔斯的公平的正义原则，所有个体特殊性要求之中具有普遍性一面的基本权益已经得到了保障，并对社会最不利群体给予了合意的补偿，那么多数决策程序作为补充性安排即便不是完全正义的，至少也是符合公共理性的——人们认识到这是团结在一起共同生活所必须且能够广为接受的程序。当然，在这一情境中，多数决策程序由于考虑到了更多数量的个体因而本身也具有一定的正当性（托马斯·内格尔，2016）[14]。多数决策程序能够被视为一种公共生活中不得已的相互性标准而被接受，对于那些不赞成其结果的人，即使在特殊情况下以牺牲他们自己的一定利益为代价，他们也是理性的。

多数决策程序应体现个体之平等道德主体地位。在多数决策过程中，不同个体的利益诉求有机会能够在平等之地位上得到充分的阐述和讨论，没有人会受到胁迫而不得不保持沉默或不能够真诚地表达自身的诉求。规划专家应当向公众阐述其方案的正当性并争取民众和决策部门的支持。城市主管部门应当让每一位市民知晓街道改造方案的各种可预见影响及副作用。在多数决策程序中，任何参与决策的个体都不应有凌驾于他人之上的权威。

但需要强调的是，多数决策程序中主体地位的平等应当体现合理的差异性。如前文所述，雅各布斯指出与某一条街道利害关系不同的人对于街道的认识是不同的，其实我们还可以得出一个更深刻的认识：对于某一条街道改造方案的决策权而言，日常居住和生活在这条街道上的人与那些只是上班路过或只是在报纸上读到过这个地方的市民显然不应当具有同等的分量。多数决策程序的平等性，应当与主体可以合理主张的街道权益相匹配。因此，对于只是开车路过该街道的市民，他们只拥有这条街道基本移动权方面的决策权，并与居住和生活在该街道上的居民共同分享；而只有居住和生活在该街道两侧的居民才具有探讨街道包容性等全方位的决策权。当然，即便是对于居住在该街道两侧的居民而言，也会因为日常生活地理的差异而与街道有不同权益关系。要体现一种与有资格主张的权利完全匹配的绝对平等的决策权是非常困难的。但在综合考虑各种因素之后我们仍然有必要并有可能制订出少有争议的差别化标准，以体现一种平等之道德主体地位的多数决策程序。

6.3 社会实践准则：规划师何为

也许有人会质疑正义理论的现实价值，认为改变城市街道空间形态和使用规则的是复杂的政治和社会权力，而不是对正义的认知本身。当我们将"原初状态"假设背景下建构的道德准则应用于社会实践，就必然要面对苏格拉底并未正面回答的色拉叙马霍斯之问，即哲学的正义与现实的权力之间的关系问题。正如米歇尔·福柯（2018）[102]曾深刻地指出的那样："这关系到自19世纪以来就扎根在道德体系和权力运作之间的一种模式。必须从中得出这样的结论——道德不存在于人们的头脑中；道德被写入权力关系中，只有权力关系的改变才会带来道德的改变。"的确如此，一项侧重于规范性研究的学术探讨，其观点甚至都难以在学界形成共识，更遑论能够对城市权力体系产生决定性影响进而改变街道空间的生产。但亦不应被忽视的是，人的行为具有主动性和反思性，这就决定了知识和权力之间存在着天然的联系——尽管权力根据自身的需要而提取知识，但知识建构层面"对错误信念的批判就意味着对于社会的实践介入"（安东尼·吉登斯，2016）[320]。因此，通过对街道改造知识的批判和重建，规划师就积极参与了街道改造权力体系的重构本身。本书从规划师的视角，对如何影响和改变城市街道改造的权力关系提出建议，目的在于将主要以罗尔斯的公平的正义理论指导的城市街道规划设计道德准则付诸现实的城市规划实践之中。

6.3.1 以平等价值尊重市民主体

市民的态度是决定城市街道改造合法性的基础。作为整体性概念的"城市"，并非一个具有感知和言说能力的有机体，也无法作为能够承担一定义务和责任的道德主体，对街道改造规范性知识的建构及正当性评价绝不应诉诸"城市"这个抽象的集体性概念。作为城市主人的市民，感知并诉说着城市街道改造的真实社会意义，城市街道改造的价值也只应视其对生活于其中的千千万万个市民的日常生活所产生的影响及他们据此做出的评判而定。因此，如果我们赞同城市街道改造的目的是为城市居民创建更美好之生活前景，那么就必须承认民众作为道德主体在街道改造知识建构中的基础性地位，城市街道改造知识的合法性只能由城市居民来评判。然而一个显见的事实是，由于城市居民在社会阶层、生命阶段、身体状况、出行方式、消费能力、道德观念等各方面存在差异，他们往往会根据自身利益诉求及偏好对街道的物质形态及使用规则提出彼此相互冲突的要求。但在知识建构中，并不应将这种情况视为一种公共道德缺陷，这只是任何一个城市中都必然存在的客观现实。在复杂的利益和道德冲突中，寻求一种能够被城市居民所广泛认可的公共资源配置办法，正是城市规划等相关学科的价值所在。

平等待人是达成广泛共识的前提。要在城市街道改造知识的建构中达成广泛共识，规划专家就应当将民众视为具有平等地位的道德主体，将对每一位市民的平等尊重作为知识建构的前置条件。当然，这并不是说应当致力于将街道改造导向一种在所有方面对每一个人都平等的结果，而是指应不偏不倚地认为"每一个社会成员的生活都具有平等的基本重要性"（托马斯·内格尔，2016）[143]。尽管不同正义理论对何为平等有不同的阐释，但至少可以就以下两点达成共识：不否认在现实中存在对不同群体加以区别对待的正当事例——例如我们会赞同在街道上为盲人设置盲道是正义的，但：（1）不应当存在蓄意的歧视，没有人会因其在身份、职业、性别、收入等方面的差异而享有在知识建构正当性方面的支配地位；（2）正义原则指导的实践尽管难以满足所有人的需求，但对于正义原则所适用的所有人，应把另一个人当作目的而非手段来对待，也就是"坚持强制的或政治的原则对于那个人来说是可证成的"（查尔斯·拉莫尔，2010）[147]。

城市规划知识建构并非专业人士的独享领域。城市街道改造知识的建构主体不仅包括工程师和规划师，更应该包括居住在城市中并与街道改造息息相关的普通市民[③]。规划工作者在知识建构中，应认同城市居民个体在知识建构方面的主体地位，在对其所提出的观点进行观察和论证的基础上致力于达成公共性的正义原则以指导街道公共权益的配置。在这种意义上，芒福德因雅各布斯非专业和年长女性的身份而质疑其知识的合理性，毫无疑问就是一种蓄意的歧视行为。工程师和规划师的专业背景在城市街道改造知识建构方面的作用是毋庸置疑的。但也应当认识到：城市是一个复杂的整体，在过度专业化的背景下，工程师或规划师有可能因其视野的限制及个体价值观的取向而导致空间不正义问题。因此，城市街道规划设计不应当是道路工程师和城市规划师享有无上之权威的专属领域。街道改造的知识建构主体，应当包括具有不同学科背景的团队，并且与城市居民一起，在一个相互对话和理解的平台中共同开展工作。

规划专家应当在公众面前证明其专业知识的正当性。作为城市中最为重要的公共空间，一切关于街道改造的知识都应当面向公众开放讨论，规划专家应当为城市居民平等自由地表达意见创造对话可能，让持有不同观点的利益相关者能够相互理解他们的观点是如何支持或背离公共性道德的。特别是对于普通民众所不能认同的改造理念，规划专家通过与普通民众的对话证明其观点的正当性,就是坚守平等待人这一公共理念。在城市街道改造方面,规划师和工程师仍然有学科使命去推动实证性知识的发现和技术性知识的进步,工程师和规划师也的确为此做出了巨大贡献。但一旦实证性和技术性知识被应用于实践,出于对市民道德主体的尊重,规划师必须向公众坦诚解释其对不同市民个体日常生活的可能影响。文化批评家理查德·沃林(2007)[10]指出:"真理的观念应该成为民主的观念。因为我们生活在现实社会里,真理必须进入世人的谈话中。它必须不仅在专家那里而且在一般公众面前证明它的优点。"哈贝马斯的民主公共哲学理想也希望能够以对话和商谈的方式来解决公共领域的道德规则问题。在哈贝马斯看来,我们赞成的道德规则应当在公共话语中得到认可。哈贝马斯认为:"一个规范,当且仅当对它的普遍遵守对每个人的利益和价值取向的可预见影响及副作用能够为所有受影响的人自由地、共同地接受时,这个规范才具有有效性。"(詹姆斯·芬利森,2015)[79]因此,专家不应以实证主义知识为确凿无疑的科学之名,拒绝与公众探讨知识应用的规范性意义;亦不应不加反思地将技术性知识赋予现代性之进步标签,坚守广大市民不能理解也无法接受并只有留待未来才有可能认同其正当性的价值立场。

规划师应促进公共政策决策层面的程序性正义。利益和视角各不相同的市民,会在街道改造的价值取向上争执不下。而解决这种争执的正当方式,在于通过民主参与促进程序性正义的实现。民主既是社会正义的一项要素,也是社会正义得以实现的一个条件(艾丽斯·M.扬,2017)[81]。哈贝马斯的道德商谈理论为公众调节彼此的特殊性利益冲突提供了一种"形式主义的、具有普遍主义性质的程序,此程序没有其他替代方案,经此程序所有商谈参与者能够自行抉择何为道德的正当"(詹姆斯·芬利森,2015)[41]。在知识的规范性维度,城市公民作为平等的道德主体应当自由地、全过程地参与到知识建构的对话中来。他们有资格提出基于个体视角的诉求并说明其公共性的一面,可以通过符合道德商谈有效性的表达来质疑权威论断,并对城市规划知识的可能实践后果进行评判。公民的不同意见和评判不应当被视为形成公共性道德的障碍,反而应当被视为论证道德有效性的依据。在实践中,哈贝马斯的抽象程序或许过于严格了,但这并不构成反驳哈贝马斯道德伦理的充分条件。哈贝马斯道德商谈理论中所包含的民主性、包容性和开放性等理念,作为能够对所有人有益并规范城市公共生活的理想程序,无疑是城市规划知识建构所值得欲求的正义程序。

6.3.2 以公共理性作为道德视角

规划师应将正义作为街道改造价值之首要维度。毋庸置疑,对街道改造价值的评判应当综合考虑社会正义、交通效率、公共安全、环境保护、设计美学等不同维度，这些价值都有公共性的一面，但正义应当是其中最为重要的价值维度。然而，在现有关于街道改造的知识建构中，不仅缺少对正义维度的系统性反思，还将交通效率（特别是机动车交通效率）置于价值评判的首要位置。即便是对以机动车为主导的交通模式最有力的批判，也仍然是以效率而非正义之名——这一批判观点认为，应当放弃以机动车为主导的街道改造模式，因为这一模式会激励更多的人开车而导致更为严重的拥堵。鉴于街道改造对于城市中每一位居民基本善之深远影响，本书主张将正义置于街道改造价值评价体系的首位。在空间正义维度，应当优先保障每一位城市居民基本的街道空间权益，特别是每一位城市居民的移动权，保障使用不同出行方式的居民能够安全、便捷和有尊严地获得满足其日常生活的社会资源。其中应特别保障街道行人和骑行者的基本权利；应当促进城市街道的包容性，减少对适宜在街道开展的非交通性社会生活的空间排斥，特别是应当避免建设过多的机动车专属的交通空间；应当在差异化的街道空间权益的配置中，向最少受惠社会成员倾斜。

规划师对正义的追寻应当基于公共理性。规划师应基于具有公共理性之道德视角来建构城市规划知识，而不是默许城市规划知识建构及实践领域成为社会权力角逐的场所。当具有平等道德地位的城市居民，在城市规划知识建构和社会实践的开放舞台上，无约束地发表他们对街道改造的见解时，规划专家应当以审慎和批判的精神，反思各类文本和对话中"是谁——从哪个历史位置、出于何种利益考虑——在主张被人聆听的权威"（加里·古廷，2016）[16]。在此基础上，规划专家应诉诸公共理性，致力于寻找一种能够得到全体市民认可的公共道德，并据此对不同个体视角的责任和义务进行权衡。道德并非决然理性或非理性的，规划师应致力于寻求更具公共理性的道德原则。罗尔斯的正义理论是在不同的完备性正义观中达成的重叠共识，因而其建构的两个正义原则可以作为街道改造的公共道德准则予以考虑。当然，这并非否定将其他正义观念作为公共道德准则的可能，不排除具有独特城市社会文化的民众形成了不同的更为理性的道德准则以指导街道改造实践。以具有公共理性的正义原则所指导的街道改造知识，其正当性根基只能建立在个体视角的基础之上，但这种能够被广泛认可的正义原则反过来也以公共理性限定了差异化之个体视角的正当性边界。

规划师应加强意识形态批判。广大民众所能够广泛认同的街道改造原则也并非总是符合公共理性的，其中就包括城市街道改造中的意识形态认知。在影响居民理性地表达其观点的因素中，社会意识形态因具有一定的隐蔽性而常常被忽视——具有偏倚性的城市规划知识被权威赋予了客观性并以先验的形式呈现，对个体来说这就像是城市发展的自然方式，进而制约着个体对自身利益的理性表达。如在按照现代主义理念规划的城市中，以机动车为主导的街道形态和使用规则在一定程度上被物化,已经潜移默化地嵌入城市居民日常生活。于是广大市民认为,这种街道模式是现代化的象征,对机动车出行的依赖是人类社会发展所不可避免的阶段。但这实际上所代表的,不过是部分工程师和规划师对机动车的偏好和驾驶私家车出行市民的利益。但在意识形态的遮蔽下,即便那些没有小汽车或无法驾驶小汽车的人,也不会认识到自身权益在城市街道"现代化"改造进程中没有得到保障,反而认为是因为自身能力所限所以无法跟得上现代化进程,甚至内心认为指出步行或骑行环境的恶化是一件不够体面的事情。对于规范性的城市规划知识建构而言,规划师应保持批判态度以避免意识形态对知识建构的影响。

规划师应将对弱者的关怀作为公共理性的补充。考虑到很多类型的社会最不利成员在共同体中仅为少数,他们没有相应的话语权,但对街道设施具有切实的特殊性要求,我们很难基于广泛共识的公共理性推论出应如何正当地对待他们。即便是罗尔斯所建立的非常体系化的正义理论提出了应当给予最少受惠社会成员补偿之正义原则,他也并没有论证应当如何对待残障者这一问题。然而,通常不论一个人持有何种正义观,对于最不利社会成员的关怀都符合我们正义的直觉。尽管在补偿的程度上会有所争论,但我们并不会决然反对这一原则本身。因而,规划师应将对弱者的关怀作为公共理性视角的补充,以维护最少受惠社会成员的权益和尊严。在街道改造领域对最少受惠社会成员的考虑,至少应当注重以下三个方面:一是适当满足经济收入水平较低的群体对街道空间的需求,诸如使用三轮手推车者、游商小贩、骑行者(在当下中国的城市中,骑行者并非一定是低收入者,但与驾驶私家车者相比更可能是低收入者)等;二是补偿由于身体缺陷而难以使用街道的残障者和老年人,特别是应保障能够让轮椅使用者和盲人可以安全而体面地使用的人行道系统;三是关照在交通事故中因为缺少保护而易受伤害的行人和骑行者,为行人和骑行者创造安全、连续和舒适的街道空间。规划师在知识建构中应当重点考虑这些群体的基本能力需求,并尽可能设身处地维护其基本尊严,而不是等待被街道改造不公平对待的社会最不利成员主动揭示自己的"屈辱"。街道改造还应关注集体权益的受损情况,体现不同层面环境正义方面的考虑,并给予合理的补偿。

6.3.3 以专业知识引领正义实践

尽管人们不会全然同意规划师作为权衡所有个人行为价值的唯一权威,但在当代学术分工体系下,经过长期的学术训练和工作实践,规划师已经成为城市规划知识的生产者和阐释者,并得到民众的广泛认可。考虑到知识建构的多面向和社会利益的复杂性,街道改造实践也确实需要工程师和规划师这样的专业人士。尽管工程师和规划师不可能像阿尔弗雷德·韦伯(Alfred Weber)主张的那样作为"与社会无涉的知识分子"（伯格等，2019）[14]超越阶级利益，甚至还有可能在不同程度上受到自身价值观的局限和社会利益的左右，但相对于城市中的普通民众，规划专家更有可能借助于丰富的专业知识优势克服个体视角的狭隘性并探讨改善城市生活的各种可能。规划师的一些发现往往会超越普通市民错误的直觉，例如规划师范德尔比特（Vanderbilt）就发现了路权的清晰性与安全性之间的复杂关系：

> 当没有自行车道时，驾车者会与骑行者保持更远的距离。那白色的自行车道标志似乎成为让司机大意的一个潜意识信号——他们更注意的是车道的边沿，而不是骑车的人。（杰夫·斯佩克，2016）[133]

规划师还能够发现一些个人视角无法预料的社会行为的意外后果，例如对于市民提出的增加机动车道的建议，规划师可以通过案例向民众解释，一味迎合机动车需求进行的拓宽改造是如何激励了更多的机动车消费从而导致了更为严重的交通拥堵。尤为重要的是，规划师还往往具有更为宽广的观察视角和更多的社会责任。例如，在城市街道设计方面，一般公众可能更多关注自身出行的便利性和安全性，但城市规划师可以从全球气候变化、社会公平正义、交通整体设计等方面提出更为合理的街道改造方案。因此，城市规划师可以在引领甚至教育民众中承担起更多责任。当然，这种引导和教育应当以尊重每一位居民为道德前提，而非居高临下的训诫。当城市规划师和民众产生分歧时，规划师应在公开讨论的程序中按照被公民们视为合乎理性的正义观念向其他市民解释为何应当认同其观点的理由，并寻求更大范围的理解和支持。

规划师应积极推动制度化知识的更新。国家城市道路设计相关规范作为街道改造知识制度化的主要形式，具有一定的强制性和引领性，在为各地方城市政府街道设计提供指导的同时，也会不同程度地阻碍地方实践创新。当前的国家规范尽管考虑到了街道改造不同面向的社会公平价值，但在某种程度上仍然存在将街道简化为交通空间，并更为注重机动车交通的状况。规划人员和工程师应当从空间正义视角系统审视和评估国家规范的适应性。

目前阶段的主要任务应包括：（1）促进将街道视为让汽车开得更快更安全的交通空间向能够让不同用途使用者安全、有序地开展社会活动的公共空间转变。营造可适用于多种社会用途的城市街道的关键，在于让街道更适于步行。尺度宽松的人行道、容易拐弯的短街道以及街道两侧的绿化和配套设施等是生发街道多样性的重要因素。（2）将保障行人使用街道的安全性、连续性和舒适性置于首要位置，进一步优化过街设施的间距要求和强制性，强化对残障人士街道空间的规划设计与日常管理，加强对机动车驾驶员的外部强制与自我强制。（3）有序推进街区制，避免延续宽马路低密度的街道改造模式，探索由宽马路低密度的路网格局向街区制转变的标准规范和制度创新，为市民以步行为尺度更好地获取公共服务和社会资源创造条件。（4）增进自行车交通空间的连续性和安全性，并考虑为不同类型非机动车提供便捷的街道使用空间。（5）平衡好国家规范的强制性与地方实践的创新性，在保障基本之公平和效率的前提下，国家规范应当为地方政府探索街道改造新模式留有一定的制度空间。

规划师应警觉城市建设的财富逻辑。无论是地方政府的政治权力还是商业文化的影响力，都有意识或无意识地形成了一套基于财富逻辑的话语权。这种话语权将机动车消费与现代化水平、个人的社会地位联系起来，并成为将街道拓宽改造为"交通机器"的持续动力。这种财富逻辑建构的社会现实是：通过这种话语权，让越来越多的人相信，宽阔的机动车道和复杂的立交桥不仅能够将城市从交通拥堵中解放出来，还是城市繁荣和现代化的象征而令人向往。城市政府普遍将城市中兴建的快速路和气势恢宏的立交桥作为宣传城市的亮点；个人驾驶着豪华的私家车也被认为是事业成功和身份高贵的象征——在按照现代主义理念而建设的所谓现代化城市中，也确实只有驾驶私家车才能更好地接近和占有更多的社会资源。如果一位城市居民在"现代化"的城市里出行不便，一些城市居民甚至会将此视为现代化进程中无法避免的、必须承担的代价，进而遮蔽了对空间正义的思考。似乎解决该问题的唯一方法，则是购买一辆私家车并支付开车出行所产生的一系列费用。此外，还有复杂的利益集团希望能够从街道拓宽工程以及后续的机动车消费中获益。规划师应警惕城市规划建设的财富逻辑，并在知识建构层面反思促进这种财富逻辑的根源。

6.4　本章小结

尽管人们对于何为正义之街道的认知存在争议，但我们仍然可以结合关于街道空间正义深思熟虑的确信，通过对不同正义理论所指导的街道改造实践的政治哲学逻辑进行批判性研究，从而就何为正义或不正义达成一定的共识。本章在对技术中性主义、直觉主义和功利主义等对街道改造实践具有重要影响力的思潮进行批判性研究之后，将罗尔斯的公平的正义理论引入城市街道改造这一领域。罗尔斯的正义理论因其建构之基础的原初状态与现实的距离而受到一定批评。但本书认为，政治哲学之正义理论正是通过与现实世界的实然性保持距离，才使得道德伦理的讨论能够避免现实社会权力的左右，并在最大程度上激发我们对于正义之应然性的想象。罗尔斯的正义理论的主要优势在于，形成于"原初状态"这一弱理论背景之中的正义原则能够帮助我们就街道改造的某些重要方面达成若干道德原则共识，以避免在街道空间的生产中造成严重的不正义。应用罗尔斯的正义理论的优势还在于，罗尔斯的正义理论致力于在不同的完备性正义观中寻求基本的重叠共识，基于罗尔斯的正义理论所达成的道德原则并不排斥某一种完备性的街道改造观念的指导，从而为不同环境下正义街道的特殊性保持开放。

为在街道改造中实践罗尔斯的公平的正义理论，本书从街道改造的知识建构和社会实践两个维度进行了原则性的探讨。如果从政治哲学的研究传统视之，讨论的主题显得颇为琐碎。政治哲学更多关注正义原则的普遍性，而对某个政治领域的具体实践兴趣寥寥。如果从城市规划的研究领域视之，所提出的建议又显得不够具体，而且这些原则性的结论对于城市规划专业人士而言亦并无太多新意可谈，特别是与关于街道设计的"导则"类书目相去甚远。不仅如此，正义也只是街道改造应然性需要考虑的一个价值维度——尽管也许是其中最为重要的维度，最终决策的正当性也依然应当诉诸包括正义在内的各种价值维度的权衡。但即便如此，考虑到街道对于城市居民的日常生活是如此重要，结合政治哲学正义理论对城市街道改造实践进行全面反思并寻求城市街道改造之正当性，仍然是一个值得探讨并有待持续推进的事业。本书的主要贡献在于为街道改造的一些基本原则提供了道德的公共证明，阐明这些原则是理性的公民通过反思平衡之后所普遍认可的道德准则，其核心在于它体现了一种没有偏倚性的平等待人的理念。

不正义之街道的空间生产具有知识层面的根源，城市规划知识的建构者有道德责任对街道改造的价值取向进行反思。但当我们将理论的目光转向日常生活的真实的城市街道，古希腊先贤的困扰又重现摆在我们面前。任何关于正义的讨论，都不得不最终面对苏格拉底未正面回答的色拉叙马霍斯之问，即哲学的正义与现实的权力之间的张力——如果街道改造不过是城市社会权力关系的空间化，那么当我们认识到街道改造实践中弱者的话语权被忽视甚至被剥夺时，正义又何以可能实现？鉴于知识、权力与空间正义的复杂关系，尽管理论研究者不会自不量力地奢望仅仅凭借学术探讨就能够将理想化的道德准则应用于街道改造实践，但面对街道改造正义视角的应然性与真实世界实然性之间的差距，文化批评者也绝不会持一种既然不能改变现实便沉默不言的态度，任凭街道改造成为一个社会各方权力角逐的场域。不仅如此，在追寻空间正义的事业中，知识建构者更不应忽视知识和权力之间的辩证关系，进而低估知识建构的实践力量。日常生活于城市街道中的民众，包括在街道改造中具有决策权的政府官员，其行为都具有主动性和反思性。如果知识建构者对不正义的批判能够唤起人们改变不正义之街道现状的意识，且知识建构者对正义的阐述能够为人们追求正义之街道提供知识的力量，那么对城市街道改造知识层面的建构本身就是对社会实践的积极介入。本书主要基于规划师的视角就如何重建城市街道改造的知识体系和参与社会实践提出建议，希望可以为那些能够影响城市公共政策的人士提供参考，能够启迪和引导更多市民追寻正义的街道公共空间。即便只是对不正义之街道空间的关注与讨论，也必定会构成一种推动实现空间正义的积极力量。

第 6 章注释

① 雅各布斯的儿子告诉雅各布斯，他曾逃脱了四个孩子的袭击："当我不得不经过空旷地时，我怕极了，他们会抓住我的。如果他们在那里抓住我，我就完了。"参见：雅各布斯，2006. 美国大城市的死与生［M］. 2 版. 金衡山，译. 南京：译林出版社：69。

② 并非所有功利主义者都对幸福的分配问题毫不关心。西季威克就曾提出，应当用某种公正（或对这种幸福的正确分配）原则来补充追求最大整体幸福的原则，以避免功利主义原则指导下可能出现的极端不公正现象。但西季威克并未否认功利主义作为目的论原则仍然具有优先性。在功利主义正义理论中，如果要强调这一补充原则，不仅缺少逻辑上的支撑，反而还构成对功利主义正义原则的挑战。

③ 2002 年，美国联邦高速公路管理部正式认可了敏感触动设计（Context Sensitive Design，CSD），要求公路和运输工程师们在涵盖各学科的团队中工作，其中包括与公众一起开展工作。参见：迈克尔·索斯沃斯，伊万·本－约瑟夫，2018. 街道与城镇的形成（修订版）［M］. 李凌虹，译. 南京：江苏凤凰科学技术出版社：36-37。

参考文献

·中文文献1（译著）·

艾丽斯·M. 杨, 2017. 正义与差异政治[M]. 李诚予, 刘靖子, 译. 北京: 中国政法大学出版社.

爱德华·W. 苏贾, 2004. 后现代地理学: 重申批判社会理论中的空间[M]. 王文斌, 译. 北京: 商务印书馆.

爱德华·W. 苏贾, 2016. 寻求空间正义[M]. 高春花, 强乃社, 译. 北京: 社会科学文献出版社.

安东尼·吉登斯, 2009. 社会学[M]. 李康, 译. 北京: 北京大学出版社.

安东尼·吉登斯, 2016. 社会的构成: 结构化理论纲要[M]. 李康, 李猛, 译. 北京: 中国人民大学出版社.

柏拉图, 1986. 理想国[M]. 郭斌和, 张竹明, 译. 北京: 商务印书馆.

保罗·M. 霍恩伯格, 林恩·霍伦·利斯, 2009. 都市欧洲的形成（1000—1994年）[M]. 阮岳湘, 译. 北京: 商务印书馆.

彼得·霍尔, 2016. 文明中的城市[M]. 王志章, 等译. 北京: 商务印书馆.

彼得·霍尔, 2017. 明日之城: 1880年以来城市规划与设计的思想史[M]. 4版. 童明, 译. 上海: 同济大学出版社.

毕保德, 2015. 土地经济学[M]. 7版. 北京: 中国人民大学出版社.

边沁, 2012. 道德与立法原理导论[M]. 时殷弘, 译. 北京: 商务印书馆.

伯格, 卢克曼, 2019. 现实的社会建构: 知识社会学论纲[M] 吴肃然, 译. 北京: 北京大学出版社.

查尔斯·拉莫尔, 2010. 现代性的教训[M]. 刘擎, 应奇, 译. 北京: 东方出版社.

戴维·哈维, 2014. 叛逆的城市: 从城市权利到城市革命[M]. 叶齐茂, 倪晓晖, 译. 北京: 商务印书馆.

戴维·米勒, 2008. 社会正义原则[M]. 应奇, 译. 南京: 江苏人民出版社.

海道清信, 2011. 紧凑型城市的规划与设计[M]. 苏利英, 译. 北京: 中国建筑工业出版社.

亨利·列斐伏尔, 2015. 空间与政治[M]. 2版. 李春, 译. 上海: 上海人民出版社.

亨利·列斐伏尔, 2008. 空间与政治[M]. 李春, 译. 上海: 上海人民出版社.

亨利·西季威克, 2020. 伦理学方法[M]. 廖申白, 译. 北京: 商务印书馆.

吉迪恩, 2014. 空间·时间·建筑: 一个新传统的成长[M]. 王锦堂, 孙全文, 译. 武汉: 华中科技大学出版社,.

加里·古廷, 2016. 福柯[M]. 王育平, 译. 上海: 译林出版社.

杰夫·斯佩克, 2016. 适宜步行的城市: 营造充满活力的市中心拯救美国[M]. 欧阳南江, 陈明辉, 范源萌, 译. 北京: 中国建筑工业出版社.

凯文·林奇, 2001. 城市意象[M]. 方益萍, 何晓军, 译. 北京: 华夏出版社.

柯布西耶, 2011. 光辉城市[M]. 金秋野, 王又佳, 译. 北京: 中国建筑工业出版社.

莱斯利·A. 豪, 2014. 哈贝马斯[M]. 陈志刚, 译. 北京: 中华书局.

理查德·沃林, 2007. 文化批评的观念: 法兰克福学派、存在主义和后结构主义[M]. 张国清, 译. 北京: 商务印书馆.

刘易斯·芒福德, 2005. 城市发展史: 起源、演变和前景[M]. 宋俊岭, 倪文彦, 译. 北京: 中国建筑工业出版社.

罗尔斯, 2009. 正义论[M]. 何怀宏, 何包钢, 廖申白, 译. 北京: 中国社会科学出版社.

马歇尔·伯曼, 2003. 一切坚固的东西都烟消云散了: 现代性体验[M]. 徐大建, 张辑, 译. 北京: 商务印书馆.

玛莎·C. 纳斯鲍姆, 2016a. 寻求有尊严的生活: 正义的能力理论[M]. 田雷, 译. 北京: 中国人民大学出版社.

玛莎·C. 纳斯鲍姆, 2016b. 正义的前沿[M]. 陈文娟, 谢惠媛, 朱慧玲, 译. 北京: 中国人民大学出版社.

迈克尔·桑德尔, 2011. 自由主义与正义的局限[M]. 万俊人, 译. 南京: 译林出版社.

迈克尔·索斯沃斯, 伊万·本-约瑟夫, 2018. 街道与城镇的形成(修订版)[M]. 李凌虹, 译. 南京: 江苏凤凰科学技术出版社.

美国全球城市设计倡议协会, 美国国家城市交通官员协会, 2018. 全球街道设计指南[M]. 王小斐, 胡一可, 译. 南京: 江苏科学技术出版社.

米切尔·邓奈尔, 2019. 人行道王国[M]. 马景超, 王一凡, 刘冉, 译. 上海: 华东师范大学出版社.

米歇尔·福柯, 2018. 惩罚的社会[M]. 陈雪杰, 译. 上海: 上海人民出版社.

让-弗朗索瓦·利奥塔尔, 2011. 后现代状态: 关于知识的报告[M]. 车槿山, 译. 南京: 南京大学出版社.

史蒂芬·B. 斯密什, 2015. 政治哲学[M]. 贺晴川, 译. 北京: 北京联合出版社.

史蒂文·康纳, 2007. 后现代主义文化: 当代理论导引[M]. 严忠志, 译. 北京: 商务印书馆.

托马斯·内格尔, 2016. 平等与偏倚性[M]. 谭安奎, 译. 北京: 商务印书馆.

瓦尔特·本雅明, 2013. 巴黎, 19世纪的首都[M]. 刘北成, 译. 北京: 商务印书馆.

威尔·金里卡, 2015. 当代政治哲学[M]. 刘莘, 译. 上海: 上海译文出版社.

乌尔里希·贝克, 2018. 风险社会[M]. 张文杰, 何博闻, 译. 南京: 译林出版社.

雅各布斯 A B, 2009. 伟大的街道[M]. 王又佳, 金秋野, 译. 北京: 中国建筑工业出版社.

雅各布斯, 2006. 美国大城市的死与生[M]. 2版. 金衡山, 译. 南京: 译林出版社.

亚里士多德, 1965. 政治学[M]. 吴寿彭, 译. 北京: 商务印书馆,.

亚里士多德, 2014. 政治学[M]. 高书文, 译. 南昌: 江西教育出版社.

扬·盖尔, 2010. 人性化的城市[M]. 欧阳文, 徐哲文, 译. 北京: 中国建筑工业出版社.

伊丽莎白·伯顿, 琳内·米切尔, 2009. 包容性的城市设计: 生活街道[M]. 费腾, 付本臣, 译. 北京: 中国建筑工业出版社.

约翰·罗尔斯, 2011. 政治自由主义[M]. 万俊人, 译. 南京: 译林出版社.

约翰·穆勒, 2014. 功利主义[M]. 徐大建, 译. 北京: 商务印书馆.

詹姆斯·芬利森, 2015. 哈贝马斯[M]. 邵志军, 译. 南京: 译林出版社.

珍妮特·萨迪-汗, 塞斯·所罗门诺, 2018. 抢街: 大城市的重生之路[M]. 宋平, 徐可, 译. 北京: 电子工业出版社.

· 中文文献 2（原著和报刊）·

何怀宏, 2017. 正义: 历史的与现实的[M]. 北京: 北京出版社.

何龙, 2015. 交通事故纠纷: 案例与实务[M]. 北京: 清华大学出版社.

内政部警政司, 2018. 中国都市交通警察[M]. 北京: 商务印书馆.

全国城市规划执业制度管理委员会, 2011a. 城市规划原理[M]. 北京: 中国计划出版社.

全国城市规划执业制度管理委员会, 2011b. 城市规划相关知识[M]. 北京: 中国计划出版社.

上海市规划和国土资源管理局, 上海市交通委员会, 上海市城市规划设计研究院, 2016. 上海市街道设计导则[M]. 上海: 同济大学出版社.

王军, 2008. 采访本上的城市[M]. 北京: 生活·读书·新知三联书店.

吴志强, 李德华, 2010. 城市规划原理[M]. 4版. 北京: 中国建筑工业出版社.

徐循初, 2005. 城市道路与交通规则（上册）[M]. 北京: 中国建筑工业出版社.

徐循初, 2007. 城市道路与交通规则（下册）[M]. 北京: 中国建筑工业出版社.

李涛, 2017. 我市五年新建、改建主次干道160余条[N]. 太原晚报, 2017-05-19.

杨晶, 李晶, 2017. 市民反映: 漪汾街改造后行人乱穿马路 交通隐患不少[N]. 太原晚报, 2017-01-08(4).

姜洋, 陈宇琳, 张元龄, 等, 2012. 机动化背景下的城市自行车交通复兴发展策略研究: 以哥本哈根为例[J]. 现代城市研究, 27(9): 7-16.

联合国住房和城市可持续发展大会, 2016. 新城市议程[J]. 城市规划, 40(12): 19-32.

于洋, 2016. 亦敌亦友: 雅各布斯与芒福德之间的私人交往与思想交锋[J]. 国际城市规划, 31(6): 52-61.

钟虹滨, 钱海容, 2009. 国外城市街道改造与更新研究述评[J]. 现代城市研究, 24(9): 58-64.

· 中文文献 3（电子文献）·

成都日报, 2020. 成都市城市管理五允许一坚持统筹疫情防控助力经济发展[EB/OL]. (2020-03-16). [2021-10-16]. http://www.cdsgsl.gov.cn/news/00000011/00001498.

鳄鱼怕怕, 2014. 20秒过50米宽的马路? 麻烦领导给咱演示一下[EB/OL]. (2014-05-21)[2021-08-02]. http://rexian.cnwest.com/data/html/content/2014/05/55746.html.

恩里克·佩纳罗萨, 2019. 为什么巴士体现了一种民主实践[EB/OL]. (日期不详). [2019-06-01]. http://open.163.com/movie/2014/12/K/K/MAC5Q93OS_MAC8O3QKK.html.

耿彦波, 2013. 2013年政府工作报告: 2013年4月10日在太原市第十三届人民代表大会第三次会议上[EB/OL].(2013-11-11)[2019-06-01].http://www.taiyuan.gov.cn/doc/2013/11/11/156652.shtml.

耿彦波, 2014. 2014年政府工作报告: 2014年3月25日在太原市第十三届人民代表大会第四次会议上[EB/OL].(2014-04-11)[2019-06-01].http://www.taiyuan.gov.cn/doc/2014/04/11/156653.shtml.

耿彦波, 2015. 2015年政府工作报告: 2015年4月26日在太原市第十三届人民代表大会第五次会议上[EB/OL].(2015-06-10)[2019-06-02].http://www.shanxi.gov.cn/szf/zfgzbg/szfgzbg_2208/201506/t20150610_116243.shtml.

耿彦波, 2016. 2016年政府工作报告: 2016年2月24日在太原市第十三届人民代表大会第六次会议上[EB/OL].(2016-03-03)[2019-06-03].http://www.shanxi.gov.cn/szf/zfgzbg/szfgzbg_2208/201703/t20170316_288877.shtml.

耿彦波, 2017. 2017年政府工作报告: 2017年3月26日在太原市第十四届人民代表大会第一次会议上[EB/OL].(2017-04-21)[2019-06-03].http://www.shanxi.gov.cn/szf/zfgzbg/szfgzbg_2208/201704/t20170421_296253.shtml.

耿彦波, 2018. 2018年政府工作报告: 2018年3月27日在太原市第十四届人民代表大会第三次会议上[EB/OL].(2018-04-09)[2019-06-03].http://www.taiyuan.gov.cn/doc/2018/04/09/275943.shtml.

国家统计局, 2009. 中华人民共和国2008年国民经济和社会发展统计公报[EB/OL].(2009-02-26)[2021-10-05].http://www.stats.gov.cn/tjsj/tjgb/ndtjgb/qgndtjgb/200902/t20090226_30023.html.

国家统计局, 2010. 中华人民共和国2009年国民经济和社会发展统计公报[EB/OL].(2010-02-25)[2021-10-05].http://www.stats.gov.cn/tjsj/tjgb/ndtjgb/qgndtjgb/201002/t20100225_30024.html.

国家统计局, 2020. 中华人民共和国2020年国民经济和社会发展统计公报[EB/OL].(2020-02-28)[2021-10-05].http://www.stats.gov.cn/tjsj/zxfb/202102/t20210227_1814154.html.

华夏经纬网, 2013. 太原市中环路全线通车[EB/OL].(2013-12-27)[2021-09-06].http://www.huaxia.com/zhsx/xwsc/2013/12/3681589.html.

李森, 2017. 临汾: 陈纲等领导调研城市道路拓宽改造工程[EB/OL].(2017-02-14)[2020-10-18]http://www.sohu.com/a/126235715_253235.

李晓波, 2020. 政府工作报告: 2020年4月27日在太原市第十四届人民代表大会第五次会议上[EB/OL].(2020-05-09)[2021-08-06].http://www.taiyuan.gov.cn/doc/2020/05/09/974763.shtml.

山西日报, 2014. 建设路快速改造方案出炉[EB/OL](2014-03-09)[2020-09-10].http://www.sxrb.com/sxxww/zthj/xwzt/cbzls/jdsl/3773463.shtml.

山西晚报, 2016. 变化? 改善? 太原漪汾街改造在即 亮点抢先看[EB/OL].(2016-08-22)[2021-09-15].http://www.0351fdc.com/news_show/74947/.

山西晚报, 2017. 太原整治占道经营打"持久战"主干道没了小摊摊[EB/OL].(2017-

03-18）[2022-02-14].http://www.0351fdc.com/news_show/74947/.

十堰广电,2018.超温情一幕！十堰交警帮助残疾人过马路[EB/OL].（2018-07-12）[2021-01-14].https://www.sohu.com/a/240852454_100163025.

搜狐焦点网,2015.北中环又发惨剧 男子横穿马路被撞身亡[EB/OL].（2015-05-25）[2019-06-12].http://news.focus.cn/ty/2015-05-25/10142057.html?cfrom=mobile.

搜狐网,2015a.南内环快速化改造地下通道和人行天桥亮点纷呈[EB/OL].（2015-09-10）[2021-06-02].https://www.sohu.com/a/31263167_161188.

搜狐网,2015b.太原市第一座全互通地下通道建成[EB/OL].（2015-06-29）[2021-09-05].https://www.sohu.com/a/20494360_115402.

搜狐网,2015c.惨痛！太原中环路开通至今22人横穿马路车祸身亡[EB/OL].（2015-09-18）[2020-03-02].https://www.sohu.com/a/32335179_161188.

搜狐网,2017.请查收！台州市公安局给您写了三封信,和生命有关[EB/OL].（2017-08-17）[2021-10-18].https://www.sohu.com/a/165438776_195180.

搜狐网,2018a.耿彦波当年为什么要炸山西这些地标？看完哭了[EB/OL].（2018-04-15）[2021-10-02].https://www.sohu.com/a/228337245_99966932.

搜狐网,2018b.过马路可斜穿！北京首个全向十字路口亮相石景山[EB/OL].（2018-08-17）[2021-03-02].http://www.sohu.com/a/248164033_123753.

搜狐网,2021.商贩不愿搬到新投入使用的集市,一村书记用洒水车向摊位喷水驱赶！官方通报[EB/OL].（2021-12-26）[2021-12-27].https://www.sohu.com/a/511798936_639898.

台州市网上公安局,2017a.致全市老年交通参与者的一封信[EB/OL].（2017-08-11）[2020-10-14].http://www.tzga.gov.cn/news/ArticleDetail.aspx?id=100002455950.

台州市网上公安局,2017b.台州市公安局致全市电动车主的一封信[EB/OL].（2017-08-11）[2020-10-14].http://www.tzga.gov.cn/news/ArticleDetail.aspx?id=100002455950.

太原市城乡管理委员会,2015.南内环快速化改造进入扫尾阶段 预计9月初竣工通车[EB/OL].（.2015-08-26）[2021-02-14].http://cxgw.taiyuan.gov.cn//doc/2015/08/26/280291.shtml.

太原市城乡管理委员会,2016a.14条小街巷现正改造[EB/OL].（2016-08-26）[2018-10-02].http://cxgw.taiyuan.gov.cn//doc/2016/08/26/280373.shtml.

太原市城乡管理委员会,2016b.公告[EB/OL].（2016-02-05）[2018-10-16].http://cxgw.taiyuan.gov.cn//doc/2016/02/05/281478.shtml.

腾讯网,2018.4岁女孩牵妈妈手过斑马线,被撞身亡,妈妈呆立十几秒后瘫倒在地[EB/OL].（2018-12-30）[2021-11-12].https://new.qq.com/omn/20181204/20181204A0NGJA00/.

央视网,2012.你如何看待"乞丐现街头城管将被扣分"[EB/OL].（2012-07-03）[2021-12-30].http://news.cntv.cn/special/research/fuxing/27/index.shtml.

张香梅,2018.北京市首个全向十字路口亮相 减少二次过街等候时间[EB/OL].（2018-08-18）[2021-03-02].https://www.chinacourt.org/article/detail/2018/08/id/3462303.shtml.

中国青年网, 2012. 乞丐与城管间的战争[EB/OL].（2012-07-04）[2021-12-30].http://news.youth.cn/jrht/201207/t20120704_2249514.htm.

中国文明网, 2014. 凤台街人行道改造提升工程[EB/OL].（2014-12-17）[2021-12-02].http://jc.wenming.cn/zt/2014zt/2015yuandan/201412/t20141217_1506661.html.

中国新闻网, 2013. 山西晋城：市长王清宪答记者问[EB/OL].（2013-03-06）[2018-08-19].http://www.sx.chinanews.com/news/2012/0306/61192.html.

·外文文献·

BERMAN M, 1988. All that is solid melts into air[M]. New York: Penguin Group.

BLASIO B, 2020. OneNYC 2050: Building a strong and fair city[EB/OL].[2020-06-29]. https://onenyc.cityofnewyork.us/.

Canin Associates, 2014. What in the world is a woonerf[EB/OL].（2014-06-05）[2019-06-29]. http://www.canin.com/world-woonerf.

CRESSWELL T, 2010. Towards a politics of mobility[J]. Environment and Planning D: Society and Space, 28(1): 17-31.

CURL A, THOMPSON C, ASPINALL P, 2015. The effectiveness of 'shared space' residential street interventions on self-reported activity levels and quality of life for older people[J]. Landscape and Urban Planning, 139: 117-125.

EHRENFEUCH R, LOUKAITOU-SIDERIS A, 2007. Constructing the sidewalks: municipal government and the production of public space in Los Angeles, California, 1880–1920[J]. Journal of Historical Geography, 33(1): 104-124.

FAINSTEIN S, 2010. The just city[M]. Ithaca: Cornell University Press.

HARTMAN L M, PRYTHERCH D, 2015. Streets to live in: Justice, space, and sharing the road[J]. Environmental Ethics, 37(1): 21-44.

HARVEY D, 2009. Social justice and the city[M]. Athens: The University of Georgia Press.

ITDP, 2019. China[EB/OL].[2019-06-07]. https://www.itdp.org/where-we-work/china.

KAPARIAS I, BELL M G H, MIRI A, et al., 2012. Analysing the perceptions of pedestrians and drivers to shared space[J]. Transportation Research Part F: Traffic Psychology and Behaviour, 15(3): 297-310.

NASAR J L, HOLLOMAN C, ABDULKARIM D, 2015. Street characteristics to encourage children to walk[J]. Transportation Research Part A: Policy and Practice, 72: 62-70.

PRYTHERCH D, 2014. Rights and duties of circulation on American streets[J]. Mobilities, 12: 211-229.

ROSENBERG D E, HUANG D L, SIMONOVICH S D, et al., 2012. Outdoor built environment barriers and facilitators to activity among midlife and older adults with mobility disabilities[J]. Gerontologist, 53(2): 268-279.

SANDEL M, 2009. Justice: What's the right thing to do [M]. London: Penguin UK.

SCHEPERS P, HAGENZIEKER M, METHORST R, et al., 2014. A conceptual framework for road safety and mobility applied to cycling safety [J]. Accident Analysis & Prevention, 62: 331-340.

Smart Growth America, 2019. What are complete streets [EB/OL]. (2019-05-19) [2020-04-02]. https://smartgrowthamerica.org/program/national-complete-streets-coalition/publications/what-are-complete-streets.

VAN DER ZEE R, 2015. How Amsterdam became the bicycle capital of the world [EB/OL]. (2015-04-05) [2019-10-02]. https://www.theguardian.com/cities/2015/may/05/amsterdam-bicycle-capital-world-transport-cycling-kindermoord.

ZAVESTOSKI S, AGYEMAN J, 2015. Incomplete streets: Processes, practices and possibilities [M]. New York: Routledge.

图片来源

图 4-0 源自：崔庆仙拍摄。
图 5-1 至图 5-12 源自：崔庆仙拍摄。
图 5-13 源自：王静拍摄。
图 5-14 源自：崔庆仙拍摄。

本书作者

崔庆仙，男，山西高平人，山西财经大学资源环境学院副教授、公共管理硕士生导师，人文地理学博士，毕业于华东师范大学中国行政区划研究中心。

长期围绕城市公共空间与社会正义、城乡发展与行政区划开展理论与决策咨询工作，在《人文地理》《改革》等期刊上发表了多篇学术论文。

主持国家社会科学基金、教育部人文社科基金、山西省"十四五"重大专项规划、山西省"转型综改"专项等多项课题，主笔地方政府委托课题十余项，另参与国家级和省级项目多项；撰写的专报被省部级采纳，并获得民进上海市委等部门参政议政成果奖。